月齢別

赤ちゃん(0～3才)ができるようになること

0～3才までの時期は、ものすごいスピードで成長していきます。寝返り、はいはい、立つ、歩く走るようになる…など、運動能力と手指の発達の目安を示しました。

※この表は、多くの赤ちゃんができるようになる時期を示していますが、あくまでも目安です。発育、発達には個人差があります。

キリトル

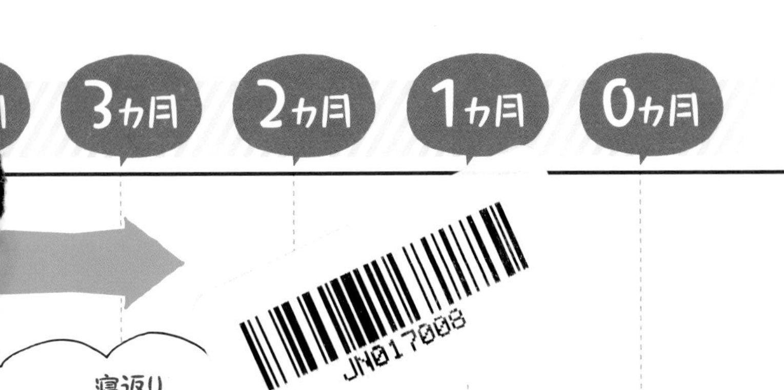

運動能力の発達

原始反射

おっぱいやミルクを飲める「吸てつ反射」、手のひらに指を当てるとギュッとつかむ「把握反射」などを、生まれつき備えています。

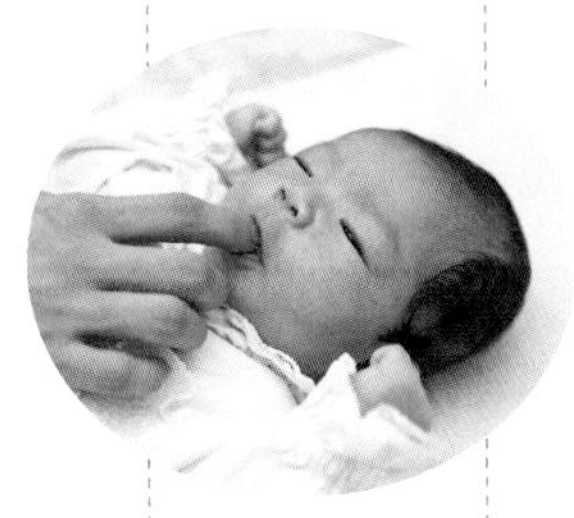

寝返り

腰をひねり、その反動で上半身を回転させることで、寝返りができます。

手と指の発達

す

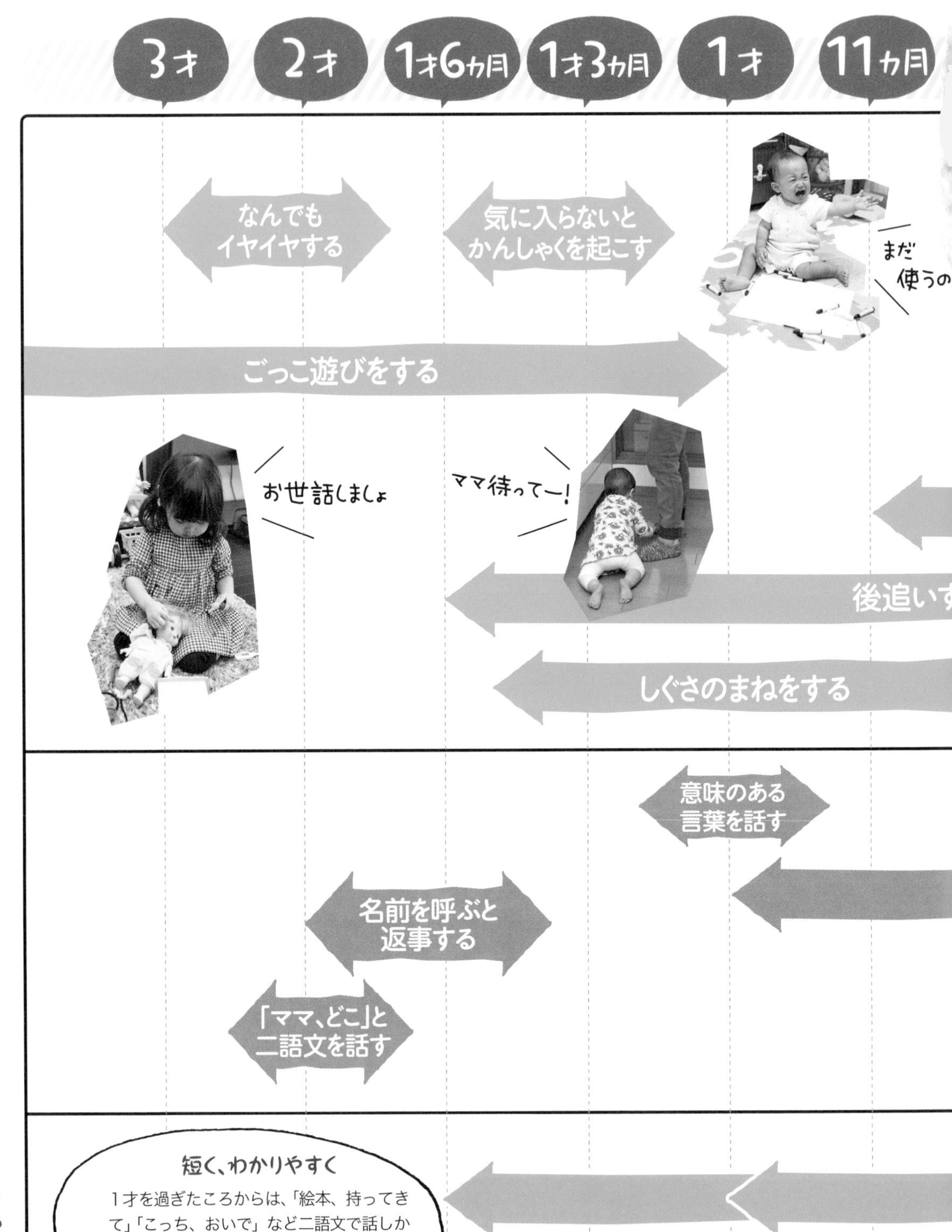

短く、わかりやすく

1才を過ぎたころからは、「絵本、持ってきて」「こっち、おいで」など二語文で話しかけてみましょう。短くてわかりやすい言い方にすると、赤ちゃんも理解して、コミュニケーションをとることができます。

「まんま、食べる?」
「ぶーぶ、遊ぶ?」
など二語文で話しかける

キリトル

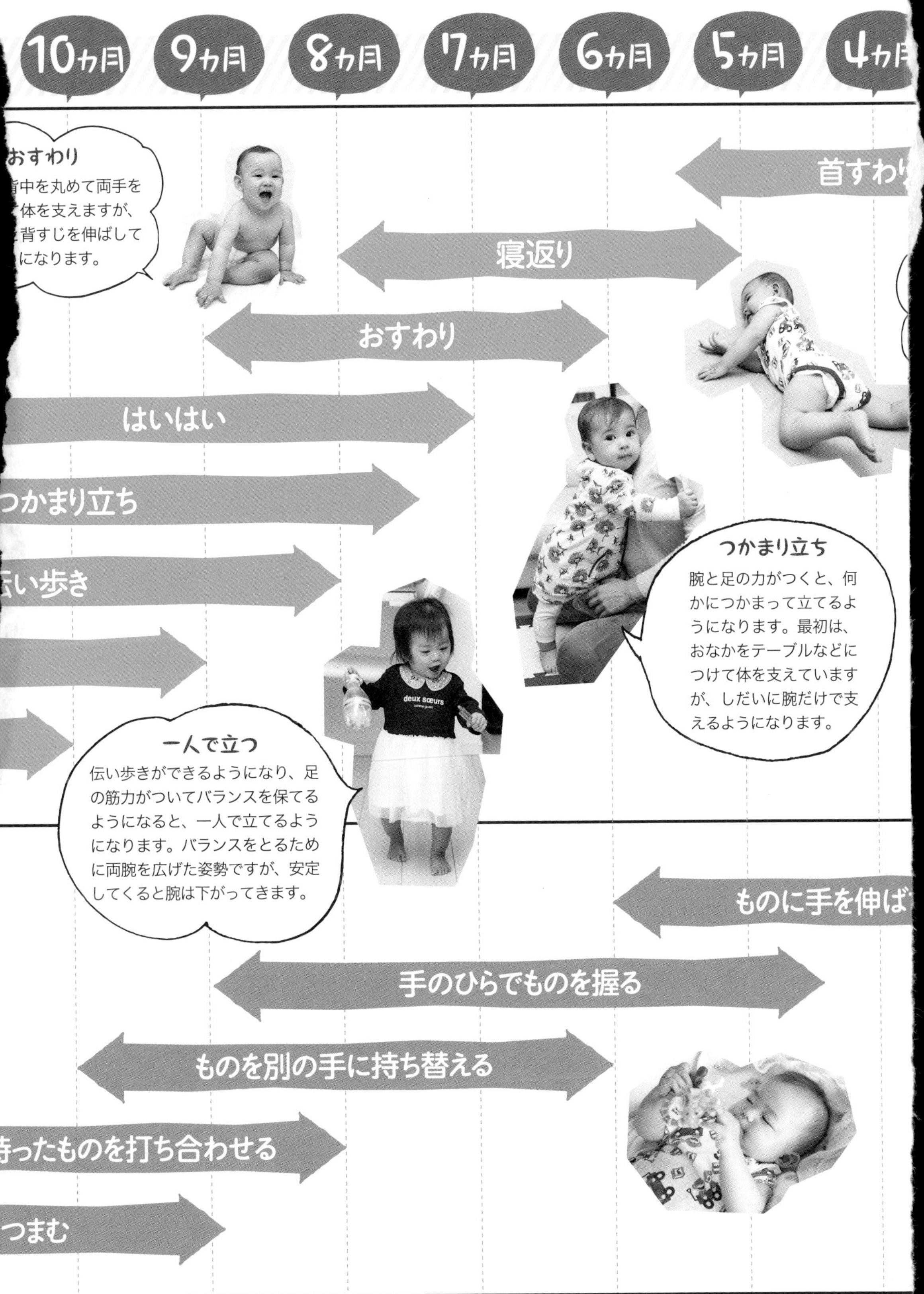
10ヵ月
9ヵ月
8ヵ月
7ヵ月
6ヵ月
5ヵ月
4ヵ月
おすわり
背中を丸めて両手を
体を支えますが、
背すじを伸ばして
になります。
首すわり
寝返り
おすわり
はいはい
つかまり立ち
伝い歩き
つかまり立ち
腕と足の力がつくと、何かにつかまって立てるようになります。最初は、おなかをテーブルなどにつけて体を支えていますが、しだいに腕だけで支えるようになります。
deux sœurs
一人で立つ
伝い歩きができるようになり、足の筋力がついてバランスを保てるようになると、一人で立てるようになります。バランスをとるために両腕を広げた姿勢ですが、安定してくると腕は下がってきます。
ものに手を伸ば
手のひらでものを握る
ものを別の手に持ち替える
持ったものを打ち合わせる
をつまむ

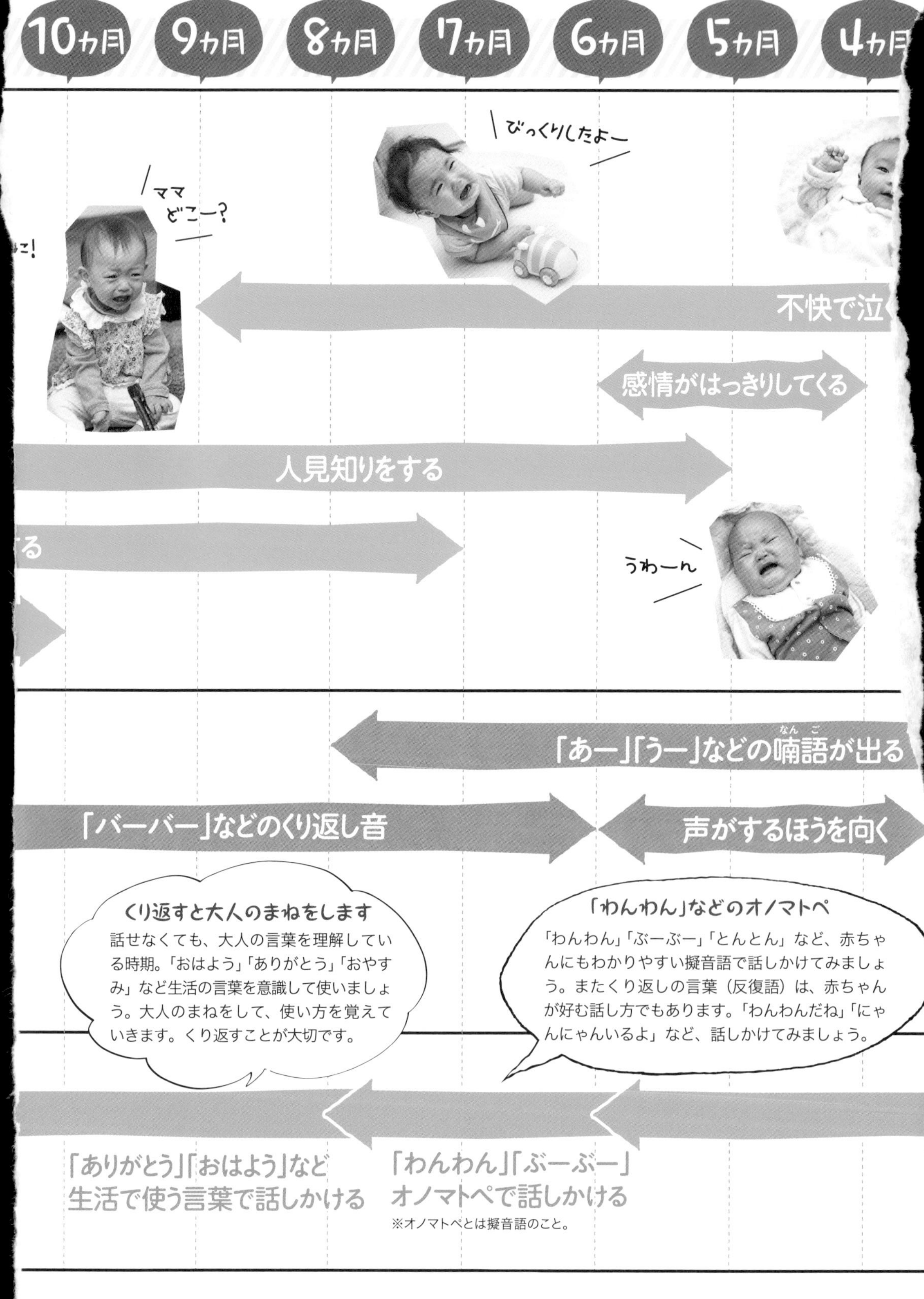
10カ月
9カ月
8カ月
7カ月
6カ月
5カ月
4カ月
びっくりしたよー
ママ どこー？
不快で泣く
感情がはっきりしてくる
人見知りをする
うわーん
「あー」「うー」などの喃語（なんご）が出る
「バーバー」などのくり返し音
声がするほうを向く
くり返すと大人のまねをします
話せなくても、大人の言葉を理解している時期。「おはよう」「ありがとう」「おやすみ」など生活の言葉を意識して使いましょう。大人のまねをして、使い方を覚えていきます。くり返すことが大切です。
「わんわん」などのオノマトペ
「わんわん」「ぶーぶー」「とんとん」など、赤ちゃんにもわかりやすい擬音語で話しかけてみましょう。またくり返しの言葉（反復語）は、赤ちゃんが好む話し方でもあります。「わんわんだね」「にゃんにゃんいるよ」など、話しかけてみましょう。
「ありがとう」「おはよう」など
生活で使う言葉で話しかける
「わんわん」「ぶーぶー」
オノマトペで話しかける
※オノマトペとは擬音語のこと。

月齢別

赤ちゃん(0〜3才)の心と言葉の発達&ママとパパの語りかけのコツ

ママとパパがそれぞれの月齢に応じた働きかけをすることで、赤ちゃんの心と言葉の発達がうながされます。どのような語りかけがいいのかも時期別に紹介します。

※この表は、多くの赤ちゃんがやり始める時期を示していますが、あくまでも目安です。発育、発達には個人差があります。

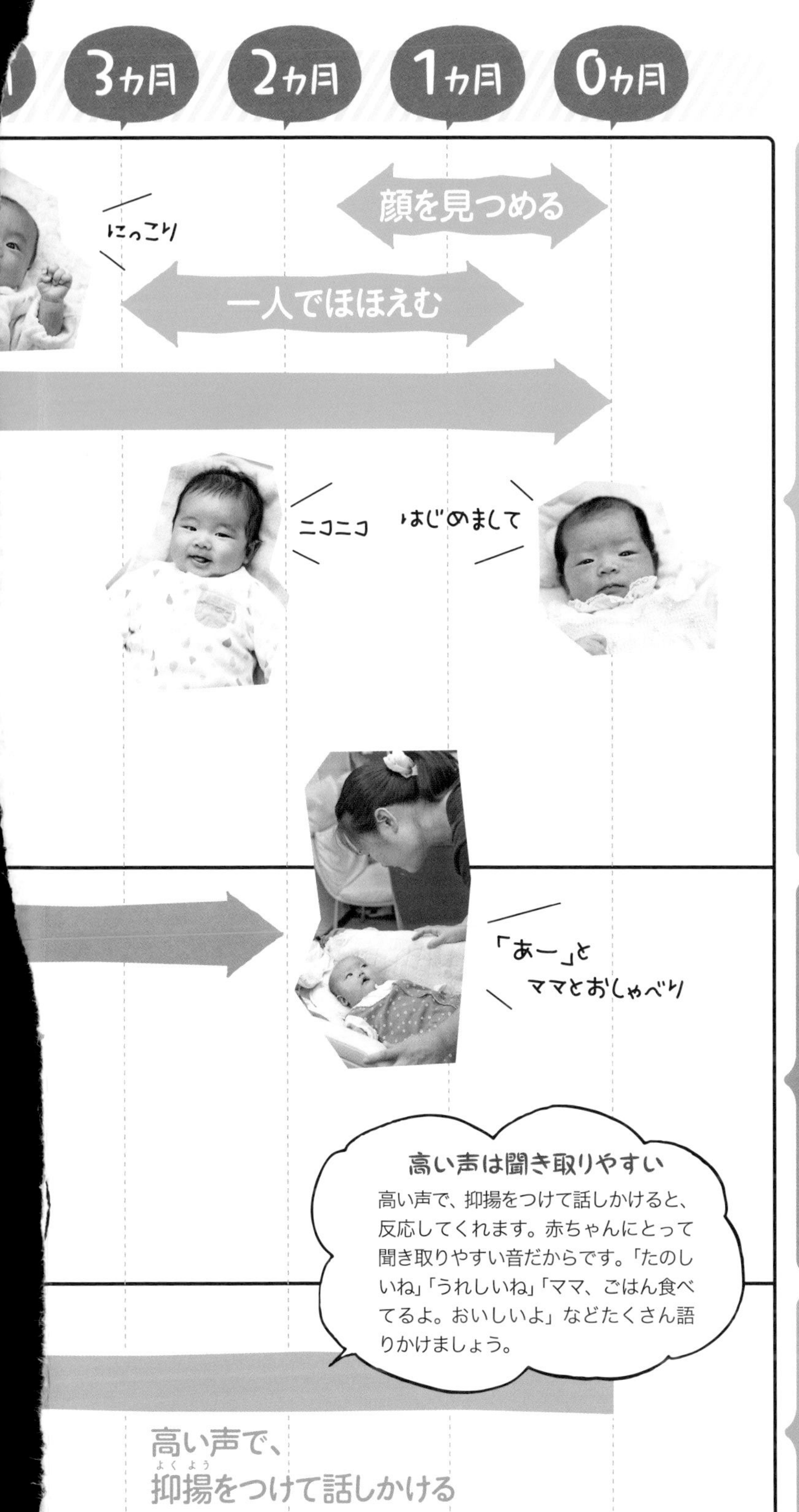
0カ月
1カ月
2カ月
3カ月
心の発達
顔を見つめる
にっこり
一人でほほえむ
はじめまして
ニコニコ
言葉の発達
「あー」とママとおしゃべり
ママとパパの語りかけのコツ
高い声は聞き取りやすい
高い声で、抑揚をつけて話しかけると、反応してくれます。赤ちゃんにとって聞き取りやすい音だからです。「たのしいね」「うれしいね」「ママ、ごはん食べてるよ。おいしいよ」などたくさん語りかけましょう。
高い声で、抑揚(よくよう)をつけて話しかける

3才 2才 1才6カ月 1才3カ月 1才 11カ月

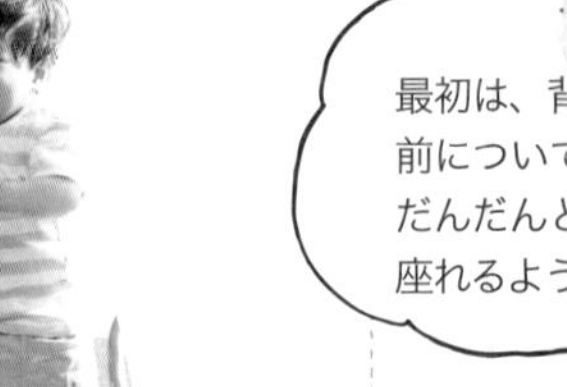

最初は、背
前について
だんだんと
座れるよう

走る

階段を上る

ジャンプする

三輪車をこぐ

あんよ

一人で立てるようになると、1～2歩、足が出るようになります。最初は、すぐにしゃがんでしまったりしますが、慣れると歩ける距離も延びてきます。

伝

一人で立つ

あんよ

なぐり描きをする

ペンやクレヨンをグーで握り、最初は紙にトントンと打ちつけるだけですが、次第に線を引いたり、丸を描いたりできるようになります。

なぐり描きをする

積み木を積む

両手に

親指と人差し指でものを

最新改訂版 らくらく あんしん

育児

監修
日本赤十字社医療センター
周産母子・小児センター顧問
土屋恵司

Gakken

はじめに

はじめての妊娠を経て、はじめての出産をし、はじめての育児が始まろうとしています。無事に生まれてきてくれてうれしい反面、生まれたばかりで頼りない存在の赤ちゃんを前にして、はじめての育児に不安がいっぱいの人もいるでしょう。私は小児科医で、日々赤ちゃんと触れ合いますが、やはり我が子の育児のときは不安と心配ばかりでした。

言葉が話せない赤ちゃんは、なんでも泣いて訴えます。ママやパパは、「おなかがすいたのかな？　おむつが濡れたのかな？　眠いのかな？」と、それを理解しようといろいろ試みますが、最初はうまくいかないかもしれません。でも大丈夫です。ママとパパは、育児初心者です。うまくいかないのは、当たり前なのです。赤ちゃんと毎日いっしょに過ごすことで、訴える声や泣き方、しぐさなどから、だんだんとわかってくるようになりますよ。

育児で一番大切なことは、「我が子のことを考えて、成長を見守ること」。赤ちゃんは、これからたくさんの〝はじめて〟を経

験し、成長していきます。ママとパパも赤ちゃんといっしょに経験し、やさしく成長を見守っていきましょう。

本書では、月齢ごとにできるようになること、生活リズム例、成長や発達での気がかりな疑問、さらに肩の力をぬいて育児を「らくらく」に「あんしん」してできるポイントを紹介していきます。ママとパパが赤ちゃんと過ごす日々で、楽しみながら安心して子育てできる一助になれば幸いです。

育児はこれから長く続くものです。がんばりすぎず、育児を楽しんでください。

監修
日本赤十字社医療センター
周産母子・小児センター顧問
土屋恵司（つちやけいじ）

日本赤十字社医療センター周産母子・小児センター顧問。日本小児科学会小児科専門医、日本小児循環器学会小児循環器専門医。1980年、千葉大学医学部卒業。日赤医療センター小児科研修の後、伊達赤十字病院、国立循環器病センターをへて、1989年日赤医療センター小児科、新生児科に勤務。専門は、小児循環器、小児科一般。

その時期にチェックすべきページ数もわかる！

らくらくあんしん 月齢別 赤ちゃんの様子と生活リズム まるわかりガイド

0カ月

眠っている間にも成長しています

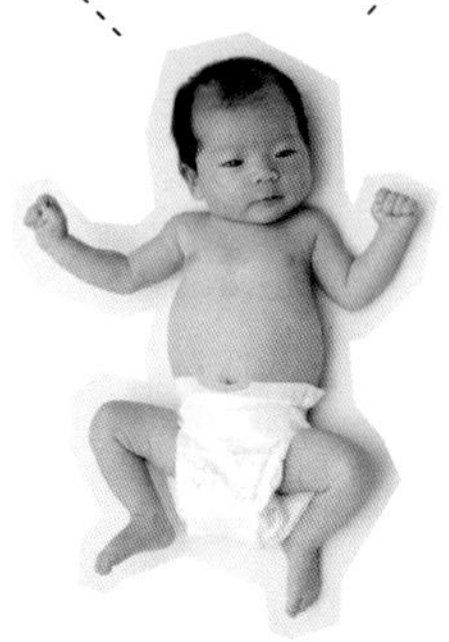

- 昼夜の区別なく眠る
- 原始反射が備わっている
- 眠りのサイクルが短い

生活リズム例
◆おっぱい 9回
◆うんち 4〜5回

- AM 1:00 …ねんね
- …おっぱい①
- …ねんね
- …おっぱい②
- 6:00 …ねんね
- …起床 おっぱい③
- …おっぱい④
- …ねんね
- PM 12:00 …おっぱい⑤
- …ねんね
- …おっぱい⑥
- …ねんね
- 18:00 …沐浴 おっぱい⑦
- …就寝
- …おっぱい⑧
- 0:00 …おっぱい⑨

1カ月

42
ページをチェック！

目覚めている時間が増えてきます

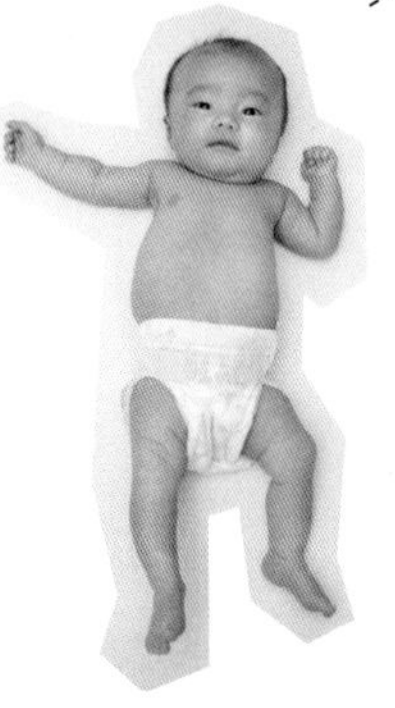

- 「あー」「うー」など声を出す
- 手足をバタバタ動かす
- 少しふっくらしてくる

生活リズム例
◆おっぱい 8回
◆うんち 4〜5回

- AM 1:00 …ねんね
- …おっぱい①
- …ねんね
- …おっぱい②
- 6:00
- …おっぱい③
- …起床
- …おっぱい④
- PM 12:00
- …ねんね
- …おっぱい⑤
- …ねんね
- …おっぱい⑥
- 18:00
- …お風呂
- …おっぱい⑦
- …就寝
- 0:00 …おっぱい⑧

2カ月

50
ページをチェック！

自分の手を見つけます

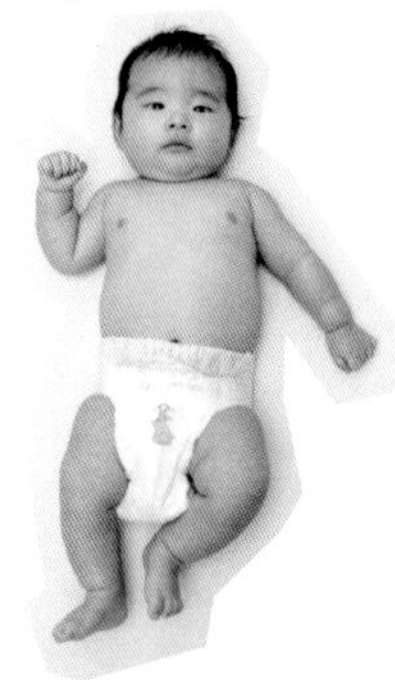

- 手を口に運んでしゃぶる
- 目でものを追う
- 楽しいと笑顔になる

生活リズム例
◆おっぱい 8回
◆うんち 4〜5回

- AM 1:00 …おっぱい①
- …ねんね
- …おっぱい②
- 6:00 …ねんね
- …起床 おっぱい③
- …外気浴
- …ねんね
- …おっぱい④
- PM 12:00
- …おっぱい⑤
- …ねんね
- …おっぱい⑥
- 18:00 …お風呂
- …おっぱい⑦
- …就寝
- …おっぱい⑧
- 0:00

3カ月

なんでも口で確かめます

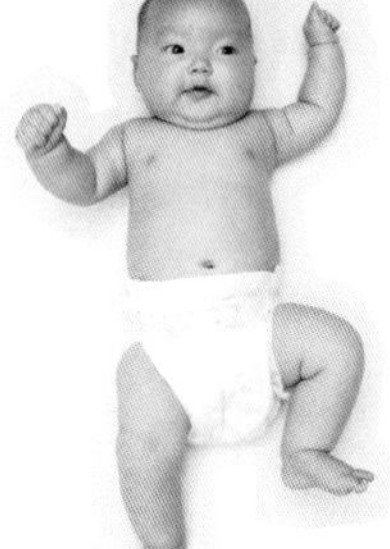

- 感情表現が豊かになってくる
- 目で見て、興味のあるものに手を伸ばす
- 首がしっかりしてくる

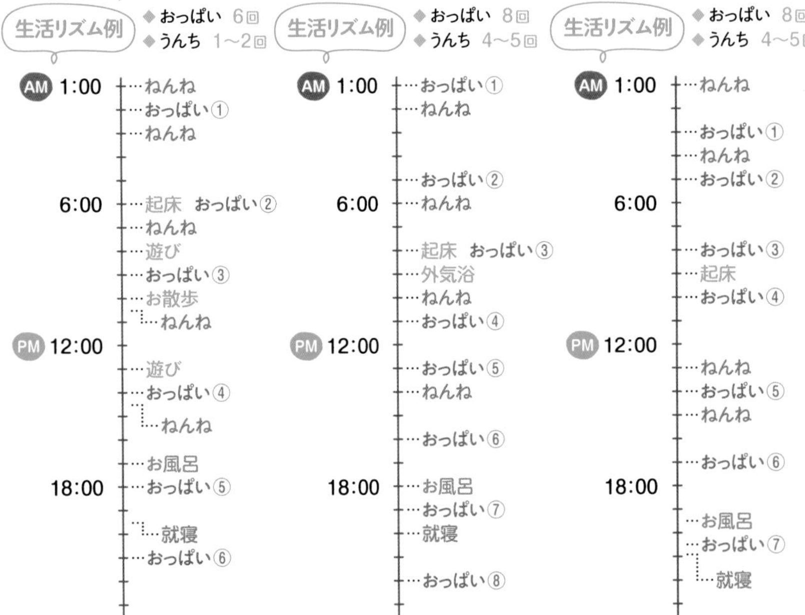

生活リズム例
◆おっぱい 6回
◆うんち 1〜2回

- AM 1:00 …ねんね
- …おっぱい①
- …ねんね
- 6:00 …起床 おっぱい②
- …ねんね
- …遊び
- …おっぱい③
- …お散歩
- …ねんね
- PM 12:00
- …遊び
- …おっぱい④
- …ねんね
- …お風呂
- 18:00 …おっぱい⑤
- …就寝
- …おっぱい⑥
- 0:00

新生児～3才までの赤ちゃんたちの成長の様子や、生活リズムを一覧にしました。
この時期にこれができるようになるという目安にしましょう。

7カ月

おすわりが安定してきます

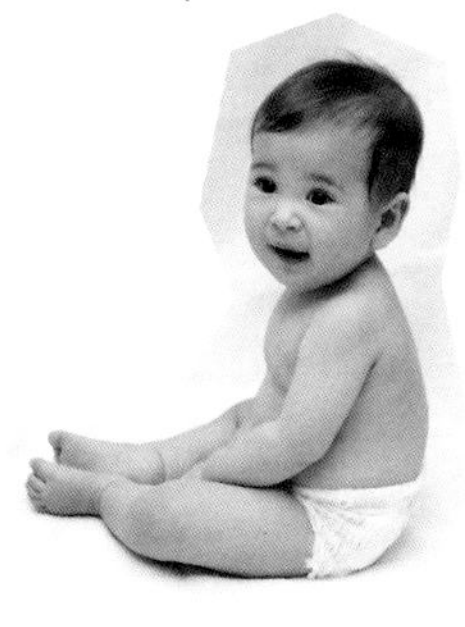

- 人見知りをする子も
- 親指と4本の指でものをつまめるようになる
- 動作のまねを始める

生活リズム例

- おっぱい 5回
- 離乳食 2回
- うんち 0～2回

6カ月

まとまって眠るようになります

- 不安定ながら一人でおすわりできる
- 左右の手でおもちゃの持ち替えができる
- 離乳食が1日2回になる

生活リズム例

- おっぱい 5回
- 離乳食 2回
- うんち 0～2回

5カ月

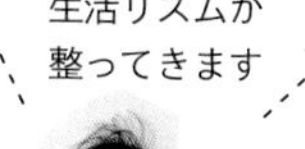

生活リズムが整ってきます

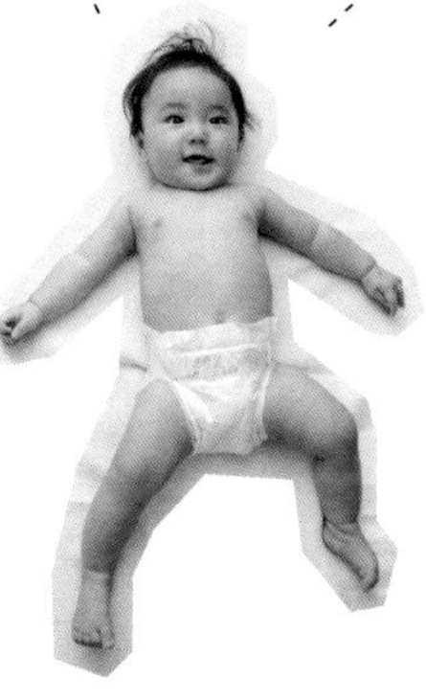

- 離乳食がスタート
- しっかりと手でものをつかめる
- 寝返りを始める子も

生活リズム例

- おっぱい 5回
- 離乳食 1回
- うんち 0～2回

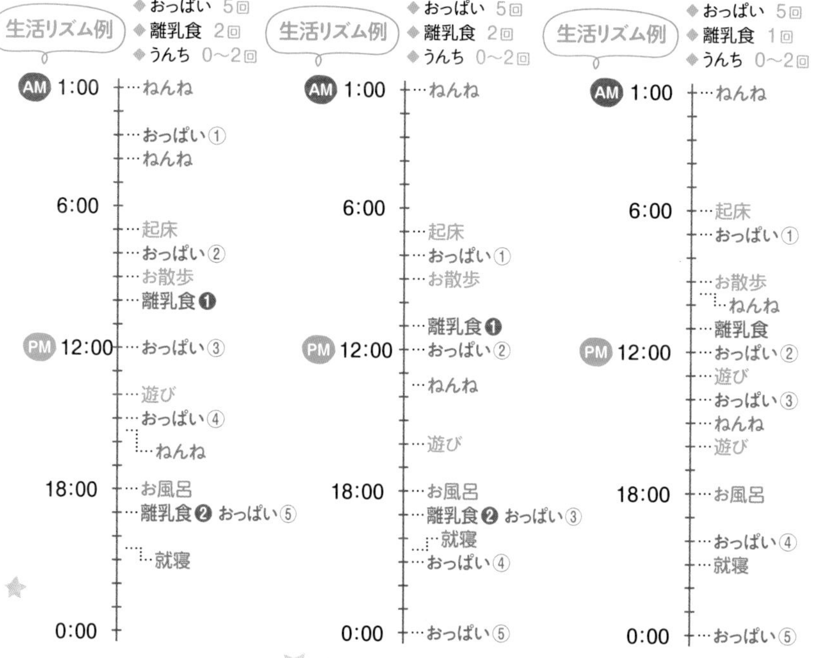

4カ月

感情表現が豊かに

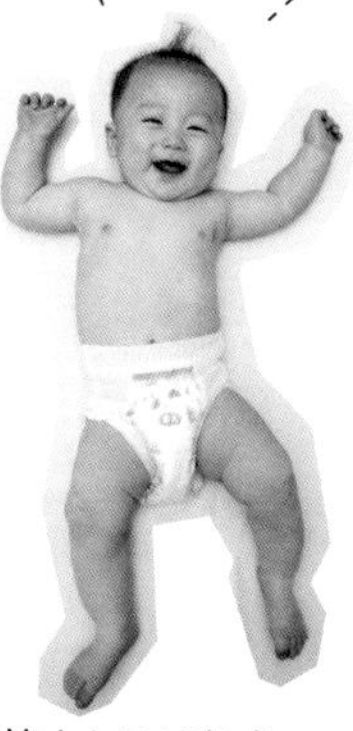

- 首すわりが完成
- ママ、パパの顔を認識する
- 「ブー」「バブー」など発音できるようになる

生活リズム例

- おっぱい 6回
- うんち 1～2回

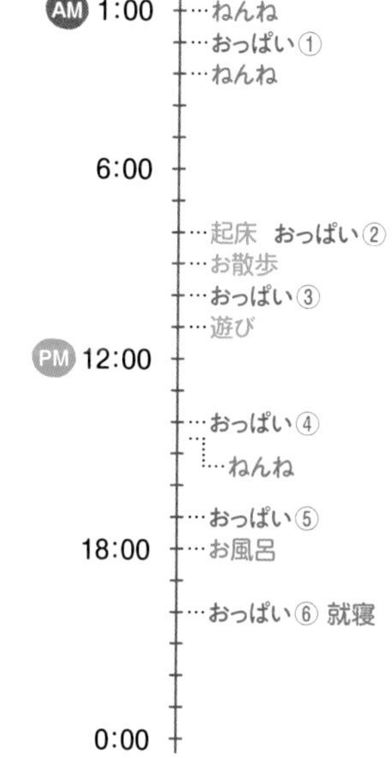

離乳食の進め方は?

5カ月ごろのタイミングで始まる離乳食。月齢によって4段階に分かれます。段階ごとに、食べられる食材、食べる量、かたさなどを紹介しています。

ここをチェック
- 離乳初期（5〜6カ月）➡79ページ
- 離乳中期（7〜8カ月）➡100ページ
- 離乳後期（9〜11カ月）➡116ページ
- 離乳完了期（1才〜1才6カ月）➡142ページ

11カ月

130ページをチェック!

- 一人遊びができる
- 性格に個性が出てくる
- 「バイバイ」「ちょうだい」がわかり、コミュニケーションがとれる

10カ月

122ページをチェック!

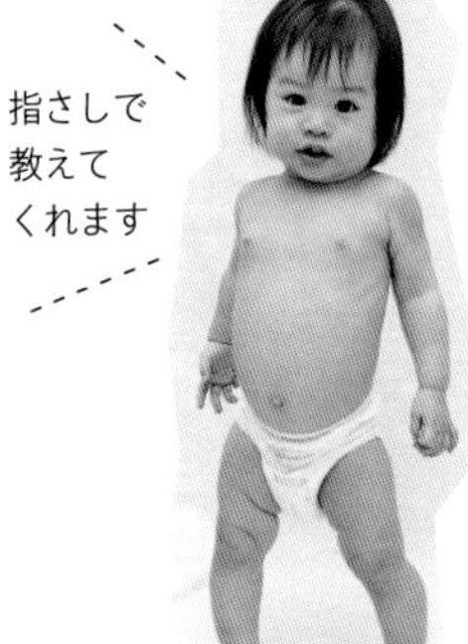

指さしで教えてくれます

- 手先で「ひねる」「押す」ができる
- 伝い歩きができる
- 自己主張が強くなる

9カ月

112ページをチェック!

手先が器用になります

- 離乳食が1日3回になる
- ストローで飲める
- つかまり立ちをする

8カ月

104ページをチェック!

はいはいで行動範囲が広がります

- はいはいができる
- 後追い、人見知りをする
- 「マンマン」などのおしゃべりをする

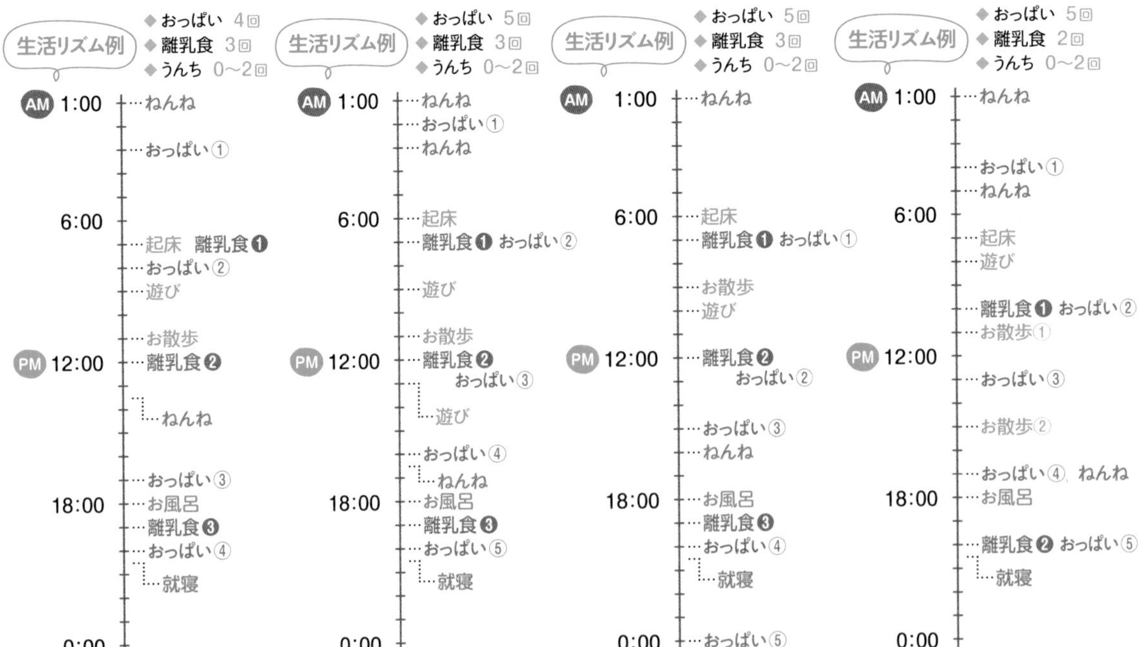

予防接種の種類と受ける時期は？

生後2カ月になったら、予防接種が始まります。赤ちゃんにとって免疫をつけるために大切な予防接種。受ける時期が決まっているものや、任意で受ける・受けないを決めるものなどがあります。

ここをチェック

- 受けるまでの流れ ➡55ページ
- 予防接種スケジュール ➡170ページ
- 予防接種の種類 ➡173ページ

2〜3才 162ページをチェック！

1才6カ月 156ページをチェック！

1才3カ月 150ページをチェック！

1才 138ページをチェック！

なんでも自分でやりたがります

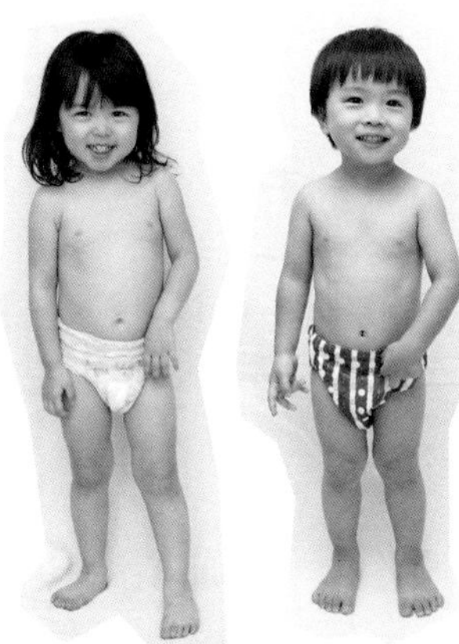

- ごっこ遊びができる
- イヤイヤ期が始まる
- 運動神経が発達する

まねっこが上手になります

- 二語文でおしゃべりをする
- ものを積んだり、重ねたりできる
- 小走りやジャンプなどができる

全身を動かしてできることが増えます

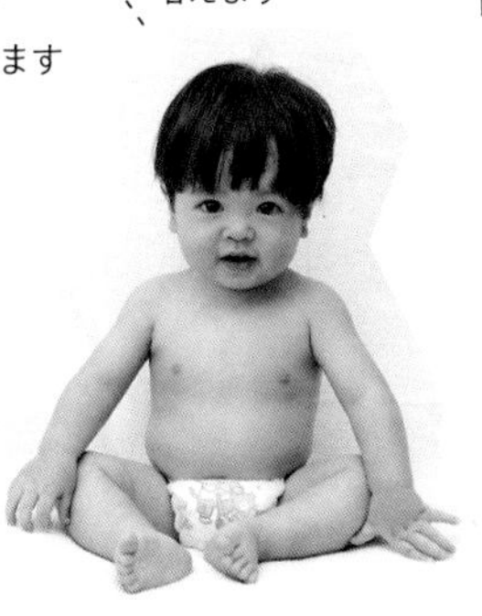

- あいさつや片づけなど社会のルールを学ぶ
- あんよが上手になる
- 言葉を理解する

赤ちゃんから「幼児」に

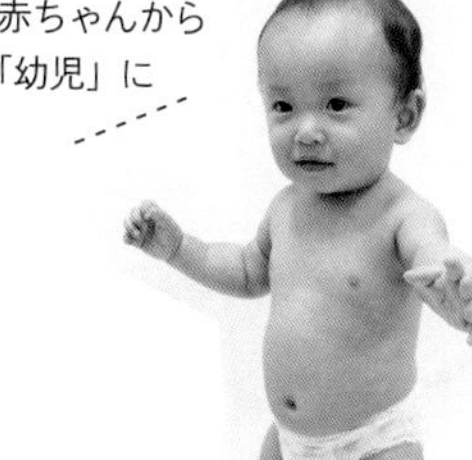

- 複雑な感情表現ができるように
- クレヨンで点を描ける
- 歩き始める

月齢別の健診はいつあるの？

月齢の節目に健診があります。身体測定や、発達の具合などを調べ、赤ちゃんの成長の様子を医師に確認してもらいます。月齢ごとに、検査項目は変わります。

ここをチェック

- 1カ月健診 ➡46ページ
- 3〜4カ月健診 ➡62ページ
- 6〜7カ月健診 ➡94ページ
- 9〜10カ月健診 ➡120ページ
- 1才健診 ➡148ページ
- 1才6カ月健診 ➡159ページ
- 3才健診 ➡164ページ

病気とホームケアについて

赤ちゃんが病気になったときに役立つ、病院に行く目安、病気の症状やホームケアも紹介しているので、いざというときの参考にしてください。

ここをチェック

- ホームケアについて ➡90ページ
- 赤ちゃんの病気の症状について ➡176ページ
- いざというときの応急手当ての方法 ➡186ページ
- 病気症状別の緊急度チェック表 ➡188ページ

生活リズム例

- 離乳食 3回
- おやつ 1回
- うんち 0〜2回

（※卒乳しました！）

- AM 1:00 …ねんね
- 6:00
- …起床 離乳食❶
- …遊び
- …おやつ
- …お散歩
- PM 12:00 …離乳食❷
- …ねんね
- …おやつ
- 18:00 …お風呂
- …離乳食❸
- …就寝
- 0:00

母乳？ ミルク？ 混合？

赤ちゃんが元気に育つ方法を選びましょう

出産して、最初にママがやることは授乳です。母乳だけ、ミルクだけ、母乳とミルクの混合と、いろいろな方法があります。これでなくてはだめだとこだわらずに、赤ちゃんが健やかに育つための方法を選びましょう。

母乳育児

栄養たっぷり

母乳だけで育てる方法です。母乳には赤ちゃんに必要な栄養がぎゅっと凝縮されています。**母乳を通してママから免疫をもらったり、母乳を飲むことで安心したりするメリット**も。ただし、飲んだ量が目で確認できないので、赤ちゃんがどのくらい飲んだのか、十分な量が出ているのかがわかりにくいといえます。その場合、飲む前と飲んだ後に赤ちゃんの体重を量ってみるのもひとつの方法です。また、母乳だけでは、生後6カ月ごろから鉄・ビタミンDが不足しがちになるので、離乳食でこれらの栄養を補いましょう。

ここをチェック

- おっぱいの飲ませ方 ➡28ページ
- 授乳の姿勢 ➡29ページ

混合育児

母乳とミルクで調節

母乳とミルクで育てる方法です。母乳で足りない分をミルクで補います。ミルクの量は、赤ちゃんの月齢と母乳の量によって変わります。その月齢で1日に飲んでほしい量を授乳回数で割り、1回分のおおよその見当をつけてミルクを作ります。**搾乳し、どのくらい出ているのかを確認し、それに合わせてミルクの量を調節するのもいいでしょう。**

混合育児でむずかしいのは、やはりミルクの量。母乳の量が目に見えないので、赤ちゃんの飲み具合や機嫌などを見て判断します。

ここをチェック

- おっぱいの飲ませ方 ➡28ページ
- 授乳の姿勢 ➡29ページ
- ミルクの基本の作り方 ➡30ページ
- ミルクの飲ませ方 ➡31ページ
- 哺乳びんの洗い方 ➡31ページ

混合の場合、ミルクを飲んでくれないときは、ニプルのかたさを変えてみると飲んでくれるようになることも。

ミルク育児

パパもあげられる

ミルクだけで育てる方法。**ミルクは母乳に近い栄養素が配合されています。赤ちゃんのおなかに溜まりやすく、夜寝る前に飲むと、ぐっすり寝てくれるというメリットも。**また、ミルクはママ以外の人もあげることができます。ママの体調がすぐれないときや、外出するときはもちろん、ふだんからパパがミルクをあげられます。

ミルクは母乳と違って飲んだ量が確認できます。よく飲んでいる、飲みが悪いなどがひと目でわかります。

ここをチェック

- ミルクの基本の作り方 ➡30ページ
- ミルクの飲ませ方 ➡31ページ
- 哺乳びんの洗い方 ➡31ページ

どのように成長していくの？

1年で体重が3倍、身長が1.5倍になります

生まれてから1才になるまでの赤ちゃんの成長の様子は、めざましいものです。3000ｇ、50㎝前後で生まれた子は、1才では10㎏近くの体重になり、身長は1.5倍の80㎝前後になります。

発育曲線を参考に

母子健康手帳にある「発育曲線」は、全国の乳幼児の体重、身長、頭囲などを10年ごとに男女別に集計し、グラフ化したものです。身長、体重がこのグラフの帯の範囲内で、ゆるやかなりにも上向いていれば、問題ありません。順調に成長しています。多少、グラフから外れていても、その子なりのペースで上向いているのであれば、大丈夫です。

あんしん

体重がたとえグラフから外れていても、ダイエットをさせなければ……などとは考えないように。月齢が上がるごとに、動きが活発になってきます。活動量が増えるとエネルギーもそれだけ消費するので、自然とすっきりした体型になります。

グラフを気にしすぎないで

生後3～4カ月くらいまで急激に発育し、その後は、成長のペースがゆるやかになります。

身長と体重は、並行して同じような増え方をするとは限りません。体重はゆるやかで、身長はぐんぐん伸びる子、身長はゆるやかで、体重は大きく増える子など個人差があります。グラフの帯から大きく外れていなければ、あまり気にしないで。あくまで目安として見るようにしましょう。気になるときには、健診のときなどに、小児科医に相談してみましょう。

あんしん

グラフには、発育の目安も書いてあります。これも身長や体重と同様、あくまで目安です。その子なりのペースで成長していれば、心配ありません。

身体発育曲線［2020年度調査］

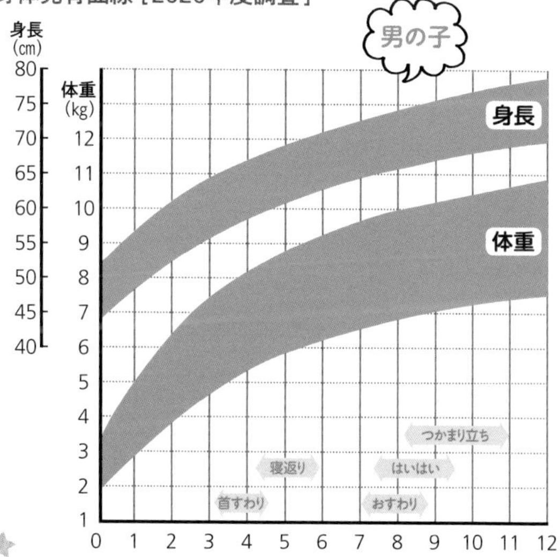

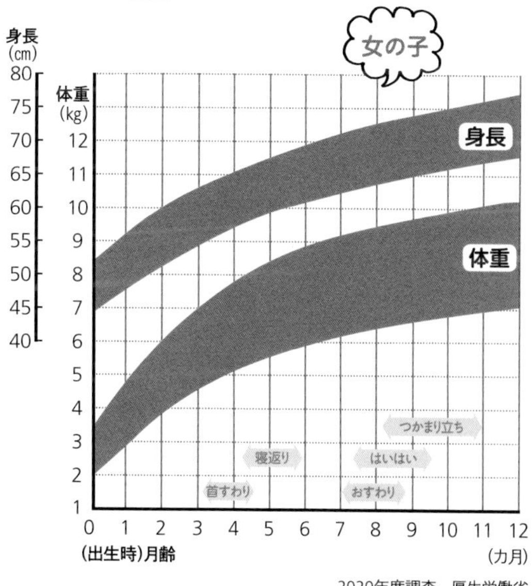

2020年度調査　厚生労働省

らくらく
あんしん

育児の最新トピックス まるわかりガイド

コロナ禍で、育児を取り巻く環境も大きく変わっています。小さな命を守るために、どのようなことに注意すればよいのか、育児にまつわる最新事情をチェックしましょう。

うわさやデマにまどわされないよう ファクトチェックをしっかり

新型コロナウイルス感染症の拡大により、私たちの生活は大きく変わりました。育児においても、以前は当たり前だったことができなくなったり、気をつけなくてはならないことが増えたりしています。

また、育児に関する情報は少しずつアップデートされています。離乳食の進め方や、予防接種のスケジュールなども、最新の科学的知見を反映し、時代とともに変わってきています。

一方、新型コロナウイルスについては、ウイルスそのものについてもワクチンについても、まだ長期的なデータがないため、わからないことも多いのが現状です。

今のところ、日本国内では、乳児の重症例はごくまれで、半数以上が無症状といわれています。また、感染源を調べてみると、ほとんどが家族とされています。

厚生労働省や日本小児科学会といった信頼できる機関のホームページなどをチェックし、うわさやデマにまどわされないようにしましょう。

感染症対策の基本をおさえよう

ウイルスを持ち込まない対策を徹底する

新型コロナウイルスの赤ちゃんへの感染は、大人と比べると少ないとされていますが、軽症の場合、せき、鼻水、発熱、下痢など、かぜに似た症状が表れるようです。新型コロナウイルスが流行している間は、家庭内での感染対策を徹底すること。何よりも家族がウイルスを家の中に持ち込まないことが第一です。赤ちゃん自身は、マスクなどで自衛することができませんから、とにかくママとパパがきっちりとできるかぎりの対策を。3つの「密」を避け、こまめに手洗いや消毒をすることはもちろん、外出した後は、お風呂に入って着替えてから赤ちゃんに触れるようにすると安心です。また、感染が拡大しているときは、不要不急の外出を控えましょう。ただし、乳幼児健診や予防接種は、時期を逃さず受けることをおすすめします。

病院などの公共機関では…？

病院、保健所などの公共機関では、手洗いやマスクの着用、入室時の検温、消毒、換気などの感染症対策が徹底されています。乳幼児健診や予防接種の際も、時間帯や場所を分けるなどの対策がなされていますが、念のため、空いている時間帯を事前に問い合わせておくとよいでしょう。

おうちの日常生活では…？

まずは、感染症対策の基本を守り、ウイルスを家の中に持ち込まないこと。赤ちゃんは、大人の表情を見て、いろいろなことを学んでいきますから、手洗いや消毒などの対策をしっかりと実践していれば、家の中で赤ちゃんのお世話をするときにマスクをする必要はありません。また、室内の温度変化に気をつけながら、こまめに換気を。

屋外のおでかけ先では…？

ウイルスの感染が拡大しているときは、不要不急の外出は控えたほうがベター。できるだけ、赤ちゃんを人の多い場所に連れ出さないようにしましょう。しかし、赤ちゃんの成長のためには、屋外の空気に触れることも大切。外気浴やお散歩などのおでかけ先は、人との間隔を２m以上あけられるような広いところを選びましょう。

トピック2 離乳食の進め方を知っておこう

最新のガイドラインをチェックしアレルギーや栄養不足を防ぐ

離乳食に対する考え方は、時代とともに変わってきています。まずは、厚生労働省が定める「授乳・離乳の支援ガイド」に基づき、正しい情報をチェックしましょう。最近の研究結果によると、「特定の食物の摂取開始を遅らせても、食物アレルギーの予防効果があるという科学的根拠はない」とされていますが、はじめての食材は慎重に進めたほうがよいでしょう。また、母乳育児の場合、生後6~7カ月ごろから徐々に鉄とビタミンDが不足しがちになることも判明しました。離乳食には、鉄やビタミンDが豊富な食材を積極的に取り入れましょう。

卵の食べさせ方

生後5～6カ月ごろ 卵黄耳かき1杯分から

もっとも乳児に多いとされるのが、卵アレルギー。加熱より生、卵黄よりも卵白のほうがアレルギーを起こしやすいので、最初は、しっかりとかたゆでにした卵黄からスタート。耳かき1杯分から始め、少しずつ増やしていきます。

鉄・ビタミンDのとり方

母乳育児の場合は 6～7カ月ごろから不足しがち

鉄は、ほうれん草、卵黄、ツナ、レバーなどの食材に多く含まれます。ビタミンDが豊富な食材は、しらすやさけなど。これらの食材を離乳食に取り入れるほか、ベビーフードや粉ミルクも上手に活用しましょう。

トピック3 予防接種のスケジュールをチェックしよう

かかりつけの医師とスケジュールを相談

予防接種には、「保護者は、接種を受けさせるよう努めなければならない」とされる定期接種と、保護者の判断にまかされる任意接種があり、それぞれ推奨される接種時期や、接種間隔の制限などがあります。定期接種は期間内なら公費負担（一部自己負担も）、任意接種は自己負担となります。

種類や回数が多くて、最初は混乱するかもしれませんが、赤ちゃんの命を守るために必要なことです。スケジュールが見直されたり、自治体によって異なったりする場合もあるので、かかりつけの小児科医に相談しながら、滞りなく接種を受けるようにしましょう。

こんなとき
どうする…？

ウィズコロナ時代の育児Q&A

Q おもちゃも除菌・消毒したほうがよい？

まずは大人が家にウイルスを持ち込まないように

まずは、外に出た大人が家の中にウイルスを持ち込まないこと。帰宅後は、手洗いや消毒を徹底してください。そのうえで、赤ちゃんが舐めたり口に入れたりする可能性のあるおもちゃは、定期的に洗うなどして清潔を心がけて。人から離れたウイルスは何日も生きるわけではありませんから、一般的な注意の範囲内で心配ないでしょう。

Q 赤ちゃんにもマスクは必要？

2才未満にはむしろ危険

２才未満の子どもの場合、マスク着用はむしろ危険といわれています。赤ちゃんの気道はせまいので、マスクをすると呼吸がしにくく、心臓に負担がかかることも。また、窒息や熱中症のリスクも指摘されています。赤ちゃんの顔色や表情の変化に気づきにくくなるというデメリットも。感染症対策のためのマスクは、２才を過ぎてから。

Q 乳幼児健診や予防接種は遅らせたほうがよい？

可能なかぎり、予定通りに受けること

新型コロナウイルスが流行しているときは、乳幼児健診や予防接種に出かけるのも控えたほうがよいのでは、と心配する人もいますが、赤ちゃんの健康を守るためには、これらを遅らせることのほうが問題です。ほかの重大な病気の発見が遅れたり、命にかかわる感染症のリスクが高まったりする可能性も考えられますから、遅らせずに受けましょう。

Q おうち時間のストレスを解消するには？

オンラインを活用してコミュニケーションを

長引くコロナ禍でストレスを感じるママが増えています。外出できないときは動画サイトなどで赤ちゃんと楽しめるエクササイズや手遊びを探してみては。また、オンラインツールでママ友と交流することもストレス解消に役立ちます。それでもイライラして眠れないなどの状態が続くときは保健センターなどの専門家を頼ることも大切。

＼ 月齢ごとによくわかる ／

らくらく あんしん 育児

この本の使い方

本書では、はじめてママとパパがらくらく・あんしんな気持ちで育児を始められるように、わかりやすく丁寧に情報を集めました。ここでは、この本をより有効に活用できるポイントを紹介します。

写真で見てすぐわかる

月齢別 赤ちゃんの発育・発達と生活

発育・発達の様子から、授乳のタイミングやねんねの時間まで、赤ちゃんのすべてがわかります。大事なところにはアンダーラインつきです。

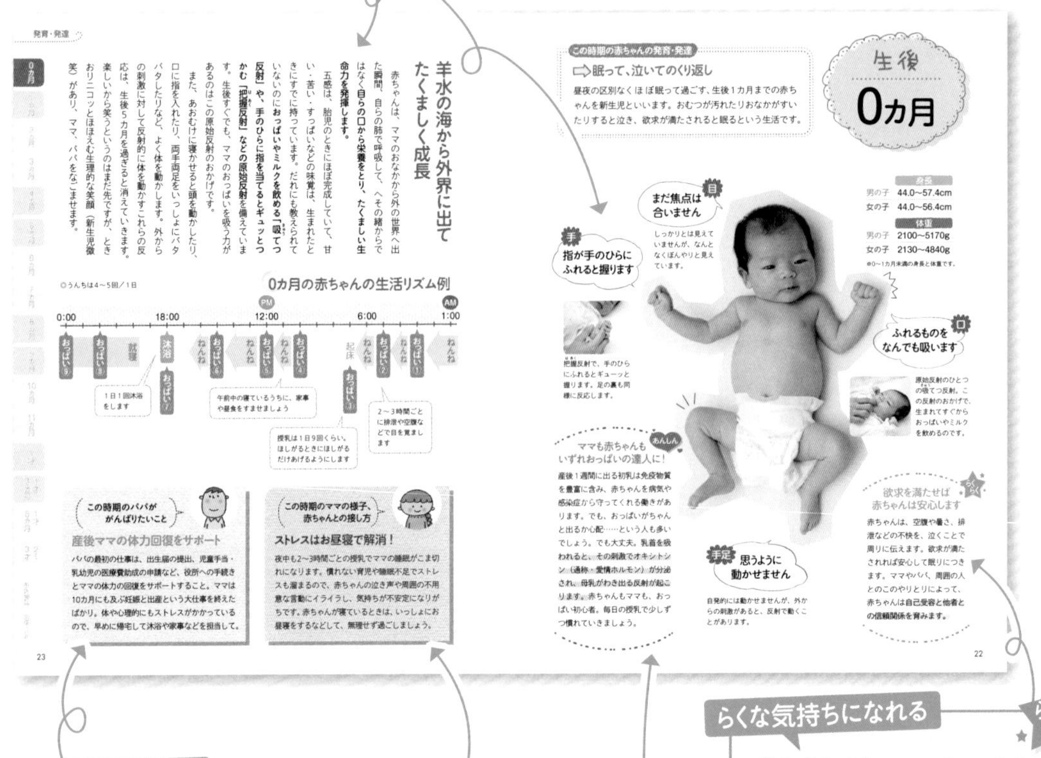

この時期の赤ちゃんの発育・発達

⇨眠って、泣いてのくり返し

昼夜の区別なくほぼ眠って過ごす、生後1カ月までの赤ちゃんを新生児といいます。おむつが汚れたりおなかがすいたりすると泣き、欲求が満たされると眠るという生活です。

生後 0カ月

	身長
男の子	44.0〜57.4cm
女の子	44.0〜56.4cm

	体重
男の子	2100〜5170g
女の子	2130〜4840g

※0〜1カ月未満の身長と体重です。

目 まだ焦点は合いません
しっかりとは見えていませんが、なんとなくぼんやりと見えています。
手 指が手のひらにふれると握ります
把握反射で、手のひらにふれるとギューッと握ります。足の裏も同様に反応します。
口 ふれるものをなんでも吸います
原始反射のひとつの吸てつ反射。この反射のおかげで、生まれてすぐからおっぱいやミルクを飲めるのです。
手足 思うように動かせません
自発的には動かせませんが、外からの刺激があると、反射で動くことがあります。

あんしん ママも赤ちゃんもいずれおっぱいの達人に！

産後1週間に出る初乳は免疫物質を豊富に含み、赤ちゃんを病気や感染症から守ってくれる働きがあります。でも、おっぱいがちゃんと出るか心配……という人も多いでしょう。でも大丈夫。乳首を吸われると、その刺激でオキシトシン（通称・愛情ホルモン）が分泌され、母乳がわき出る反射が起こります。赤ちゃんもママも、おっぱい初心者。毎日の授乳で少しずつ慣れていきましょう。

らくらく 欲求を満たせば赤ちゃんは安心します

赤ちゃんは、空腹や暑さ、排泄などの不快を、泣くことで周りに伝えます。欲求が満たされれば安心して眠りにつきます。ママやパパ、周囲の人とのこのやりとりによって、赤ちゃんは自己受容と他者との信頼関係を育みます。

22

発育・発達

0カ月

羊水の海から外界に出てたくましく成長

赤ちゃんは、ママのおなかから外の世界へ出た瞬間、自らの肺で呼吸して、へその緒からではなく**自らの口から栄養をとり、たくましい生命力を発揮します。**

五感は、胎児のときにほぼ完成していて、甘い・苦い・すっぱいなどの味覚は、生まれたときにすでに持っています。だれにも教えられていないのに**おっぱいやミルクを飲める「吸てつ反射」や、手のひらに指を当てるとギュッとつかむ「把握反射」などの原始反射**を備えています。生後すぐでも、ママのおっぱいを吸う力があるのはこの原始反射のおかげです。

また、あおむけに寝かせると頭を動かしたり、口に指を入れたり、両手両足をいっしょにバタバタしたりなど、よく体を動かします。外からの刺激に対して反射的に体を動かすこれらの反応は、生後5カ月を過ぎると消えていきます。楽しいから笑うというのはまだ先ですが、ときおりニコッとほほえむ生理的な笑顔（新生児微笑）があり、ママ、パパをなごませます。

0カ月の赤ちゃんの生活リズム例

◎うんちは4〜5回／1日

この時期のパパががんばりたいこと

産後ママの体力回復をサポート

パパの最初の仕事は、出生届の提出、児童手当・乳幼児の医療費助成の申請など、役所への手続きとママの体力の回復をサポートすること。ママは10カ月にも及ぶ妊娠と出産という大仕事を終えたばかり。体や心理的にもストレスがかかっているので、早めに帰宅して沐浴や家事などを担当して。

この時期のママの様子、赤ちゃんとの接し方

ストレスはお昼寝で解消！

夜中も2〜3時間ごとの授乳でママの睡眠がこま切れになります。慣れない育児や睡眠不足でストレスも溜まるので、赤ちゃんの泣き声や周囲の不用意な言動にイライラし、気持ちが不安定になりがちです。赤ちゃんが寝ているときは、いっしょにお昼寝をするなどして、無理せず過ごしましょう。

23

パパの気持ちを応援！

この時期のパパががんばりたいこと

赤ちゃんの月齢ごとに、パパにがんばってほしいこと、担当してもらいたい家事や育児のポイントを紹介。

ママの様子がわかる

この時期のママの様子、赤ちゃんとの接し方

月齢ごとのママの心身の変化や、赤ちゃんとの接し方のポイントを紹介します。

らくな気持ちになれる らくらく

「らくらく」マークつき！

365日休みなく続く育児。肩の力をぬいて、少しでもらくになれるポイントを紹介します。

心配や不安を減らせる あんしん

「あんしん」マークつき！

育児には心配や不安がたくさん。その気持ちを「あんしん」に変えてくれるポイントを紹介しています。

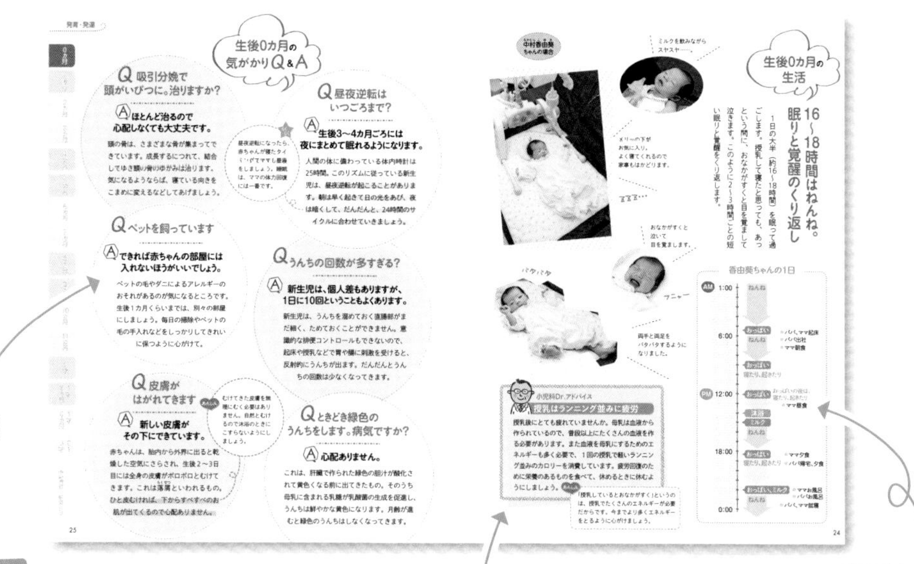

生後0カ月の気がかりQ&A

Q 吸引分娩で頭がいびつに。治りますか?

A ほとんど治るので心配しなくても大丈夫です。

頭の骨は、さまざまな骨が集まってできています。成長するにつれて、結合してゆき頭の骨のゆがみは治ります。気になるようならば、寝ている向きをこまめに変えるなどしてあげましょう。

Q 昼夜逆転はいつごろまで?

A 生後3～4カ月ごろには夜にまとめて眠れるようになります。

人間の体に備わっている体内時計は25時間。このリズムに従っている新生児は、昼夜逆転が起こることがあります。朝は早く起きて日の光をあび、夜は暗くして、だんだんと、24時間のサイクルに合わせていきましょう。

Q ペットを飼っています

A できれば赤ちゃんの部屋には入れないほうがいいでしょう。

ペットの毛やダニによるアレルギーのおそれがあるのが気になるところです。生後1カ月くらいまでは、別々の部屋にしましょう。毎日の掃除やペットの毛の手入れなどをしっかりしてきれいに保つように心がけて。

Q うんちの回数が多すぎる?

A 新生児は、個人差もありますが、1日に10回ということもよくあります。

新生児は、うんちを溜めておく直腸鮮が未だ短く、ためておくことができません。意識的な排便コントロールもできないので、起床や授乳などで胃や腸に刺激を受けると、反射的にうんちが出ます。だんだんとうんちの回数は少なくなってきます。

Q 皮膚がはがれてきます

A 新しい皮膚がその下にできています。

赤ちゃんは、胎内から外界に出ると乾燥した空気にさらされ、生後2～3日目には全身の皮膚がポロポロとむけてきます。これは落屑といわれるもの。ひと皮むければ、下からすべすべのお肌が出てくるので心配ありません。

Q ときどき緑色のうんちをします。病気ですか?

A 心配ありません。

これは、肝臓で作られた緑色の胆汁が酸化されて黄色くなる前に出てきたもの。そのうち母乳に含まれる乳糖が乳酸菌の生成を促進し、うんちは鮮やかな黄色になります。月齢が進むと緑色のうんちはしなくなってきます。

生後0カ月の生活

16～18時間はねんね。眠りと覚醒のくり返し

1日の大半（約16～18時間）を眠って過ごします。授乳して寝たと思っても、あっという間に、おなかがすくと目を覚まして泣きます。このように2～3時間ごとの短い眠りと覚醒をくり返します。

中村香由葵ちゃんの場合

小児科Dr.アドバイス

授乳はランニング並みに疲労

授乳後にとても疲れていませんか。母乳は血液から作られているので、普段以上にたくさんの血液を作る必要があります。また血液を母乳にするためのエネルギーも多く必要で、1回の授乳で軽いランニング並みのカロリーを消費しています。疲労回復のために栄養のあるものを食べて、休めるときに休むようにしましょう。

香由葵ちゃんの1日

ミルクを飲みながらスヤスヤ……
メリーの下がお気に入り。よく寝てくれるので家事もはかどります。
おなかがすくと泣いて目を覚まします。
両手と両足をバタバタするようになりました。

悩みを解決!

気がかりQ&A

月齢ごとに気になる悩みは違うものです。発達に合わせた疑問とその答えを集めてみました。

専門家が伝授

小児科Dr.アドバイス

小児科医の土屋恵司先生が、その月齢ごとの発育・発達の様子などを解説しています。

他の子の様子を見てみよう

赤ちゃんの生活リズム例

他の赤ちゃんは、どう過ごしているのか、のぞいてみましょう。ねんね、授乳、離乳食、お風呂……くわしく紹介します。

病気についてくわしくわかる

知っておきたい赤ちゃんの病気

かぜや胃腸炎など赤ちゃんがかかりやすいおもな病気の症状、治療法、ホームケアについて解説しています。大事なところには、アンダーラインつきです。

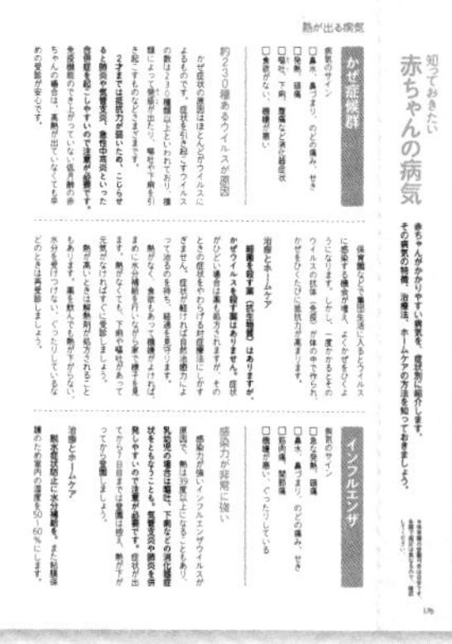

いざというときに役立つ

病気症状別の緊急度チェック表

赤ちゃんの具合が悪くなったとき、症状を見て、家で様子を見ればいいのか、夜間でも病院に行くのか、救急車を呼ぶのかの判断の目安になるチェック表です。

最新改訂版 らくらくあんしん育児
CONTENTS

ダメ！

おっぱい
バイバイ
しようね

生後0カ月 こんにちは！ 赤ちゃん

ママのおなかから出てきた赤ちゃんは、五感で外の世界を感じ、すぐに生まれ持った力で環境に順応していきます。抱っこやおむつ替え、授乳などのお世話のポイントをおさえて、ママとパパで育児をスタートさせましょう。

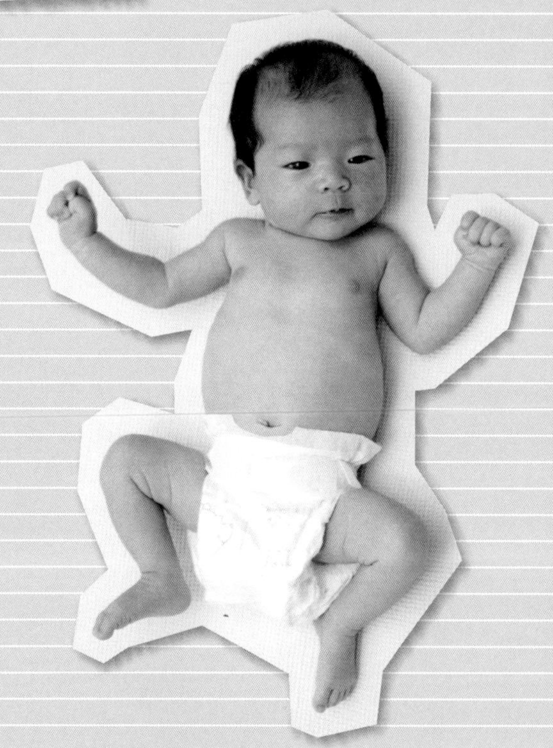

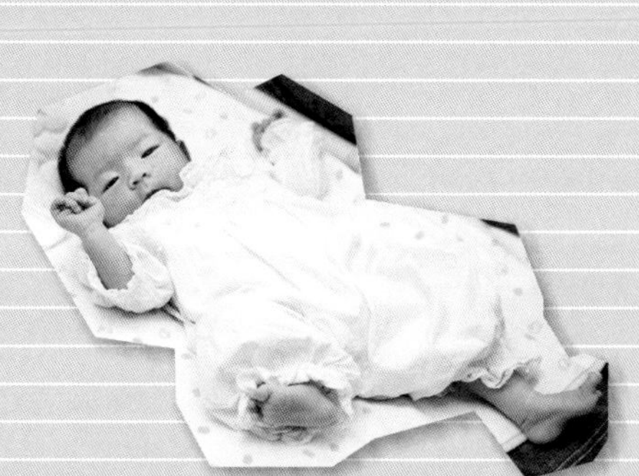

ママ、パパよろしくね！

ママのおなかの中で羊水に守られてすくすくと育った赤ちゃんが、元気な産声をあげて外の世界に出てきました。この大きな環境の変化に、赤ちゃんは生まれながらに持っている、さまざまな能力で順応していきます。

らくらく

握りしめている手は、腕を下にすると自然に指が開きます。沐浴のときには、手のひらを開いて洗いましょう。

手

手をギュッと握りしめ、腕はひじを曲げたW字型。ママのおなかの中にいたときと同じポーズです。

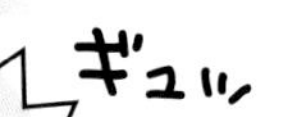

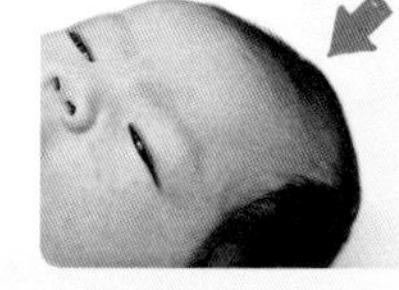

頭

てっぺん（大泉門）がペコペコしています。髪は2才くらいまでにほぼ生えそろいます。生後1年で頭周囲が約10㎝増加し、成人の脳の80％が完成します。

あんしん

脳の成長に合わせて頭蓋骨の大きさが自然に調整されます。1才半ごろまでには閉じてきます。

赤ちゃんって不思議だね

吸てつ反射

口の周りをちょんちょんと指などでふれると、強い力で吸いつく反射。生まれてすぐでもママのおっぱいを自分で飲める力が備わっています。

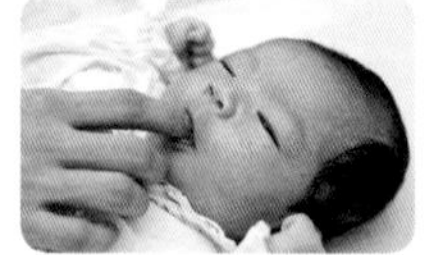

把握反射

手のひらを指でふれると、ぎゅっと握りしめてきます。足の裏でも同様の反射が見られます。樹上で生活をしていた、大昔の名残という説も。

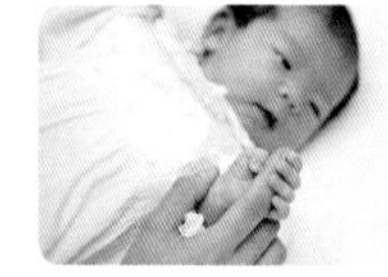

モロー反射

大きな音がしたとき、体がふいに何かにふれたときに、両手両足をパッと広げます。人類が樹上で生活をしていたころ、木から落ちたときに何かにつかまるための習性が残っているという説があります。

引き起こし反応

寝ている状態から、両腕を持ってゆっくりと上体を引き起こします。そのときに、首がすわっていない新生児でも、体を丸めようとして頭を持ち上げようとする反射です。生後1カ月ほどで消失します。

原始歩行

両わきを支えて立たせた状態にして、足の裏が床につくと、両足を交互に出して、歩こうとする反射です。歩くという機能がすでに生まれ持って備わっています。生後5カ月ほどで消失します。

お世話はどうするの？

生まれたばかりの赤ちゃんとの生活がいよいよスタートです。まだフニャフニャした赤ちゃんのお世話、どうしたらよいか不安なときもあるでしょう。そんなときは、この後の26～39ページを見て確認しましょう。らくらく、あんしんなポイントも紹介しています。

抱っこは？

1日に何度となくする抱っこ。両腕と胸の三点で支えて、しっかりと抱っこをすると安定感が出て、赤ちゃんも安心します。

26ページへ

おっぱいとミルクは？

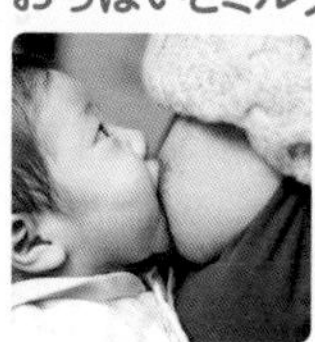

おっぱいもミルクも、基本は赤ちゃんの口に深くくわえさせること。そうすることで、しっかりと母乳やミルクを飲むことができます。

28ページへ

おむつ替えは？

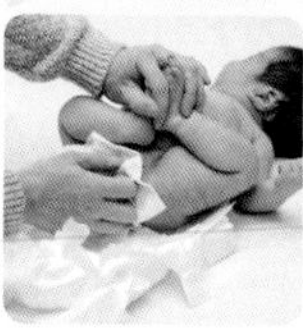

新生児のころは、抱っこと同じように1日に何度もするおむつ替え。横もれしないようにギャザーを立ててとめるのがポイントです。

32ページへ

肌着・ウエアは？

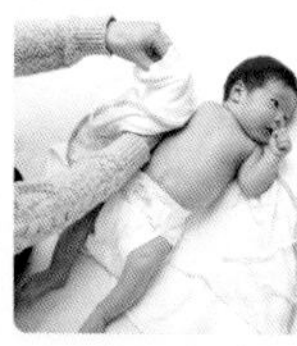

新陳代謝の盛んな赤ちゃんは、汗をよくかくので吸水性のいい素材のものを選びます。着替えのときは、腕や足を無理に引っ張らないようにやさしく。

34ページへ

沐浴は？

沐浴に使うものや、沐浴後の着替えなどを先にしっかり準備しておくと、あわてずスムーズです。

36ページへ

体のお手入れは？

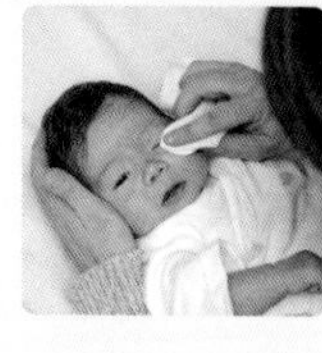

目・鼻・耳・つめ・へそのお手入れは、入浴後がおすすめです。お手入れをしつつ、全身の様子もチェックしましょう。

38ページへ

へそ

ママから赤ちゃんに酸素や栄養を送っていたへその緒は、生まれると同時にその役目を終えます。だんだん乾燥してしぼみ、生後2週間くらいで自然に取れます。へそがジュクジュクしている間は消毒が必要です（p39）。

あんしん
綿棒に消毒液をつけて、へその緒のつけ根を消毒します。

性器

女の子の外性器や男の子の睾丸（こうがん）が赤く腫れていることがありますが、生後2～3日でおさまります。男の子のおちんちんの先端は包皮でおおわれていますが、包茎（ほうけい）の心配はまずありません。

あんしん
デリケートな部分なので、沐浴のときにこすりすぎないようにしましょう。

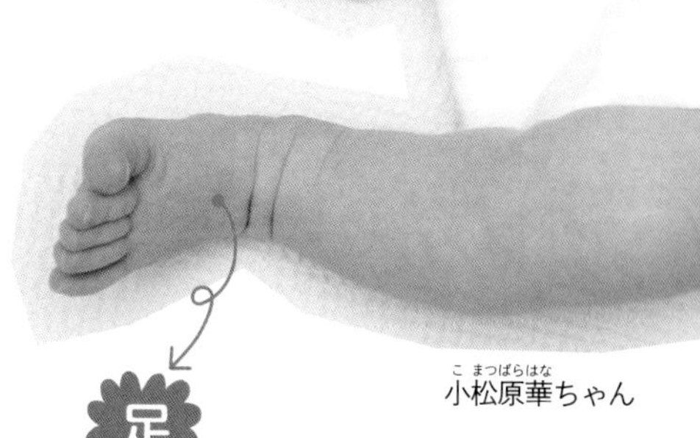

小松原華（こまつばらはな）ちゃん

足

ひざを曲げたM字型。足の裏はプクプクして土踏まずがない扁平足（へんぺいそく）。歩くようになると土踏まずは自然にできてきます。

あんしん
手と同様、足の裏を指でふれるとギュッと丸めます。この反射は手よりも長く残ります。

この時期の赤ちゃんの発育・発達

⇨眠って、泣いてのくり返し

昼夜の区別なくほぼ眠って過ごす、生後1カ月までの赤ちゃんを新生児といいます。おむつが汚れたりおなかがすいたりすると泣き、欲求が満たされると眠るという生活です。

	身長
男の子	44.0～57.4cm
女の子	44.0～56.4cm

	体重
男の子	2100～5170g
女の子	2130～4840g

※0～1カ月未満の身長と体重です。

目　まだ焦点は合いません

しっかりとは見えていませんが、なんとなくぼんやりと見えています。

手　指が手のひらにふれると握ります

把握（はあく）反射で、手のひらにふれるとギューッと握ります。足の裏も同様に反応します。

口　ふれるものをなんでも吸います

原始反射のひとつの吸てつ（きゅう）反射。この反射のおかげで、生まれてすぐからおっぱいやミルクを飲めるのです。

手足　思うように動かせません

自発的には動かせませんが、外からの刺激があると、反射で動くことがあります。

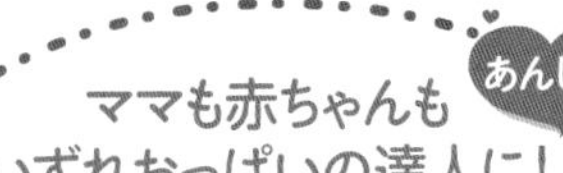

あんしん　ママも赤ちゃんもいずれおっぱいの達人に！

産後1週間に出る初乳は免疫物質を豊富に含み、赤ちゃんを病気や感染症から守ってくれる働きがあります。でも、おっぱいがちゃんと出るか心配……という人も多いでしょう。でも大丈夫。乳首を吸われると、その刺激でオキシトシン（通称・愛情ホルモン）が分泌され、母乳がわき出る反射が起こります。赤ちゃんもママも、おっぱい初心者。毎日の授乳で少しずつ慣れていきましょう。

らくらく　欲求を満たせば赤ちゃんは安心します

赤ちゃんは、空腹や暑さ、排泄などの不快を、泣くことで周りに伝えます。欲求が満たされれば安心して眠りにつきます。ママやパパ、周囲の人とのこのやりとりによって、赤ちゃんは自己受容と他者との信頼関係を育みます。

羊水の海から外界に出て たくましく成長

赤ちゃんは、ママのおなかから外の世界へ出た瞬間、自らの肺で呼吸して、へその緒からではなく**自らの口から栄養をとり、たくましい生命力を発揮します。**

五感は、胎児のときにほぼ完成していて、甘い・苦い・すっぱいなどの味覚は、生まれたときにすでに持っています。だれにも教えられていないのに**おっぱいやミルクを飲める「吸てつ反射」**や、**手のひらに指を当てるとギュッとつかむ「把握反射」**などの原始反射を備えています。生後すぐでも、ママのおっぱいを吸う力があるのはこの原始反射のおかげです。

また、あおむけに寝かせると頭を動かしたり、口に指を入れたり、両手両足をいっしょにバタバタしたりなど、よく体を動かします。外からの刺激に対して反射的に体を動かすこれらの反応は、生後5カ月を過ぎると消えていきます。楽しいから笑うというのはまだ先ですが、ときおりニコッとほほえむ生理的な笑顔（新生児微笑）があり、ママ、パパをなごませます。

0カ月の赤ちゃんの生活リズム例

◎うんちは4～5回／1日

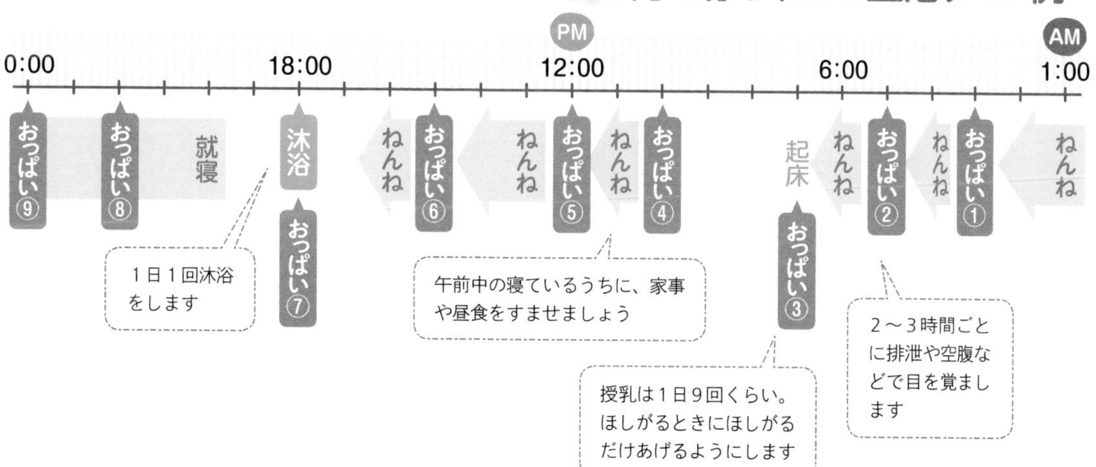

この時期のパパががんばりたいこと

産後ママの体力回復をサポート

パパの最初の仕事は、出生届の提出、児童手当・乳幼児の医療費助成の申請など、役所への手続きとママの体力の回復をサポートすること。ママは10カ月にも及ぶ妊娠と出産という大仕事を終えたばかり。体や心理的にもストレスがかかっているので、早めに帰宅して沐浴や家事などを担当して。

この時期のママの様子、赤ちゃんとの接し方

ストレスはお昼寝で解消！

夜中も2～3時間ごとの授乳でママの睡眠がこま切れになります。慣れない育児や睡眠不足でストレスも溜まるので、赤ちゃんの泣き声や周囲の不用意な言動にイライラし、気持ちが不安定になりがちです。赤ちゃんが寝ているときは、いっしょにお昼寝をするなどして、無理せず過ごしましょう。

生後0カ月の生活

16～18時間はねんね。眠りと覚醒のくり返し

1日の大半（約16～18時間）を眠って過ごします。授乳して寝たと思っても、あっという間に、おなかがすくと目を覚まして泣きます。このように2～3時間ごとの短い眠りと覚醒をくり返します。

中村香由葵（なかむらこゆき）ちゃんの場合

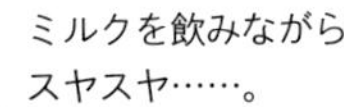
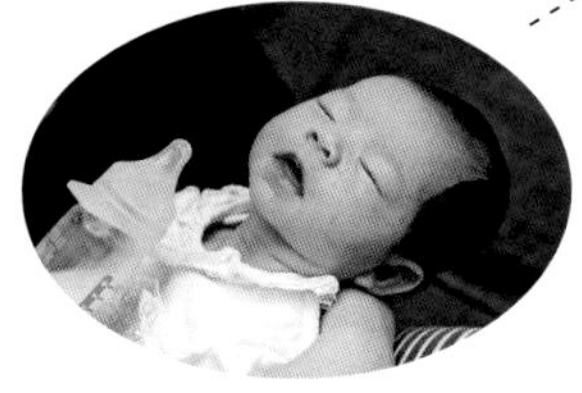

ミルクを飲みながらスヤスヤ……。

メリーの下がお気に入り。よく寝てくれるので家事もはかどります。

ZZZ…

おなかがすくと泣いて目を覚まします。

フニャー

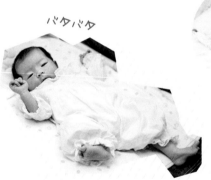

バタバタ

両手と両足をバタバタするようになりました。

香由葵ちゃんの1日

時刻	赤ちゃん	家族
AM 1:00	ねんね	
	おっぱい	・パパ、ママ起床
6:00	ねんね	・パパ出社 ・ママ朝食
	おっぱい 寝たり、起きたり	
PM 12:00	おっぱい	おっぱいの後は、寝たり、起きたり ・ママ昼食
	沐浴 ミルク ねんね	
18:00	おっぱい 寝たり、起きたり	・ママ夕食 ・パパ帰宅、夕食
	おっぱい、ミルク ねんね	・ママお風呂 ・パパお風呂 ・パパ、ママ就寝
0:00		

小児科Dr.アドバイス

授乳はランニング並みに疲労

授乳後にとても疲れていませんか。母乳は血液から作られているので、普段以上にたくさんの血液を作る必要があります。また血液を母乳にするためのエネルギーも多く必要で、1回の授乳で軽いランニング並みのカロリーを消費しています。疲労回復のために栄養のあるものを食べて、休めるときに休むようにしましょう。

あんしん

「授乳しているとおなかがすく」というのは、授乳でたくさんのエネルギーが必要だからです。今までより多くエネルギーをとるように心がけましょう。

生後0カ月の気がかりQ&A

Q 吸引分娩で頭がいびつに。治りますか？

A ほとんど治るので心配しなくても大丈夫です。

頭の骨は、さまざまな骨が集まってできています。成長するにつれて、結合してゆき頭の骨のゆがみは治ります。気になるようならば、寝ている向きをこまめに変えるなどしてあげましょう。

Q 昼夜逆転はいつごろまで？

A 生後3〜4カ月ごろには夜にまとめて眠れるようになります。

人間の体に備わっている体内時計は25時間。このリズムに従っている新生児は、昼夜逆転が起こることがあります。朝は早く起きて日の光をあび、夜は暗くして、だんだんと、24時間のサイクルに合わせていきましょう。

らくらく

昼夜逆転になったら、赤ちゃんが寝たタイミングでママも昼寝をしましょう。睡眠は、ママの体力回復には一番です。

Q ペットを飼っています

A できれば赤ちゃんの部屋には入れないほうがいいでしょう。

ペットの毛やダニによるアレルギーのおそれがあるのが気になるところです。生後1カ月くらいまでは、別々の部屋にしましょう。毎日の掃除やペットの毛の手入れなどをしっかりしてきれいに保つように心がけて。

Q うんちの回数が多すぎる？

A 新生児は、個人差もありますが、1日に10回ということもよくあります。

新生児は、うんちを溜めておく直腸部がまだ細く、ためておくことができません。意識的な排便コントロールもできないので、起床や授乳などで胃や腸に刺激を受けると、反射的にうんちが出ます。だんだんとうんちの回数は少なくなってきます。

Q 皮膚がはがれてきます

A 新しい皮膚がその下にできています。

赤ちゃんは、胎内から外界に出ると乾燥した空気にさらされ、生後2〜3日目には全身の皮膚がポロポロとむけてきます。これは落屑（らくせつ）といわれるもの。ひと皮むければ、下からすべすべのお肌が出てくるので心配ありません。

あんしん

むけてきた皮膚を無理にむく必要はありません。自然とむけるので沐浴のときにこすらないようにしましょう。

Q ときどき緑色のうんちをします。病気ですか？

A 心配ありません。

これは、肝臓で作られた緑色の胆汁が酸化されて黄色くなる前に出てきたもの。そのうち母乳に含まれる乳糖が乳酸菌の生成を促進し、うんちは鮮やかな黄色になります。月齢が進むと緑色のうんちはしなくなってきます。

赤ちゃんのお世話

抱っこの仕方

抱っこはお互いの鼓動やぬくもりを感じ合えるスキンシップ。抱っこの方法はさまざまです。首がすわる前の赤ちゃんを安全に抱っこする方法を紹介します。**両腕だけで支えるのは不安定なので、両腕と胸の三点で支えます。**授乳クッションを利用すると負担が少なく腱鞘炎を防げます。

横抱き

低月齢のころは、**横抱きが基本です。**ママとパパが最初に覚えたい抱っこです。コツを覚えて、いっぱい抱っこしてあげましょう。

1 声をかける

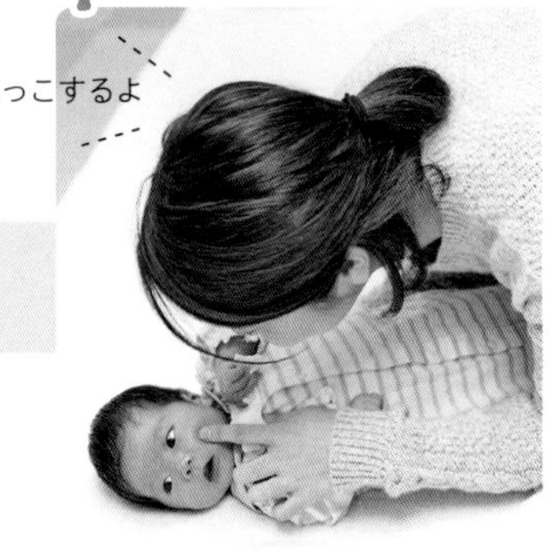

赤ちゃんが安心するように「抱っこするよ」とひと声かけてから抱っこしましょう。

2 首と頭を支える

片方の手を赤ちゃんの首の下からさし入れます。そして、**手のひら全体を使って首と頭を支えます。**

3 お尻と腰を支える

逆の手の**手のひら全体を使ってお尻と腰を包み込むようにします。**ゆっくりと赤ちゃんを抱き上げ自分の体に近づけます。

4 ひじに頭をのせる

首を支えていた手のひらをゆっくり赤ちゃんの背中へとずらします。自分のひじを曲げたところに赤ちゃんの頭と首をのせるようにします。

らくらく

授乳クッションの上に抱っこしている手をのせて支えると、腱鞘炎を防げます。

助産師アドバイス

ママ、パパが緊張していると体がこわばって硬くなり、赤ちゃんも安心できません。でもだんだんと慣れてくるので、たくさん抱っこしてあげましょう。以前は「抱っこをしすぎると抱きグセがつくから、泣いても抱っこをしないほうがいい」と言われることもありましたが、そんなことはありません。すぐに抱っこして赤ちゃんの欲求にこたえてあげることで、赤ちゃんに安心感が生まれます。

たて抱き

まだ首がすわっていなくても、たて抱きができます。授乳後にゲップをさせるときに便利な抱き方です。横抱きよりも少し不安定なので、**自分の体に赤ちゃんをしっかり密着させて、首を安定させます。**赤ちゃんのなかには横抱きよりもたて抱きが好きな子もいます。

助産師アドバイス

たて抱きは、首がすわってくるとメインとなる抱っこです。首がすわる前は、首のぐらつきにとくに注意し、手で頭と首をしっかりと支えましょう。また、抱っこしていて眠ってからおろすときは、お尻からそっとがポイント。

1 声をかける

「抱っこするよ」と声かけをし、**両わきから手をさし入れます**（親指はおなか側に。それ以外の指は、赤ちゃんの背中側に）。または、横抱きの2、3のように一方の手は首と頭、逆の手はお尻からさし入れても。

2 わきに両手を入れる

4本の指と手のひら全体で、赤ちゃんの**背中から首と後頭部を支えてそっと抱き上げます。**自分の胸と肩にもたせかけるように引き寄せて、赤ちゃんの体を密着させます。

3 頭と首を支える

赤ちゃんの首がぐらつかないように片方の手で頭から首、背中を腕全体で支え、逆の手をスライドさせて、腕全体で赤ちゃんのお尻を支えます。

あんしん　体を密着させることで、安心感がアップ。

抱っこからおろす

1日に何度となくくり返される「腕の中で寝た赤ちゃんを下におろす」「抱っこから布団などにおろす」という動き。思わず緊張して体に力が入ってしまうかもしれません。**赤ちゃんを体から離すときは「ゆっくり」「そっと」が基本。**

1 首を固定する

背中を支えていた腕を上へそっとスライドし、**首から後頭部がぐらぐらしないように、しっかり支えます。**

2 お尻→背中→頭の順で下ろす

お尻をおき、次に背中、頭の順におろし、支えていた手をゆっくり引き抜きます。ねんね中なら、最後まで体が触れ合った状態だと目覚めにくくなります。

おっぱいの飲ませ方

乳輪まで深くくわえさせると、乳頭亀裂や裂傷などのトラブルが避けられます。また、赤ちゃんも上あごのくぼみ（乳窩）に乳首がおさまるので上手に飲めます。出が悪いほうを先に飲ませるのがおっぱいトラブルを防ぐコツです。

助産師アドバイス

飲みながら眠ってしまったら、足の裏をくすぐったりして起こしましょう。それでも起きなかったら、次の授乳のときに、飲んでいないほうの乳房から飲ませましょう。

1 深くくわえさせる

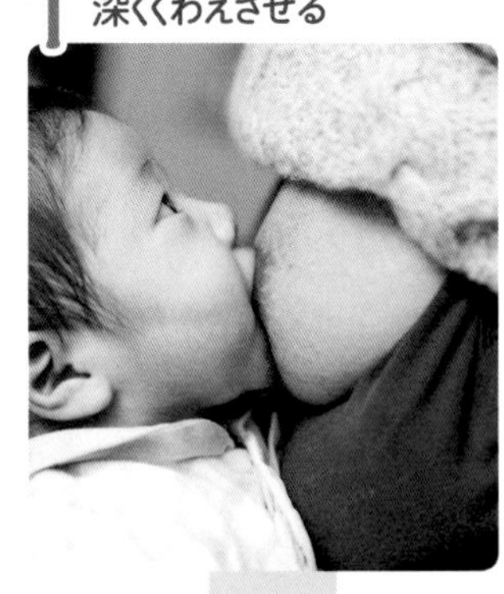

らくらく

乳首で口をちょんちょんとつつくと口を開けてくれます。

乳輪までくわえさせます。上唇が内側に巻き込まれていると赤ちゃんがうまく母乳を飲めないうえに、ママのおっぱいトラブルの原因にもなります。

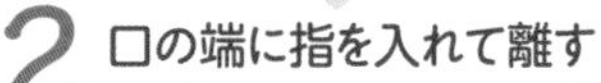

2 口の端に指を入れて離す

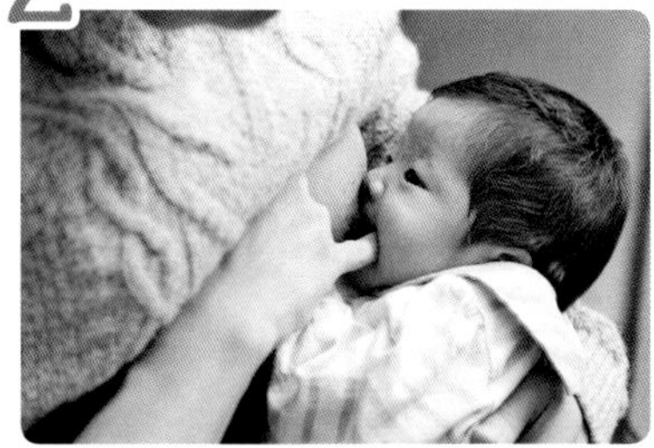

赤ちゃんの口の動きが止まったときに、指を口の端からそっと入れておっぱいを離します。片方だけの授乳だと乳腺がつまりやすくなるなどのトラブルもあるので、理想は片胸5分×2回。

ゲップのさせ方

おっぱいやミルクといっしょに飲み込んで体内にたまった空気を抜くのがゲップです。たまったままだと気管がつまったり、寝つきが悪くなってぐずったり、母乳を一気に吐き出してしまうことも。**口が胃より高い位置にくるように抱いたり、おすわりさせるとゲップが出やすくなります。**

方法1
たてに抱いて

ガーゼを肩にかけ、赤ちゃんの首をしっかり支えながらたて抱きにします。赤ちゃんの**あごを肩にのせて**体を垂直にし、背中をトントンとやさしくたたきます。

方法2
ひざに座らせて

赤ちゃんの首を支えながら、ママの太ももに赤ちゃんを横向きに座らせます。**ママの腕で赤ちゃんの胸とあごを支えながら上半身を前傾姿勢**にさせて、背中をやさしくトントンとたたきます。

方法3
ママと向き合って

ポイント

ママの太ももに向き合うように座らせます。**片方の手で首から上半身をしっかり固定**し、逆の手で空気を押し出すイメージで背中を下から上になでます。

ゲップが出ないとき

いろいろなやり方を試してもゲップが出ないときは無理をせず、赤ちゃんを寝かせ、体を少し横に傾けます。おっぱいなどを吐き出さないか、しばらく様子を見てください。出ないからとママが気負ってトントンしすぎると、赤ちゃんの体に負担がかかるので無理をせずやさしくしましょう。

授乳の姿勢

乳腺は乳頭から放射状に広がっており、同じ姿勢での授乳は、飲み残しの部分がしこりになって乳腺炎などの原因になりがちです。**いろいろな姿勢で授乳をすると、飲み残しがなくなり、まんべんなく飲ませることができます。**また、無理な姿勢での授乳は、腰痛や肩こりなどの不調の原因にもなります。

姿勢1
横抱き

体を安定させやすく、飲ませやすい姿勢です。赤ちゃんの頭をママの腕か授乳用クッションの上にのせて飲ませる一般的な授乳姿勢。

姿勢2
たて抱き

乳輪までしっかりとくわえ込むことができる姿勢。赤ちゃんの体を起こして太ももにまたがらせるようにして座らせ、首周りを支えながら向き合う形で授乳します。

姿勢3
ラグビー抱き

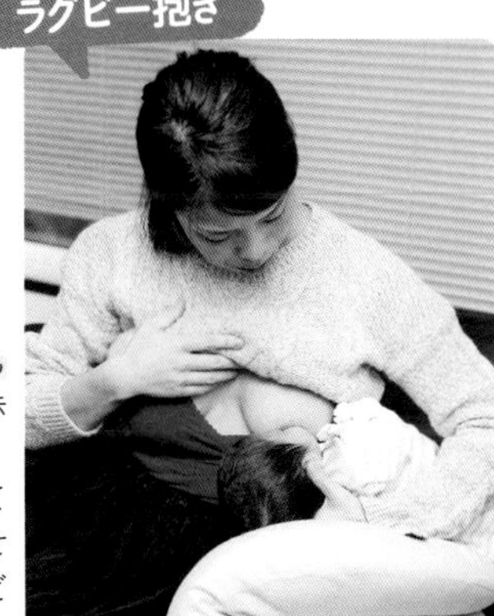

らくらく
乳首がくわえやすく飲みやすい姿勢なので、上手に飲めない赤ちゃんにおすすめ。

首がすわる前の赤ちゃんも授乳しやすい姿勢です。赤ちゃんをわきの下に抱え、頭だけ乳房のほうに出して飲ませます。高さを合わせるために、クッションなどで調節するとらくです。

姿勢4
添い乳

2人とも横になって赤ちゃんとママが向かい合う姿勢。夜中でも寝たまま授乳できるのでらくです。添い乳(ちち)は乳腺が圧迫されるので、乳腺炎になりやすい人は避けましょう。

赤ちゃんの鼻をおっぱいでふさがないようにしましょう。ママがおおいかぶさらないように、クッションやタオルで高さを調整します。

母乳の役割とメリット

母乳には、免疫物質のＩｇＡ(アイジーエー)抗体が含まれ、感染防御機能をもつラクトフェリンというたんぱく質が豊富に含まれます。他にも母乳は赤ちゃんの腸内の善玉ビフィズス菌を増やし、免疫機能を向上させる働きがあります。

出産後から数日間だけ出る黄色みがかった初乳には、ラクトフェリンが通常の母乳の3倍含まれています。初乳の時期だけでも母乳育児をがんばって。

ミルクの作り方

ミルクには、母乳不足の解消や、ママがすぐに仕事に復帰できる、パパが育児参加しやすいなどのメリットがあります。基本の作り方をご紹介。

あんしん

各メーカーが研究開発し、成長に必要な炭水化物・たんぱく質・脂質・ミネラル・ビタミン類を母乳と同じ配合に近づけています。安心して使って大丈夫。

基本の作り方

1 分量を量り、お湯を入れる

お湯はまず規定量の1/3入れる

缶に付属の計量スプーンで、正確に「すりきり」で計量して哺乳びんへ。一度沸騰させて冷ました70度以上のお湯を、規定量の3分の1ほど哺乳びんへ入れます。

手早く簡単に作れるキューブタイプや液体のミルクもあります。計量いらずで、携帯にも便利です。

2 回すように振る

哺乳びんを回すように振ってよく混ぜます。粉ミルクが溶けたら、できあがり量までお湯または湯冷まし（一度沸騰させて70〜80度に冷ましたお湯）を加え、軽く混ぜ合わせます。

粉ミルクは溶けやすいようにできています。

3 よく溶かす

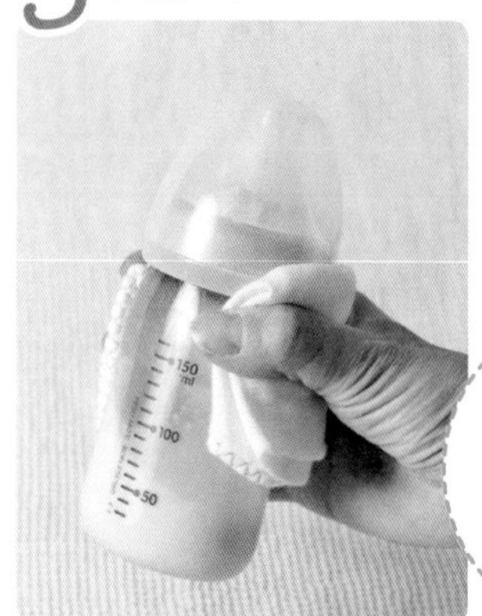

ニプル（乳首）とフードをつけ、哺乳びんをよく振って溶かします。

哺乳びんが熱いので、清潔なタオルなどで巻いて振るといいでしょう。

4 人肌ぐらいの温度まで冷ます

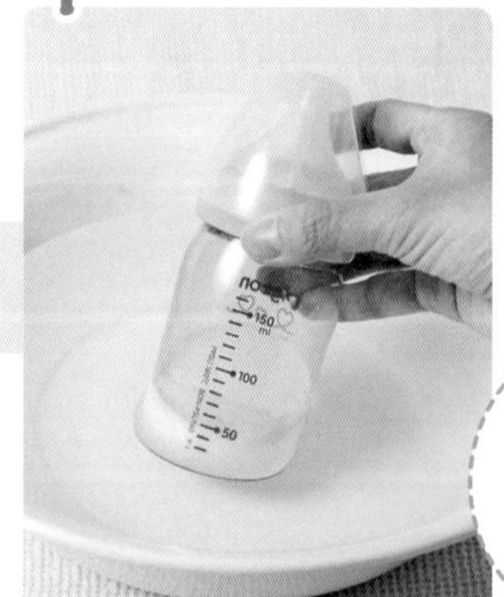

哺乳びんを流水に当てるか、冷水の入ったボウルにつけて、人肌ぐらいの温度まで冷まします。

冷ましすぎてしまったら、お湯を入れたボウルで温めましょう。

5 温度を確かめる

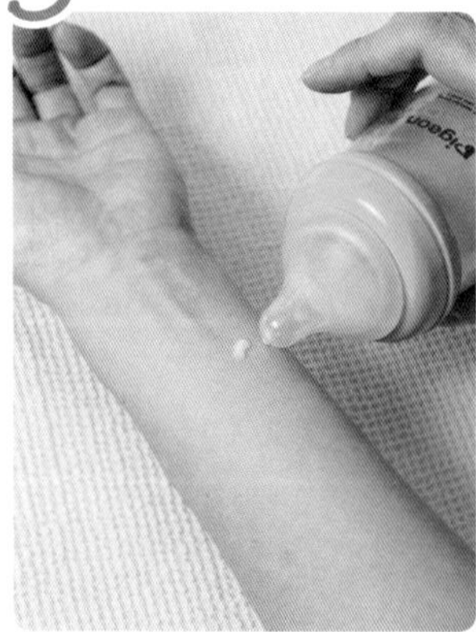

必ず温度を確かめてから飲ませます。腕の内側にミルクを少したらして、ミルクの温度を確認します。やや熱く感じる程度（40度くらい）が適温。

注意

びんが冷めていても、中のミルクが熱い場合があるので注意。

哺乳びんの洗い方

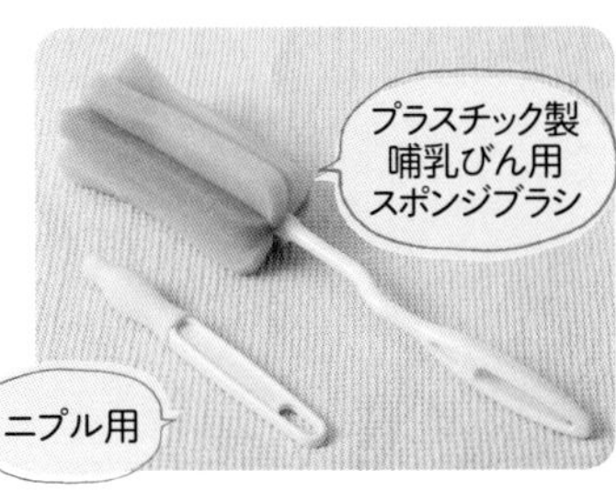

用意する道具

- 哺乳びん専用洗剤
- ブラシ（ガラス製の哺乳びんはナイロンブラシ、プラスチック製の哺乳びんはスポンジブラシ）
- ニプル専用ブラシ

手指を石けんで洗い、哺乳びんのパーツを分解します。

1. ブラシで哺乳びんを洗う
2. ニプルは、専用のブラシで洗う
3. 流水ですすぐ
4. 乾かしてから、消毒する

飲ませ方

授乳も抱き方も、おっぱいのときと基本は同じです（p28）。**目を見て、声をかけながら飲ませます。**おっぱいを乳輪まで深くくわえさせたように、**哺乳びんもニプルが隠れるくらい深くくわえさせる**と、赤ちゃんは上手に飲めます。

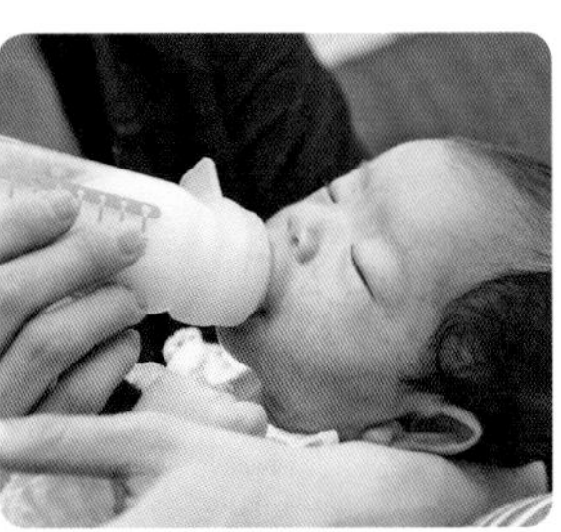

哺乳びんの消毒はどうやる？

哺乳びんとニプルを洗った後に、消毒をします。

煮沸	きれいな鍋で沸騰させた湯に、ニプルと哺乳びんを入れます。ニプルは3分程度、哺乳びんは10分程度、煮沸します。
電子レンジ	洗った哺乳びんとニプルを専用の容器に入れてチン。加熱消毒します。
消毒液	水道水に薬品を入れて消毒液を作り、洗った哺乳びんとニプルをつけて消毒します。

ガラス製とプラスチック製の良い点、悪い点

	ガラス製	プラスチック製
良い点	●ミルクが冷ましやすい ●傷がつきにくいので、雑菌の繁殖を抑えられる ●耐熱製なので煮沸消毒に強い	●軽くて持ち運びしやすい ●割れる心配がない
悪い点	●重く、割れやすいので外出時に心配	●冷めるまでに時間がかかる ●においや傷がつきやすい

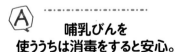

ミルクに関するQ&A

Q 哺乳びんの消毒はいつまでしたほうがいいですか？

A 哺乳びんを使ううちは消毒をすると安心。

新生児は抵抗力が弱いので、洗った後に消毒が必要です。その後、指しゃぶりを始める6～7カ月ごろまで、または哺乳びんを使う間は、消毒すると安心です。

Q 哺乳びんをいやがります。対策はありますか？

A ニプルを替えてみましょう。

ミルクのメーカーを替えてもいやがる場合、まずはニプルを替えてみて。特定の材質を嫌う赤ちゃんはよくいます。ニプルの材質を今まで使っていたものから替えたり、ニプルの穴のカットを違うものに替えてみましょう。

らくらく：ミルクの温度に好みがあることも。

紙おむつと布おむつの良い点、悪い点

おむつには、紙おむつと布おむつがあります。どちらにも良い点・悪い点があります。ママ・パパが使いやすいほうを選びましょう。

紙おむつ	布おむつ
良い点 ●吸水性がよく、もれにくい ●使い捨てができる	**良い点** ●くり返し使えるので、経済的 ●汚れると赤ちゃんが不快を感じやすく、汚れたことに気がつきやすい
悪い点 ●使い捨てなので、コストがかかる ●赤ちゃんが不快を感じにくいので汚れても気がつかない	**悪い点** ●準備の費用がかかる ●洗濯回数が多い

おむつ替え

おむつは汚れたらすぐに交換します。おむつを替えるときに用意するものは、新しいおむつ・お尻ふき・汚れ物を入れるビニール袋です。赤ちゃんの足はM字型が基本です。**やさしく足を持ち上げ、関節の動きを妨げないようにします。**

紙おむつのとき

1 新しいおむつを下に敷く

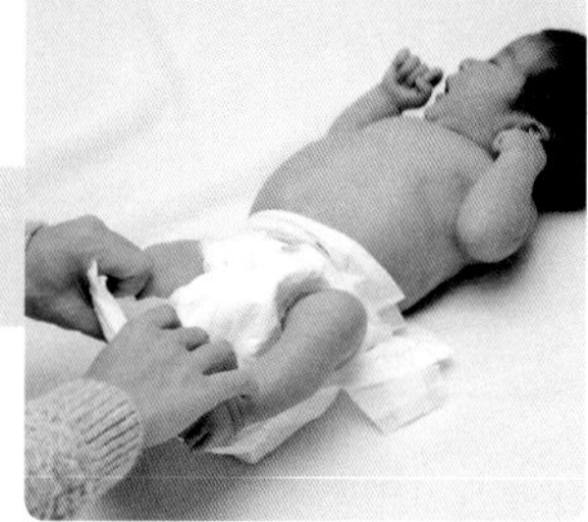
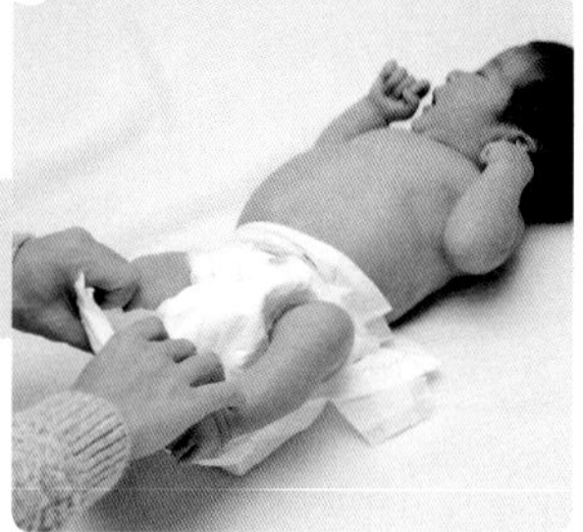

新しいおむつを広げ、もれ防止のために内側のギャザーを立て、つけているおむつの下に敷きます。上端がおへその上にくるくらい奥までさし込みます。

あんしん　新生児のうんちは、とくにゆるめ。もれないようにギャザーはしっかり立てましょう。

2 こまかい部分までふきとる

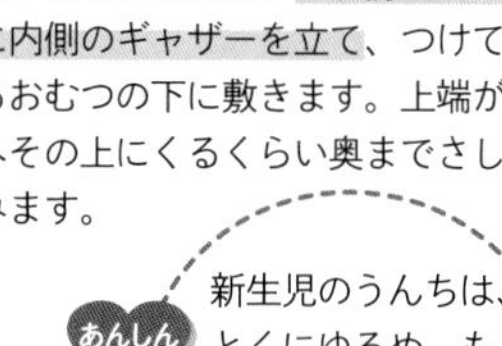

うんちの場合、**こまかい部分もお尻ふきできれいにふきとります。**女の子は尿道に入り込まないように、前から後ろに向かってふきます。

3 汚れたおむつを引き抜く

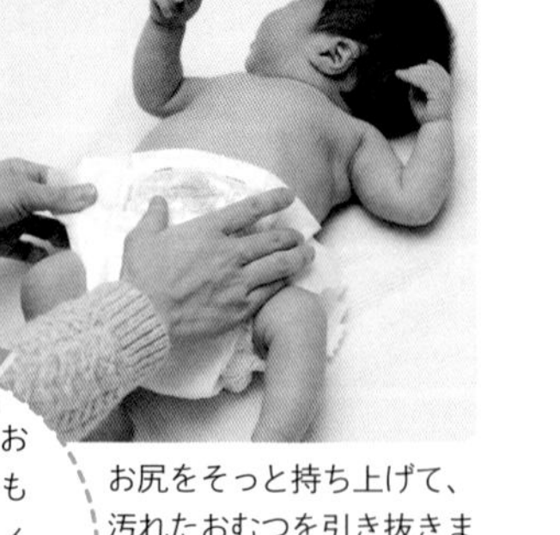

お尻をそっと持ち上げて、汚れたおむつを引き抜きます。お尻が湿ったままだとかぶれの原因になるので、お尻をよく乾かしてから新しいおむつを当てます。

らくらく　おむつ替え中におしっこをされてもいいように、ティッシュやタオルなどを近くに準備しておきましょう。

4 ギャザーをフィットさせる

指でなぞるように股部分にギャザーをフィットさせます。ウエストは、おむつにある目印を参考にして、左右均等にテープをとめます。

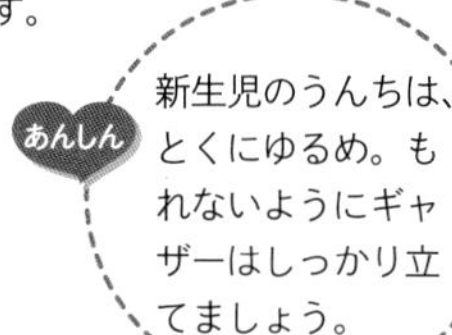

ウエストには指2本分のゆとりを

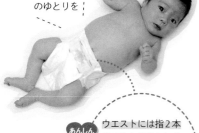

あんしん　ウエストには指2本分のゆとりをもたせます。きつくしめると、赤ちゃんが苦しくなってしまいます。

紙おむつの捨て方は？

うんちのときは、うんちをまずトイレに流します。お尻ふきをおむつの中に入れ、**手前からくるくると巻いて、最後に左右のテープでとめてまとめます。**おむつ専用処理器や、消臭袋などに入れて各自治体の決まりに従って捨てましょう。

布おむつのとき

1 汚れをふきとる

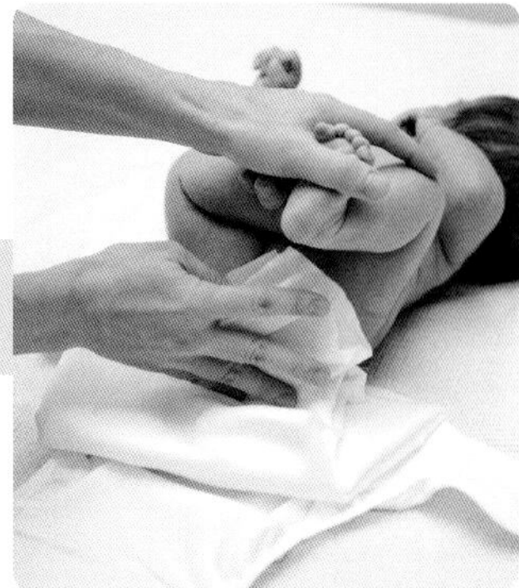

おむつカバーを開け、布おむつの汚れていない乾いた部分で、**汚れをやさしくふきとります。**

2 お尻ふきでふきとる

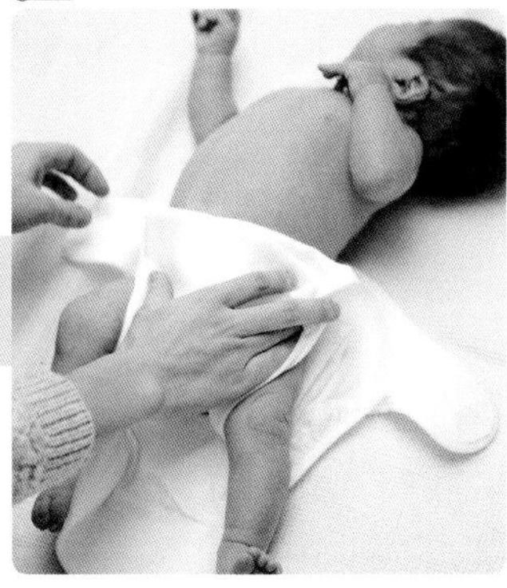

お尻ふきでしわやひだ部分の汚れを丁寧にふきとります。赤ちゃんのお尻をそっと持ち上げ、汚れたおむつを外し、新しいおむつを当てます。

3 おむつカバーからはみ出さないようにする

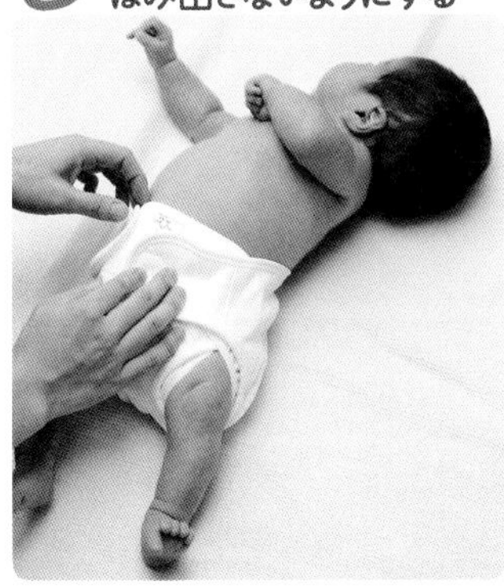

おむつカバーからおむつがはみ出ていないかチェック。テープは左右均等にゆったりめにとめます

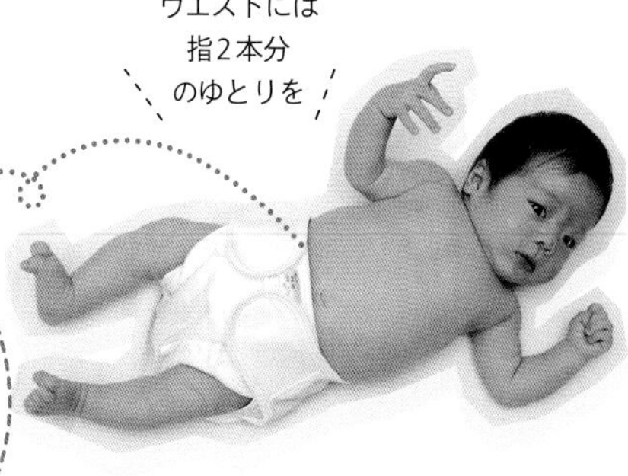

あんしん

おむつカバーからおむつがはみ出さないように注意して。ウエストには指2本分のゆとりをもたせます。ウエストがゆるいと、もれの原因になります。

布おむつの洗い方は?

うんちのときは、うんちをまずトイレに流します。水かお湯を張ったバケツに洗剤を入れてつけ置きし、手洗いします。その後、ほかの洗濯物とは分けて洗濯機で洗い、乾かします。

らくらく

軽く洗う用とつけ置き用のバケツの2つがあると便利です。

布おむつのたたみ方

月齢とおしっこの量に合わせてたたみ方を変えていきます。

折りたたむ前の布おむつ

低月齢(0〜3カ月)のおしっこが少ないとき

たてに半分にたたみ、正方形にする。

四すみを中央に向けてたたみ、さらに小さな正方形にする。

角度を変え、さらにたてに半分に折り、長方形にする。

3〜4カ月以降おしっこが増えてきたとき

たてに三つ折りにする。

厚みを持たせるために、さらにたてに半分に折る。

肌着・ベビーウエアの選び方

組み合わせの基本は「肌着＋ベビーウエア」。成長を考えるとサイズはつい大きめを選びがちですが、身長と体重に合ったジャストサイズを。動きやすさ、保温性、吸水性はジャストサイズでこそ効果を発揮します。素材は吸湿性・吸汗性にすぐれた綿100%がおすすめ。

肌着・ウエアの種類

肌着

短肌着

オールシーズン使えて、丈が短いのでおむつ替えがスムーズ。**3カ月までの使用がおすすめ。**動きが活発になってきたらコンビ肌着へ。

長肌着

足元まですっぽり包む形なので、**寒い時期のおでかけにあると便利。**ずり上がりやすく、はだけやすいのが難点。マストアイテムではありません。

コンビ肌着

股下をスナップボタンでとめるタイプ。はだけにくく、足の動きが活発になってくる**3カ月〜1才ごろまで長く使えます。**短肌着の上に重ねても。

ベビーウエア

ベビードレス（新生児ドレス）

股下が開き、おむつ替えがラクなウエア。足の動きが活発になるとはだけやすいので、**生後1カ月くらいまで**しか使用しません。

ツーウェイオール

スナップボタンのとめ方次第で2通りの使い方が可能。おむつ替えが頻繁な新生児期はスカート型で、足を動かすようになったらズボン型で。

カバーオール（ロンパース）

全身を包むつなぎ服のようなウエア。保温性が高いのがメリット。**動き回ってもおなかが出ないので、パジャマとして着てもいいでしょう。**

月齢と季節に合わせた組み合わせ方

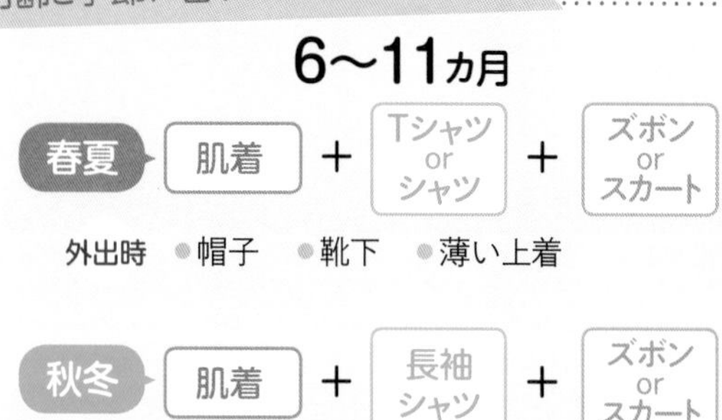

あんしん はいはいやつかまり立ちなど、動きが活発になってきたら、動きを妨げない上下に分かれたセパレートタイプにしましょう。1才を過ぎたら、肌着もかぶり型のものにすると、より動きをじゃましません。

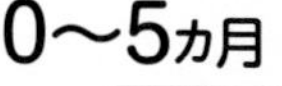

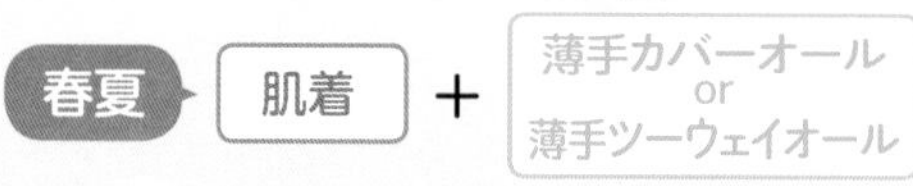

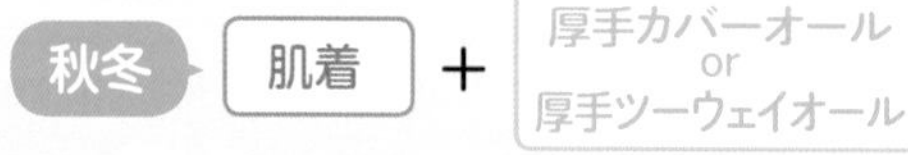

あんしん 新生児期は体温調節がうまくできないので、「大人より1枚多め」で、生後1カ月以降は「大人と同じ」が目安。動きが活発になる3カ月以降は、はだけにくいコンビ肌着や、カバーオールがおすすめです。

着せ方

裸になると不安になる赤ちゃんもいます。赤ちゃんに話しかけながら、楽しい雰囲気で着替えさせます。寒い部屋、冷たい床は避け、できるだけ快適な環境で。赤ちゃんは、**関節や骨格が未発達なので、首だけでなく、手首や足首もそっとやさしく支えます。**

準備

コンビ肌着を広げて置き、その上に短肌着を重ね、それぞれの袖を通しておきます。

らくらく　裸にした赤ちゃんをその上におろすだけで、ササッとすばやく着替えさせられます。

1 手を迎えにいく

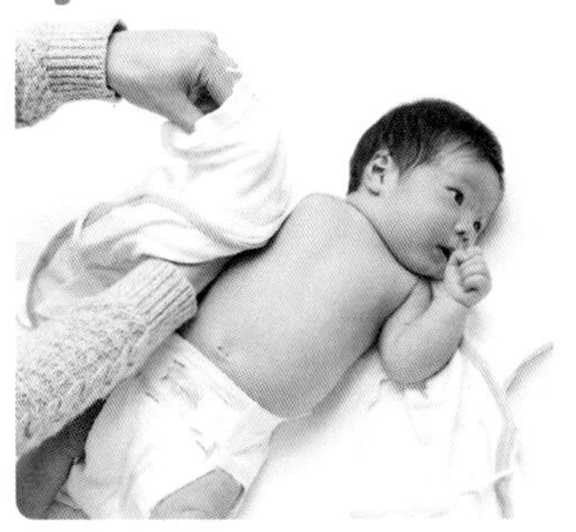

赤ちゃんの手を肩口から入れます。**ママは袖口から手を入れて、赤ちゃんの手を迎えにいきます。**引っ張るのは赤ちゃんの手ではなく、衣類のほうです。

2 内側のひもを結ぶ

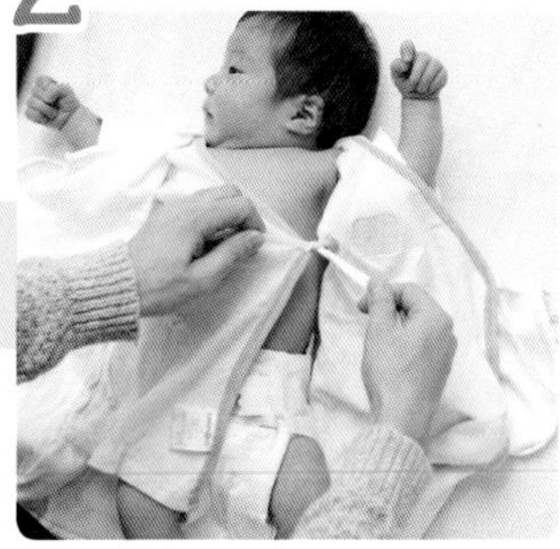

両方の腕を通したら、**肌着の打ち合わせの内側にあるひもをしっかりめに結びます。**すぐにほどけないように。

3 外側のひもを結ぶ

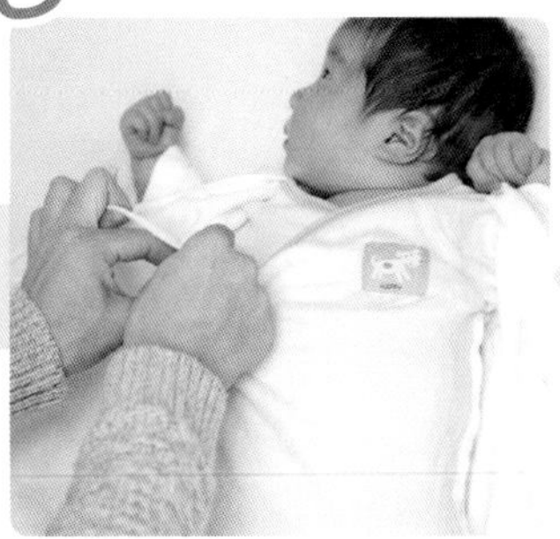

肌着の合わせを伸ばし、しっかり重ね合わせます。きれいに整えたら、短肌着の外側のひもを結びます。

4 裾をとめる

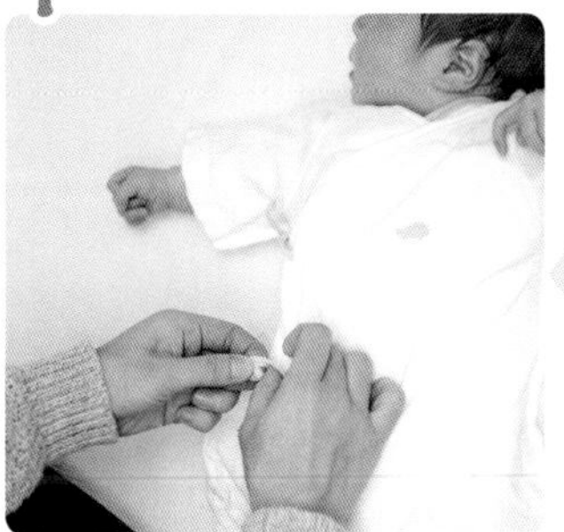

外側のコンビ肌着のひもを結びます。裾の部分のスナップボタンをとめます。

着替えのときのQ&A

Q 靴下は必要?

A 外出時には必要です。

靴下の役割は、保温・吸汗・皮膚の保護。基本的に室内では不要です。外出時は防寒のために、はかせましょう。

Q 赤ちゃんの暑い・寒いはどう見分ける?

A 体を触って確認。

おなか、太もも、お尻など、服に包まれている部分が冷たければ寒いサイン。首すじや背中が汗ばんでいれば暑いサインです。

Q 上下に分かれるセパレートはいつから?

A おすわりができてから。

おすわりができるようになったころが目安です。腰がすわってくると、Tシャツなどが着せやすくなります。

Q どんなときに着替える?

A 回数や目安はありません。

赤ちゃんは哺乳しただけでも大量の汗をかきます。起床後すぐ、お昼寝後、遊びの後、入浴後など、様子を見て汗をかいていたら着替えさせましょう。

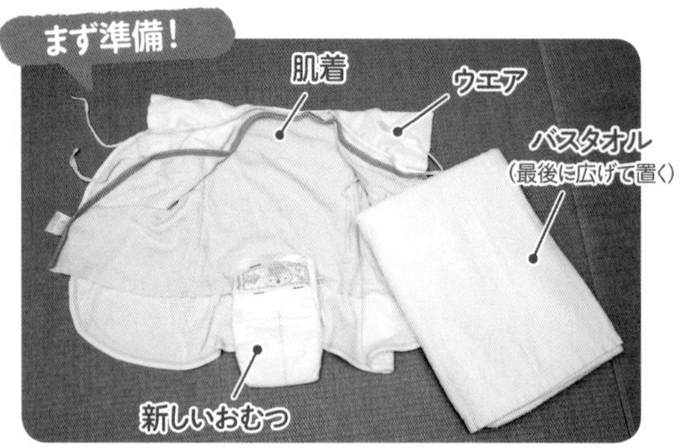

広げて準備しておくもの

沐浴後にすぐ着せられるよう、**新しい衣類とおむつをあらかじめ広げて用意。**重ね方は、着替えの準備と同様（p35）、袖を通しておきます。最後に、着替えの上にバスタオルを広げて置きます。

用意するもの

湯温計
毎回測ります。38度くらいに調整しましょう。

ガーゼ
おなかにかけたり、石けんを泡立てるときに使います。

沐浴剤、ベビーソープ
低刺激の赤ちゃん用のものを使いましょう。

ベビーバス
沐浴する場所に合ったサイズのものを用意しましょう。

洗面器
上がり湯を入れておくために使います。

沐浴

赤ちゃんは新陳代謝も皮脂分泌も盛んです。沐浴は皮膚を清潔に保ち、湿疹やあせもなどの皮膚トラブルを防ぐことができます。

あんしん
1日1回は、5〜10分程度の沐浴をしましょう。汗をたくさんかく夏場は1日に2回沐浴してもOKです。

1 足からゆっくりと入れる

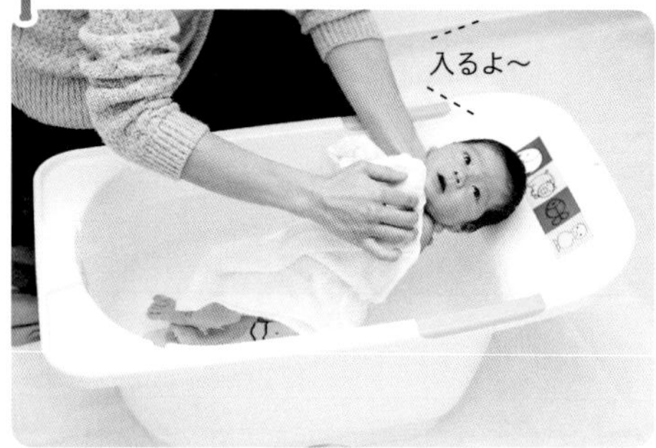

お湯の温度は、38度前後。大人のひじをお湯につけてチェックします。ややぬるく感じる程度です。赤ちゃんが驚かないよう「入るよ〜」などと声かけしながら、足からゆっくりお湯に入れます。大きめのガーゼをおなかにかけてあげると、赤ちゃんは安心します。

あんしん
全身にすっぽりとガーゼをかけてあげると、安心してバタバタしません。

2 顔から洗う

らくらく
石けんは、泡で出るポンプ式だと、泡立てる必要がないのでおすすめ。

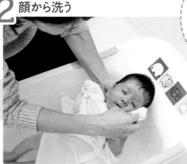

最初に顔をガーゼでやさしくふきます。湿疹があれば石けんをガーゼにつけて泡立たせて洗います。洗う順番は、①顔→②頭→③首・胸・おなか→④手足→⑤背中・お尻・股の順です。

3 頭を洗う

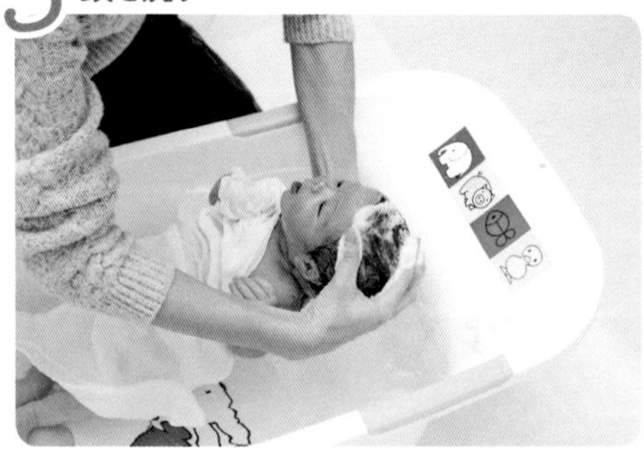

次に頭を洗います。頭皮の湿疹などが気になる場合は、よく泡立てた石けん、またはベビーシャンプーで洗って、**すすぎ残しがないように丁寧に流します。**

4 首・胸・おなかを洗う

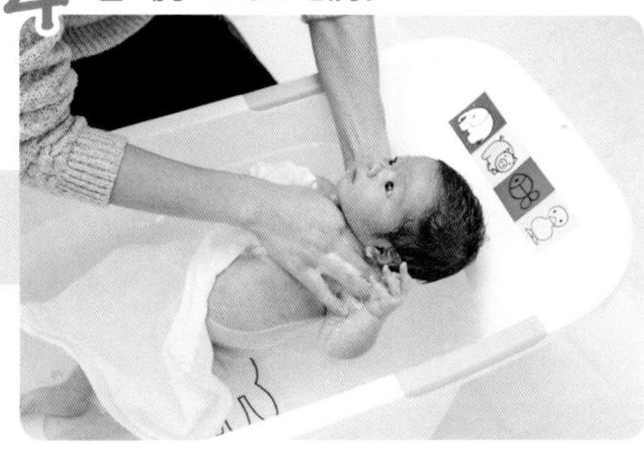

ガーゼ、指の腹や手のひらを使ってやさしく洗います。 おなかは「の」の字を書くように洗います。

5 手足を洗う

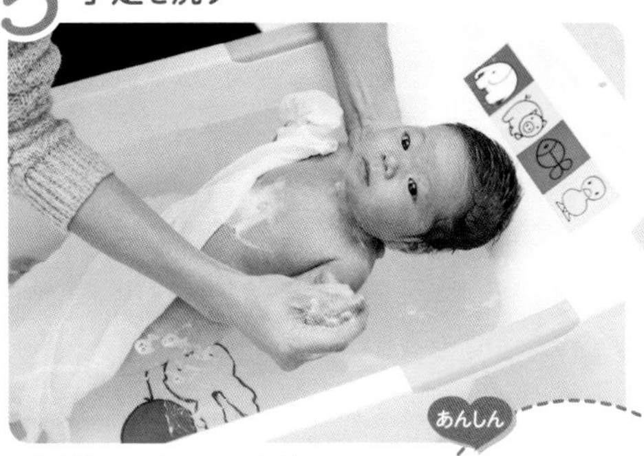

手足を洗います。いつもぎゅっと手を握っているため、ほこりなどが溜まっているので、やさしく開いて、指を1本1本洗います。くびれの中もきれいに洗いましょう。足も同様に。

あんしん
手についた石けんをなめてびっくりして泣いたりしないように、手を洗ったらすぐに流しましょう。

6 背中・お尻・股を洗う

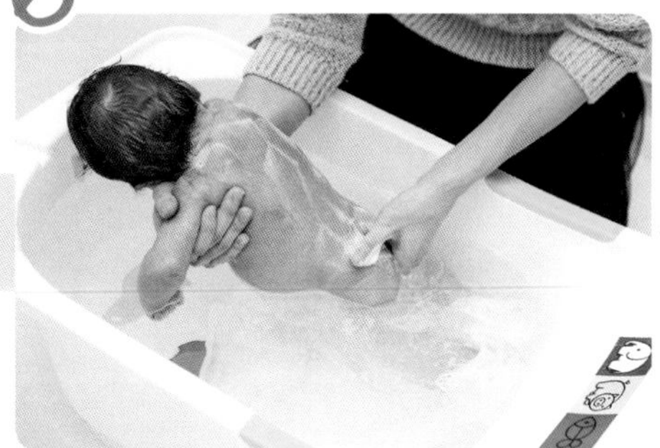

大人の手首に赤ちゃんのあごをのせるように体を裏返して、背中を洗います。このとき、**赤ちゃんの両腕が大人の腕にかかるようにします。** 股などのくびれもしっかり洗います。

7 上がり湯をかける

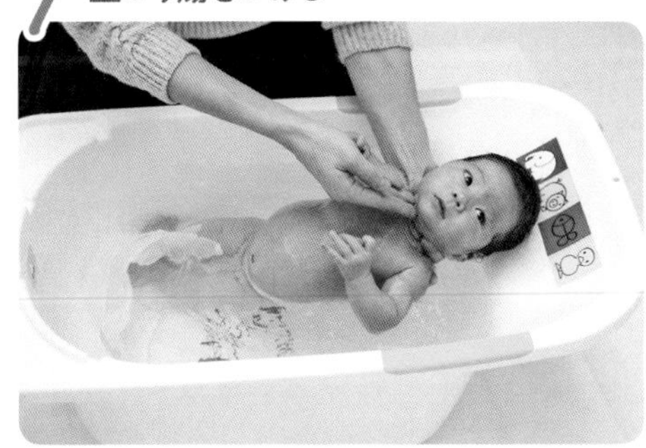

もう一度上向きにして、**最後に用意しておいた上がり湯を体全体にかけて終了です。**

8 軽く押さえてふく

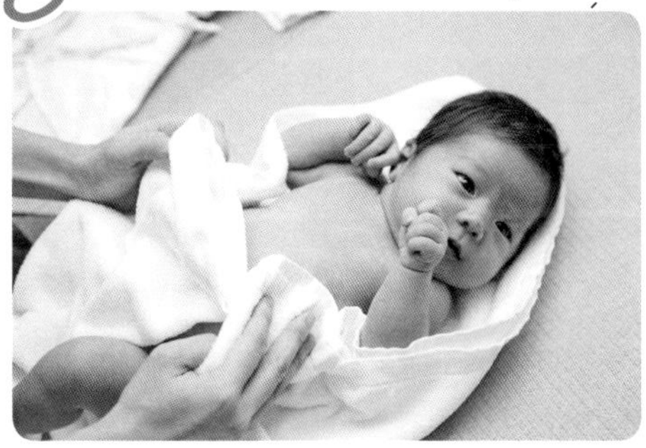

用意しておいたバスタオルで、赤ちゃんの全身を包んで水分をふきとります。ごしごしこすらず、**両手で軽く押さえるように、水分をタオルに吸収させます。** わきの下や首のくびれも忘れずにふきます。

ベビーバスはどう選ぶ？

家庭に合ったものにしましょう

1カ月の沐浴期間しか使わないので、どれにするか迷う人も多いのがベビーバスです。かたい素材のもの、空気を入れてふくらますもの、折りたためるものなどがあります。かたい素材は、安定感があり、お湯を抜く栓もあります。空気を入れるものは、使わないときは空気を抜いて収納できます。折りたためるものも同様です。その他、衣類の収納ケースを使ったり、洗面台で入れたりする方法もあります。

＼1カ月健診が終わったらOK!／

大人といっしょのお風呂に入るとき

準備をしっかりしておくことがスムーズな入浴のコツ

コツ①

着替え、新しいおむつ、体を洗うガーゼ、石けん、バスタオル、バスチェア（ママやパパが自分の体を洗っている間に赤ちゃんを寝かせておく場所）は、忘れずに用意しましょう。

コツ②

パパが入浴担当、ママが着替え担当など、役割を分担してもいいでしょう。

コツ③

ママが一人で入れる場合はあわてないよう、準備をさらに徹底して。必要なものは、使う場所ごとに準備しておきましょう。

大人といっしょのお風呂の入り方

❶ 服を脱がせた赤ちゃんを、浴室で待たせます。
※脱衣所で待たせるときには、ママの顔が見えるようにお風呂の扉は開けておきます。

❷ 先にママが体を洗います。

❸ 赤ちゃんを洗います。抱っこしながら、顔から下へ向かって洗っていきます。

❹ 抱っこをしたまま、湯船に入ります。
※赤ちゃんはのぼせやすいので、長湯は禁物です。

❺ バスタオルで赤ちゃんをふきます。着替えをさせて、ママも身支度を整えます。

あんしん

ねんね期から使えるのがバスチェア。防水性でやわらかい素材でできているお風呂用のいすです。他にもスポンジでできたベッドや、お風呂マットの上に寝かせておくという方法もあります。

らくらく

脱衣所の床に座布団をおき、その上にバスタオルと着替えを準備しておくと便利。お風呂から上がってすぐに着替えさせることができます。

目・耳・鼻などのお手入れ

沐浴後や入浴後は、絶好の赤ちゃんのお手入れタイム。お風呂では洗えない鼻や耳の中もすっきりきれいにしてあげましょう。**目・鼻・耳・おへそなど赤ちゃんの全身状態をじっくり見ながら、健康チェックも同時に行います。**赤ちゃんが動いてやりにくいなら、つめ切りはお昼寝のタイミングでもいいですね。

使うもの

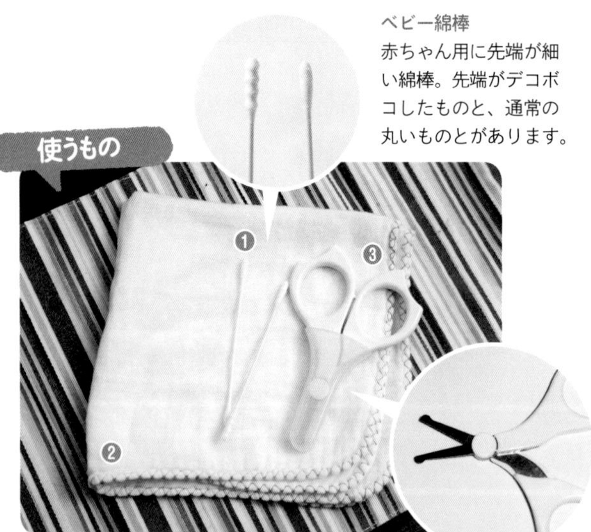

ベビー綿棒
赤ちゃん用に先端が細い綿棒。先端がデコボコしたものと、通常の丸いものとがあります。

耳や鼻のお手入れに、❶細軸のベビー綿棒（先端部分も細い赤ちゃん専用の綿棒）。❷目・耳のお手入れにガーゼ。❸はさみの先端が丸くなった赤ちゃん用つめ切り。

赤ちゃん用つめ切り
やわらかい赤ちゃんのつめ専用のつめ切り。先端が丸くなっていて傷つけないようになっています。

助産師アドバイス

赤ちゃんが動いてうまくお手入れできない場合は、寝たタイミングで行いましょう。また、いやがって泣きやまないときには、いったんやめて、赤ちゃんが泣きやんで落ち着いてからまたやってみましょう。

鼻

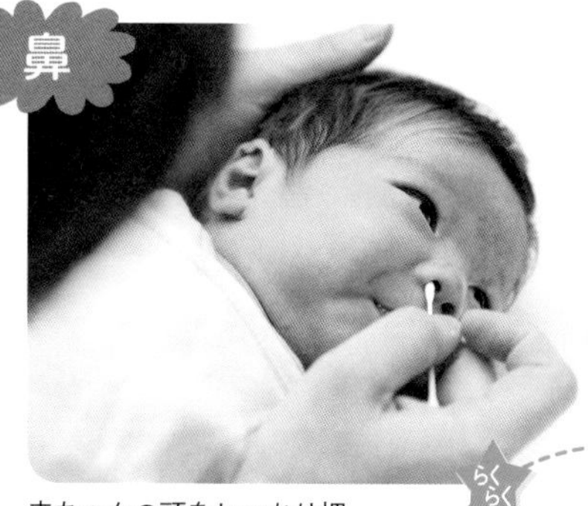

赤ちゃんの頭をしっかり押さえ、ベビー綿棒を鼻の中に入れてくるくる回しながら、入り口にある汚れをからめとります。危険なので奥のほうまで無理に取ろうとしてはいけません。

らくらく
鼻水が多く出ているときは少し冷ました蒸しタオルなどで加湿し、やわらかくしてふきとります。お風呂のときにやさしく鼻をつまんで鼻水を出してあげるのも有効。

つめ

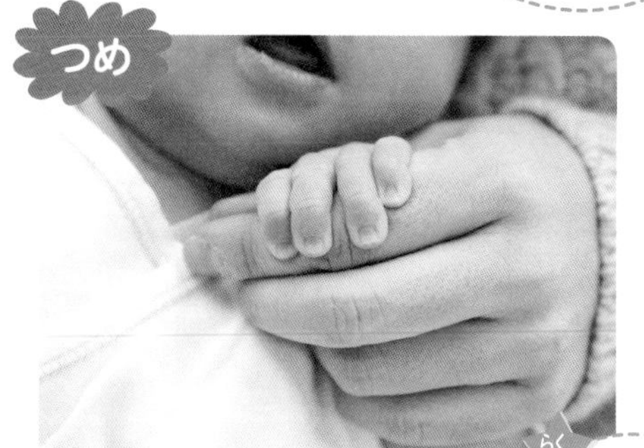

赤ちゃんは新陳代謝が活発なので、つめが伸びるのもあっという間。先が白くなっていたら切りましょう。深づめしないよう少しずつカットします。つめがかたくなってきたら、大人と同じタイプのつめ切りにします。

らくらく
足のつめは、指の肉を押し下げて切ります。手より伸びるのはゆっくりです。

へそ

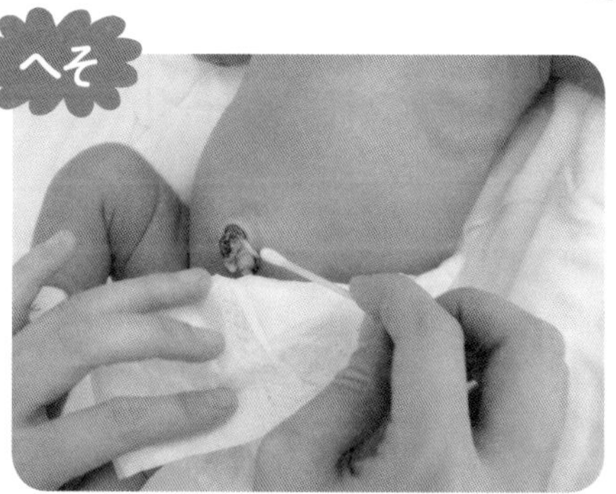

へその緒がとれてからもジュクジュクしている間は、アルコール消毒が必要です。**おへその周りの皮膚を広げ、奥までしっかり消毒します。**消毒後は乾燥させます。

目

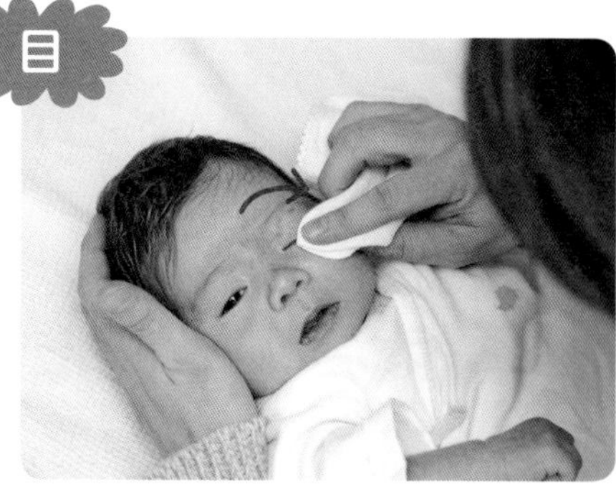

目頭から目尻に向かって、濡らしてかたくしぼったガーゼを人さし指に巻きつけてやさしくふきます。片方をふき終わったら、ガーゼの面を変えてもう片方をふきます。

あんしん
お風呂で洗う以外は、目やにがあるときにふきましょう。

あんしん
耳あかは、自然に外に出てくるもの。奥に綿棒を入れすぎると傷つけてしまいます。

耳①

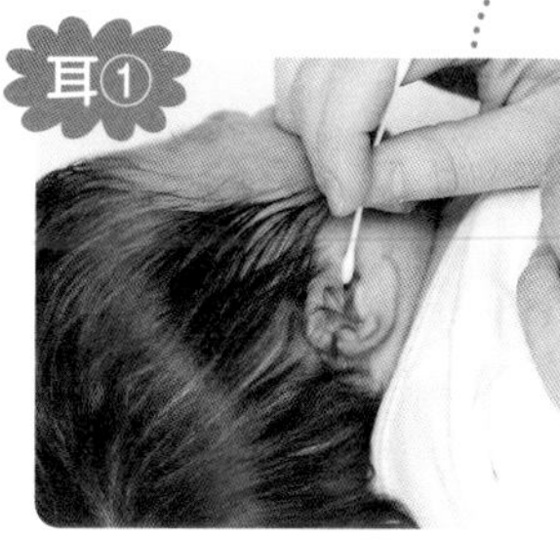

穴の入り口

粘膜を傷つけてしまったり、耳あかを奥へ押しやってしまったりしないよう、綿棒は耳の奥までは入れません。**入り口の汚れを綿棒の先端で軽くふきとる**だけで十分です。

耳②

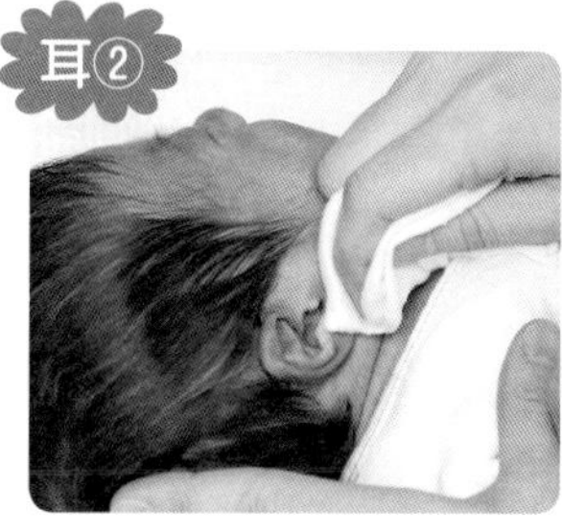

みぞ

湿らせたガーゼで耳のみぞをふきます。ふきにくい場合は綿棒を使いましょう。汚れが取りやすいお風呂上がりにするのがおすすめです。

耳③

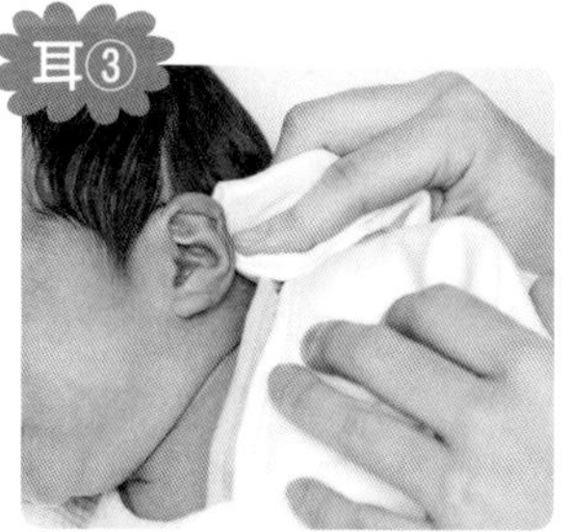

裏側

意外に汚れがたまりやすい部分です。お手入れを忘れがちな部分でもあります。湿らせたガーゼでふきます。耳は毎日お手入れしなくても、汚れが気になったらでOKです。

出産・育児に関する手続き

自治体や勤務先によって提出書類が異なるので事前に確認しておくと安心です。

赤ちゃんが生まれると、**自治体や勤務先などで加入している健康保険や雇用保険から**、経済的負担を補てんしてくれる**給付金や手当などが受けられます。**「必要書類が不備」「申請期限が過ぎてしまった!」といった失敗もよくあるので、忘れずに手続きをしましょう。**自治体や勤務先によって提出書類が異なるので事前に確認しておくと安心です。**

たとえば働くママやパパ(雇用保険の一般被保険者)は、育児休業開始日から180日目までは雇用保険から休業開始前の賃金の67%、181日目から育休終了までは休業開始前の賃金の50%の「育児休業給付金」が支給されます(受給資格、支給要件があります)。

出生届

赤ちゃんを戸籍に登録する手続き。**出産日から14日以内(国外出生の場合は3カ月以内)**に、**住民票のある地域か本籍地**、または**出生した地域の役所**に届け出ます。**健康保険証、届出人の印鑑**(スタンプ印不可)と**本人確認証、母子健康手帳、出生届**(出生証明書と一体。出生届には病院で記入してもらう箇所もあり)が必要です。**届け出は委任状での代理人でも可。**

乳幼児医療費助成申請

赤ちゃんが医療機関を受診したときに、医療費の一部が助成される制度。**申請提出期限は1カ月健診までを目安に。**自治体によっては医療費が無料になったり、後日実費が還付されたりすることも。**提出先は住民票のある市区町村役所。印鑑、乳幼児医療費助成申請書、所得証明書、出生届出済証明が記入された母子健康手帳、赤ちゃんの健康保険証、自治体によってはマイナンバーが必要。届け出は、委任状での代理人でも可。**

児童手当申請

国から育児支援の目的で支給されるお金。**提出期限は出生月内だが、出産の翌日から15日以内なら、出生月に申請したとみなしてくれる。提出先は住民票のある市区町村役所。印鑑、マイナンバー、申請者の健康保険証、申請者名義の口座番号**が必要です。**届け出は、委任状での代理人でも可。**

出産育児一時金・家族出産育児一時金

加入している健康保険から出産費用として1児につき42万円が給付される制度。勤務先や自治体によってはこれにプラスされる場合も。手続きの対象者は、健康保険被扶養者または被保険者かつ妊娠4カ月以上で出産したり、流産した人。現在は、病院側が手続きもしてくれる直接支払制度が主流になっている。

出産手当金

出産のために産休を取り、勤務先から給料が支払われないとき、その休業期間中の生活を保障するために支給されるお金。対象となるのは出産予定日以前42日、出産後56日までの期間。予定日より早かったり、遅くなったときには支払い日数の調整がされる。**申請先は健康保険組合や共済組合、協会けんぽなど、健康保険の加入先となる。**

健康保険

赤ちゃんを健康保険に加入させる手続き。**1カ月健診までに保険証ができあがるようにすませるといいでしょう。**共働きの場合、所得が高いほうの扶養に入れるのが原則になっています。**勤務先の健康保険や共済組合の場合は勤務先に申請。**国民健康保険の場合は住民票のある市区町村役所に申請します。勤務先によって必要書類が異なる場合もあるので注意して。

手続きスケジュール一覧

- **出生届** ▷ 14日以内
- **児童手当申請** ▷ 出生月内 (15日特例あり!)
- **出産手当金** ▷ 出産後56日が経過してからが一般的
- **乳幼児医療費助成申請** ▷ 1カ月健診までを目安に
- **出産育児一時金・家族出産育児一時金** ▷ 病院の指示に従う
- **健康保険** ▷ 1カ月健診までに

月齢別

赤ちゃんの発育・発達と、生活・気がかりQ&A

ねんねからたっち、あんよへと運動機能が発達し、自我も芽生えたりと、めざましく成長する0～3才。月齢・年齢ごとの発達の様子、生活リズムなどを紹介しています。発育、発達には個人差があるので、その子なりのペースを見守っていきましょう。

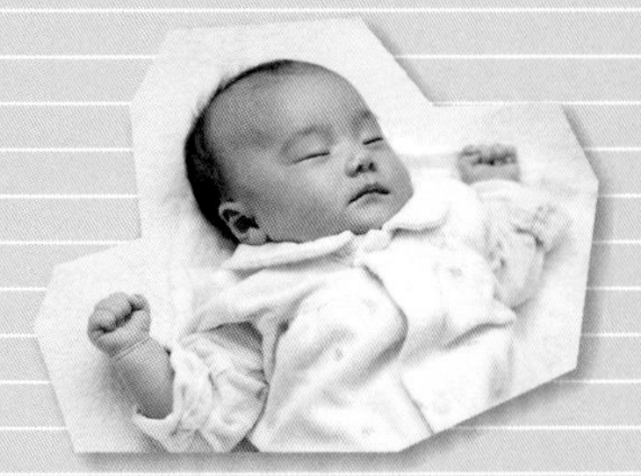

この時期の赤ちゃんの発育・発達

ねんねや授乳のリズムが少しずつできてくる

生後1カ月になると「新生児」ではなくなります。おっぱいやミルクの飲み方、体温調節などもうまくできるようになってきます。昼間に起きている時間も長くなってきます。

生後1カ月

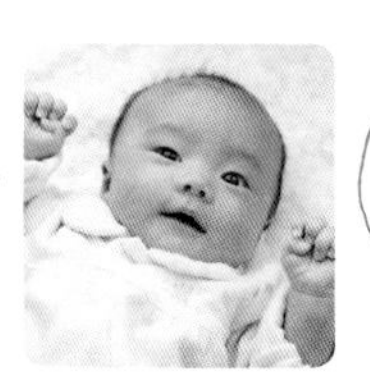

近くにあるはっきりした色味のものを見るようになります。

目 焦点が合うようになります

ジィー

	身長
男の子	50.9～59.6cm
女の子	50.0～58.4cm

	体重
男の子	3530～5960g
女の子	3390～5540g

※生後1カ月～2カ月未満の身長と体重の目安です。

手 こぶしが開くようになります

パァーッ

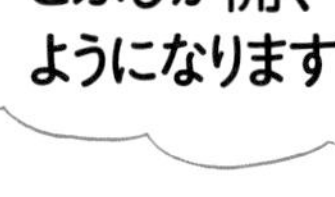

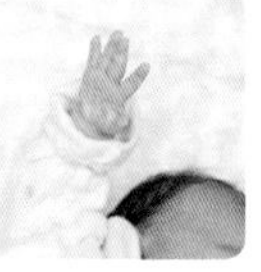

ギュッと握っていたこぶしが、少し開くようになります。

声 「あー」「うー」などの声を出します

これは言葉の始まり。甘えるように声を出すこともあります。

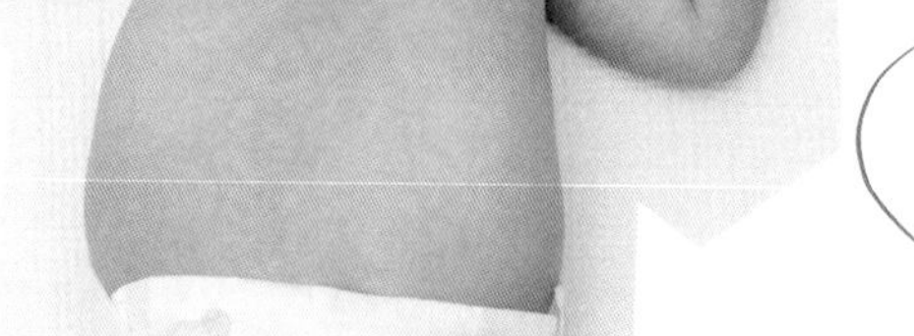

ミルクを足すかどうかのポイント（あんしん）

吸う力が強くなり一度に飲める量が増えるので、授乳間隔があき、母乳不足が心配になるかもしれません。体重の増え方、機嫌や、おしっこの回数、うんちなど、全身の状態を見てみましょう。機嫌がよく、おしっこも多く出ていて、体重が少しずつ増えているのなら、ミルクを足さなくても大丈夫。心配なら生活リズム（授乳、ねんね、うんちの時間や回数）をメモして、1カ月健診のときに医師に相談してみましょう。

ときどき笑顔を見せてくれる（らくらく）

新生児のころは生理的な「新生児微笑」(p23)でしたが、1カ月になると、ときどき喜んで笑ったような顔をしてくれることも。赤ちゃんが「あー」と声を出したらママも返事をしてみましょう。こたえてくれる人がいることが赤ちゃんに伝わります。

手足 手足をバタバタ動かすようになります

布団をけとばしたり、肌着の前がはだけることもあります。

外気浴スタート。大人といっしょのお風呂も

生まれたときよりも体重が**1～2kg増えて、ふっくらしてきます。**体の動きが活発になり、手足をバタバタとさせ、ズリズリと頭のほうに上がっていってソファやベッドから落ちそうになることもあるので注意しましょう。また頭の向きも、少し自分で動かせるようになってきます。この時期は視力も少しずつ発達し、30～40㎝ぐらい先までなら、じっと見つめます。この距離はちょうど**抱っこしたときの赤ちゃんとママの顔の距離。**抱っこをしながら見つめて、いっぱい話しかけてあげましょう。「あー」「うー」などの声が少し出てきたら、**ママも「うんうん。なあに」と返事をしたり、抱っこしたりしてスキンシップを楽しみましょう。**これが言葉を発する練習になります。

1カ月健診では、身体測定や原始反射のチェックなど全身をこまかく診察します。1カ月健診（p46）で医師からOKが出たら、**外気浴や大人といっしょのお風呂（p38）に入ることができるようになります。**

1カ月の赤ちゃんの1日

◎うんちは4～5回／1日

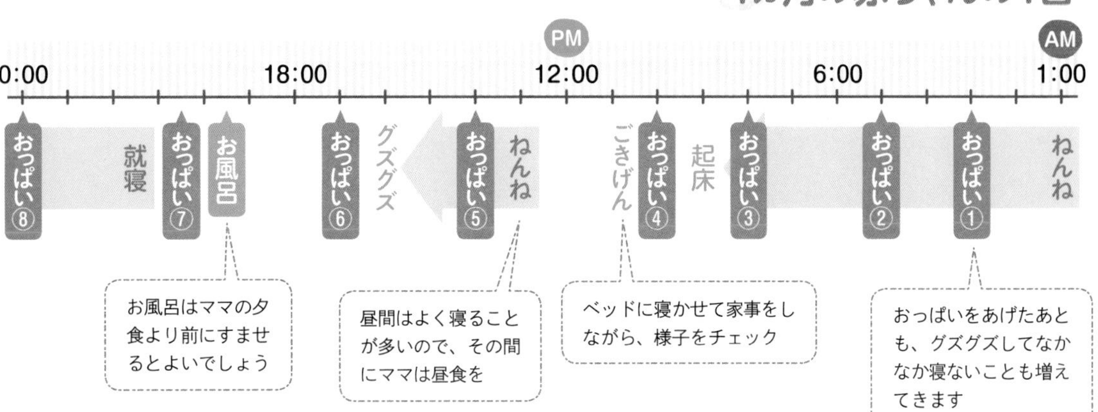
AM
1:00
6:00
PM
12:00
18:00
0:00
ねんね
おっぱい①
おっぱい②
おっぱい③
起床
おっぱい④
ごきげん
ねんね
おっぱい⑤
グズグズ
おっぱい⑥
お風呂
おっぱい⑦
就寝
おっぱい⑧
おっぱいをあげたあとも、グズグズしてなかなか寝ないことも増えてきます
ベッドに寝かせて家事をしながら、様子をチェック
昼間はよく寝ることが多いので、その間にママは昼食を
お風呂はママの夕食より前にすませるとよいでしょう

この時期のパパががんばりたいこと

パパがサポートする時期

ママの体調は少しずつ戻ってきていますが、まだまだ慣れない育児に奮闘しているところ。買い物などの家事のほか、入浴、ミルクをあげるなど、積極的に育児に参加しましょう。また、日中の育児をがんばるママに感謝の言葉をかけて。

この時期のママの様子、赤ちゃんとの接し方

1カ月健診でママの体もチェック

1カ月健診（p46）は、赤ちゃんのためだけでなく、産後のママの体の状態（産後の肥立ち）をチェックするためのものでもあります。尿や血圧、血液検査、子宮の状態の確認、悪露のチェックなどを行います。育児に関する悩みや疑問なども相談して。

生後1カ月の生活

目覚めている時間が増え昼夜逆転も

昼間に目覚めている時間が少しずつ増えてきますが、昼夜の区別がつくのはまだ先のこと。昼夜逆転になり、夜中にぐずりだすことも。授乳したり、抱っこしてゆらゆらと揺らしたりして気分を変えてあげて。

佐藤梨乃花（さとうりのか）ちゃんの場合

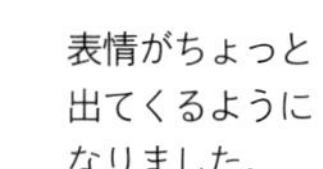

表情がちょっと出てくるようになりました。

あ！ママだ!!

パパの抱っこうれしいな。

抱っこひもで外気浴。気持ちよさそうにウトウト……。

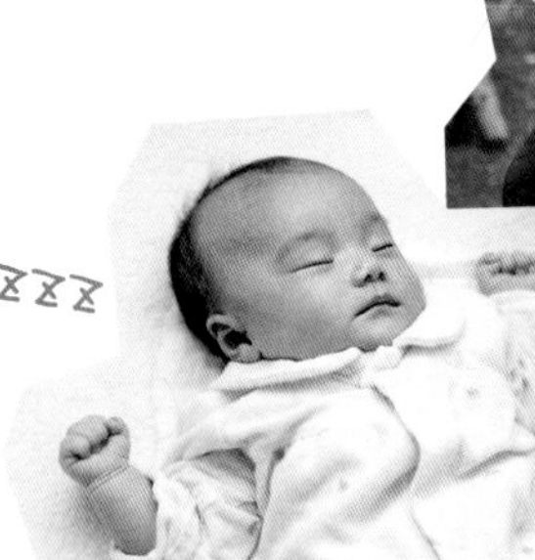

抱っこでゆらゆらすると、すぐ寝てしまいます。

小児科Dr.アドバイス

体重をメモしておく

泣きやまないのは母乳が足りていないから？　と心配になるママも多いでしょう。そんなときは体重をチェックしてみましょう。測り方は、赤ちゃんを抱っこして測った後、赤ちゃんをおろしてママだけ体重を測り、その差を赤ちゃんの体重とします。目安としてメモしておきましょう。

あんしん

赤ちゃんの体重をメモに残しておくと、健診のときなど、医師に伝えやすいです。

生後1カ月の気がかりQ&A

Q 乳首が切れて痛いです

A 赤ちゃんのおっぱいのくわえ方が浅いからかもしれません。

しっかりと深く乳首をくわえていると乳首は切れません。浅く乳首をくわえているときは、口の端に指を入れて、深くくわえるようにママが直してあげましょう。成長とともに口も大きくなるので、うまく飲めるようになります。

あんしん

乳頭保護器という、乳首を保護しながら授乳ができるシリコン製の器具があります。痛いようなら使ってみましょう。

Q 授乳中に片方飲んだだけで寝てしまいます

A 次の授乳のときに飲んでいないほうをあげましょう。

片方だけ飲んで寝てしまったら、次の授乳のときに、飲んでいないほうのおっぱいからあげましょう。途中で寝ることが多いならば、片方の時間を早めに切りあげて、逆のほうを飲ませるように調整しましょう。

Q ゲップがうまく出せません

A 無理に出さなくても大丈夫。

ママの肩に赤ちゃんの胸が当たるように高めに抱っこをしてゲップをさせる（p28）のは、慣れるまでは、なかなかむずかしいもの。うまく出せないときは、寝かせるときに、背中を少し高くした姿勢にすると出ることもあります。クッションなどを間にはさんで、高さを調節するといいでしょう。

高さ調節してあると、もし吐いても、気管につまるのを防ぐことができます。

Q 片側ばかり向いて寝ています

A そのうち自分で動かせるようになります。

向きグセというものがあります。向きグセがついていると、頭の形が心配になりますが、もう少しすると、自分で首を自由に動かせるようになるので安心して。長くずっと同じ方向を向いているときには、寝る向きを反対にして、頭の位置を変えてあげましょう。

Q おむつかぶれができてしまいました

A ぬるま湯で洗い、しっかりと乾かしてからおむつをつけましょう。

生後6カ月くらいまでは、うんちの回数が多く、おむつかぶれしやすくなります。うんちの後、お尻ふきで強くこするのはNG。ぬるま湯で洗うのがおすすめです。ただれるなど赤みが強いときは、小児科を受診しましょう。

赤ちゃんとママの体調を確認するもの

乳児健康診査の最初の健診である1カ月健診の最大のポイントは、**体重の変化の確認です。**栄養状態と先天的な病気の有無を判断する材料になります。また、**ママの婦人科健診もあります。**

1カ月健診は義務ではありませんが、赤ちゃんとママの体調の確認のために受けておくと安心です。育児の不安なども相談しましょう。

健診の基本は?

生後1カ月から3才まで7～8回ある健診は、それぞれの月齢に合わせた検査項目のほか、基本的な計測と診察は共通のものになります（下記参照)。

基本的な計測と診察
(どの健診でも共通して診るもの)

- □身長の測定
- □体重の測定
- □胸囲の測定
- □頭囲の測定

- □股関節脱臼
- □視覚・聴覚
- □心臓音、内臓などの内科的確認
- □皮膚がジクジクしたり、極端にカサカサしていないかの確認

計測

身長、体重、胸囲、頭囲の測定を行い、客観的に発育を診ます。頭囲は中枢神経系の発育を、胸囲は臓器など体幹部の発育を診ます。

診察

呼吸器系や内臓に異常はないか、聴診器を使って確認します。赤ちゃんのミルクの飲み具合、ママの母乳の出具合、睡眠や排泄の様子など、**普段気になっていることを医師に相談するチャンスです。**

● 股関節脱臼（こかんせつだっきゅう）の確認
ひざとももをつかんで、足の開き方や曲がり方を診ます。

● 視覚・聴覚の確認
視覚は、目に光を当てて反応を見たり、目線が合っているかを診ます。聴覚は、耳の聞こえの観察をします。

健診の流れ

健診には、集団で受けるものと、個別に受けるものがあります。どちらもだいたいの流れは同じですが、健診によって、集団か個別かのどちらかになります。

集団健診（3～4カ月、1才6カ月、3才健診など）

自治体から案内がくる
健診のお知らせが届きます。

←

予約が必要な場合も
健診の予約が必要なときは、**保健所**などの予約先に連絡をします。

←

指定された日時に行く
指定された日時に指定された場所（保健所など）に行きます。

↙ 健診を受ける

個別健診（1カ月、6～7カ月、9～10カ月など）

自治体から案内がくる
健診のお知らせが届きます。自費健診の場合は案内は届きません。

←

提携病院に予約をする
指定された提携病院から選んで予約をします。

←

予約した日時に行く
健診のみの時間を設けている病院もあります。

↖ 健診を受ける

※これは一般の目安であり、自治体によってこの流れが違うこともあります。

1カ月健診でチェックすることリスト

- □赤ちゃんの身長・体重・胸囲・頭囲
- □授乳の状況(母乳かミルクか)や回数
- □モロー反射をはじめとする原始反射
- □先天的な異常がないか
- □泣き方や音や光に対する反応
- □斜視や視覚
- □とれたへその緒の跡は乾いているか
- □心臓の診察
- □検尿
- □うんちの色や形状
- □黄疸
- □母乳のビタミンK_2不足による頭蓋内出血予防のためのビタミンK_2投与

赤ちゃんだけではなくママの健診も行います

- □尿・血圧・血液検査
- □体重測定
- □子宮の状態を診るための内診
- □悪露(おろ)の量や状態のチェック
- □母乳育児の場合はおっぱいのチェック
- □その他問診(産後トラブルや赤ちゃんについて)

あんしん

赤ちゃんの健診の後に、ママの子宮の戻り具合や血圧・血液検査、悪露の量や状態のチェックなどを行います。妊婦健診のときのような診察しやすい服装で行きましょう。

1カ月健診は何を診るの?

体重が出生時から約1kg増えているかが一番のポイント。あまり増えていないと様子を見て再健診になることもあります。

目の見え方をチェック
焦点が合わせられるのは30〜40㎝。視力はまだぼんやりですが、目でものを追いかける「追視」ができるように。

黄疸(おうだん)をチェック
母乳栄養の赤ちゃんに見られがちな母乳性黄疸は病気ではありません。ただし、黄疸+白いうんちのときは病気の可能性も。

おへそをチェック
へその緒がとれた部分が赤く肉が盛りあがったり、滲出液や血が出ないかなど新生児の臍肉芽腫(さいにくげしゅ)の有無をチェック。

原始反射をチェック
大きな音にビクッとする(モロー反射)、ふれたものを握る(把握反射)、口にふれたものに吸いつく(吸てつ反射)など(P20)。

健診のときに持っていくといいものリスト

赤ちゃんとはじめての外出になる人も多い1カ月健診。これらを準備しておくと、安心です。

- 母子健康手帳
- 診察券
- 乳幼児医療証
- 健康保険証(ママのものと赤ちゃんのもの各1枚)
- 自治体で配布される乳児健診無料券(あれば)
- 現金(ママの検診費など)
- おむつセット
- 授乳セット(授乳ケープ、ミルク、ミルク用のお湯など)
- 赤ちゃんの着替え(最低でも1セット)
- 赤ちゃんのお世話グッズ(ガーゼ・汚れものを入れるビニール袋など)
- ママ用の不織布マスク

現金
いざというときのために現金を
病院や自治体によって公費で無料の場合もありますが、自費の場合は5000円を目安に用意しておくと安心です。

授乳セット
赤ちゃんが泣きだしたときに
赤ちゃんはおなかがすくと場所を選ばず大泣き。母乳のママは、肌を隠しておっぱいを飲ませられる授乳ケープがあると便利です。

赤ちゃんの着替え
汚れても着替えがあれば安心
ミルクを吐いたりおしっこで肌を濡らしたりしたときに備え、着替えがあれば安心です。汚れものを入れるビニール袋もあると重宝します。

生後1カ月になったら、やってみよう！

外気浴を始めてみましょう

1カ月健診が過ぎたら、天気のよい暖かい昼間（夏なら、暑さが落ち着く夕方など）に、窓を開けて外気を感じさせてあげましょう。外の空気や音、においなどに少しずつ慣らしていきます。ただし赤ちゃんに直射日光が当たらないようにしてください。

また、外気浴は、ママの気分転換にも。感染症対策に気をつけながら外の新鮮な空気を吸って、ママも赤ちゃんもリフレッシュ。

らくらく

「お花きれいだね」「外は気持ちいいね」など、見えるもの、感じることをいろいろと話しかけましょう。

お宮参りをしましょう

誕生後、男の子なら31日目、女の子なら33日目※に行う神さまへのお参りが、お宮参りです。土地の守り神の産土神（うぶすながみ）に赤ちゃん誕生の報告をし、無事に成長することを祈願するものです。近くの神社に参拝し、お祈りをしてもらいます。その後、写真館などで記念撮影をして、会食をすることもあります。習わしでは、パパの母親（赤ちゃんの祖母）が赤ちゃんを抱っこしますが、最近ではあまり習わしにとらわれず自由に行うことも多くなっています。また、オンライン参拝ができる神社も。お日柄にとらわれすぎず、新型コロナウイルスの感染拡大状況や天候を考慮し、赤ちゃんやママの体調のいい日を選びましょう。

※時期は地域によって異なります。

あんしん

赤ちゃんとママの体調を優先。きっちり31日目や33日目に行うと考えなくてもいいでしょう。

おもちゃで遊んでみましょう

赤ちゃんの聴力は、新生児のころから発達しています。音の出るガラガラなどのおもちゃを顔の近くで動かすと、音を聞いて目で追うようになります。

一人でおもちゃで遊べるようになるのは、まだ少し先ですが、赤や黒など色のはっきりした、音の出るものを赤ちゃんから30～40㎝のところで動かして、反応を見てみましょう。ぼんやりと見えてきているのでおもちゃを見つめるようになります。

大人といっしょのお風呂に入りましょう

1カ月健診でＯＫが出れば、沐浴を卒業。大人といっしょのお風呂に入ることができます（p.38）。お湯が清潔な一番風呂に入れて、赤ちゃんが疲れすぎないよう、湯船に長い時間つからないようにします。ややぬるめのお湯（38度）がいいでしょう。赤ちゃんの体があたたまったと感じたら、お風呂から上がります。

この時期とくに気になる
体重についてのQ&A

大きすぎる？ 小さすぎる？

Q 体重が順調に増えていません。何か問題があるのでしょうか？

A 身長や頭囲などトータルで見て、医師に相談してみましょう。

1カ月健診のとき、医師からとくに何も言われていなければ、心配はありません。体重にばかり気をとられがちですが、身長や胸囲、頭囲などがトータルで伸びているかを見ましょう。母乳の出が少なくて体重が増えていない場合は、医師に相談してミルクとの混合を考えましょう。赤ちゃんが1日におしっこする回数が6回以下なら、母乳が不足しているのかもしれません。

Q 母乳で育てていますが、1回の授乳に1時間かけているのに体重が増えません。飲んでいないのでしょうか？

A 遊び飲みかも。授乳時間を調整しましょう。

赤ちゃんが遊び飲みをしているのかもしれません。授乳に毎回1時間かかると、ママの体への負担も増してしまいます。授乳時間は片方のおっぱいごとに5分ずつとして、トータルで20分くらいにしましょう。

もしくは、うまく母乳を飲めていないのかもしれません。乳首を深くくわえるように、赤ちゃんの口元を見て調節してあげましょう（↓p28）。

Q 同じ月齢の子と比べると、すごく体重が重たいのですが、今後、肥満にならないか心配です。

A そのうち、運動量が増えて体重増加は落ち着きます。

母乳の量は目で見ることができないので心配になり、ついミルクを足してしまうこともあります。母乳を飲む前と飲んだ後で赤ちゃんの体重を測ると、飲んだ分量の目安を確認することができます。

手足を動かしたり、寝返りやはいはいを始めたりすると運動量が増えます。そうすると、体重の増え方も落ち着くので心配しすぎないでください。

Q 授乳の時間になっても起きません。そのためか体重の増え方が悪く心配です。無理に起こしたほうがいいですか？

A 無理に起こさなくて大丈夫。

授乳のリズムを守ることも大切ですが、無理に起こさなくても大丈夫。ただし、赤ちゃんが起きなくて授乳の時間が6時間以上あいてしまうときは、足の裏をくすぐるなどして起こして、授乳をしましょう。

らくらく
口を少し開けるようにして乳首や哺乳びんの乳首をくわえさせてみるのもひとつの方法です。

この時期の赤ちゃんの発育・発達

生後 2カ月

⇨笑顔が増え、喜びを表します

あやすと笑顔でこたえます。筋肉が発達し、首もしっかりしてくるため、少しならたて抱きもできるようになります。「アグアグ」といった喃語も増え、よく声を出します。

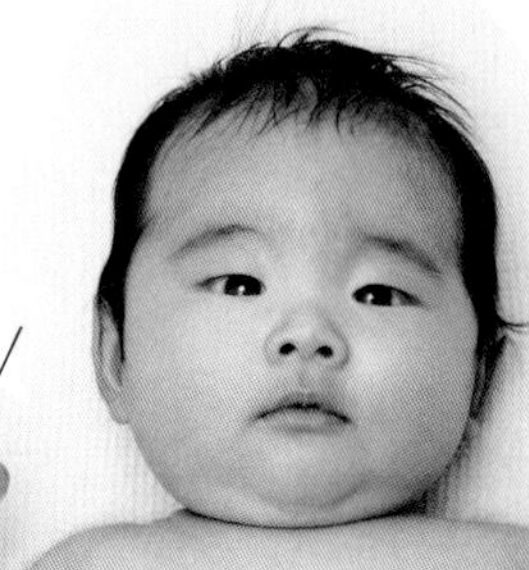

表情 楽しいと笑顔になります

ママが笑顔になると、赤ちゃんもうれしくなり、笑顔に。視覚と聴覚の発達によるものです。

	身長
男の子	54.5〜63.2cm
女の子	53.3〜61.7cm

	体重
男の子	4410〜7180g
女の子	4190〜6670g

※生後2カ月〜3カ月未満の身長と体重の目安です。

手 自分の手を見つけます

自分の手を見つけて、じぃっと見たりします。

口 見つけた手をチュパチュパします

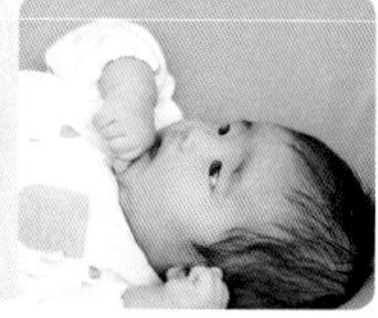

指だけでなく、こぶしごと口に入れてなめることも。

あんしん 夜中の授乳がなくなる子も

体重の増加が最も著しい時期です。筋力がつき、ひざの曲げ伸ばしの力が強くなって、おむつ替えが大変になるほどです。おっぱいやミルクをたくさん飲めるようになる時期（1回の授乳で150〜200㎖）で、1回に飲む量が増えます。就寝前の授乳で、朝までぐっすり眠ってくれる赤ちゃんもいます。ママの睡眠時間も少しまとまってとれるようになります。

らくらく ママの気持ちに少しゆとりも

赤ちゃんによっては、一人遊びをするようになります。自分の手をチュパチュパなめたり、動くメリーを見つめたり。その合間に家事をする余裕も生まれてきます。ママの気持ちがずいぶんらくになってくるころです。

手足 屈伸運動が力強くなります

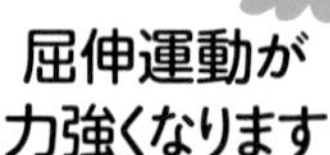

ひざの曲げ伸ばしが力強くなってきます。

自発的な動きが増え脳が急速に発達

新生児微笑（P23）ではなく、ママやパパがあやすなど、**周りが働きかけるとニッコリ反応する「社会的な笑い」**をするようになります。

おっぱいやミルクを最もたくさん飲める時期で、体重は1日に約25～30g増え、皮下脂肪が増えるのもこの時期です。このころから**「ハンドリガード」という自発的な動き**が見られるようになります。これは自分の顔の前に手を持っていって、じーっと見つめる、この時期の赤ちゃん特有の反応です。その手を口に運んでしゃぶることで**自分の体を認識するようになり、これを機に自分の意思で動かせるものとわかり、自発的な動きが促進されます。**首がすわるようになるにつれて、自分の好きなほうを向いたり、動くものを目で追ったりなど、脳は急激に発達し、身の周りのものに興味が出てきます。

また、**予防接種は生後2カ月からスタート**します。同時接種など、効率的なスケジュールの組み方を、かかりつけの小児科に早めに相談しておくと安心です。

2カ月の赤ちゃんの1日

◎うんちは4～5回／1日

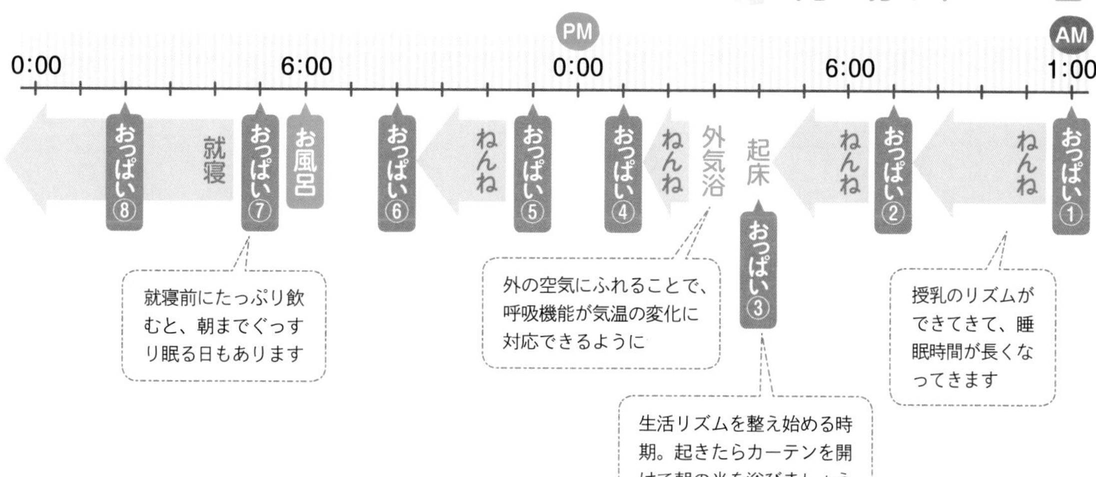

AM
1:00
6:00
PM
0:00
6:00
0:00
おっぱい①
ねんね
おっぱい②
ねんね
起床
おっぱい③
外気浴
ねんね
おっぱい④
おっぱい⑤
ねんね
おっぱい⑥
お風呂
おっぱい⑦
就寝
おっぱい⑧
授乳のリズムができてきて、睡眠時間が長くなってきます
生活リズムを整え始める時期。起きたらカーテンを開けて朝の光を浴びましょう
外の空気にふれることで、呼吸機能が気温の変化に対応できるように
就寝前にたっぷり飲むと、朝までぐっすり眠る日もあります

この時期のパパががんばりたいこと

たくさんおしゃべりしたい時期

赤ちゃんが自分の意思でパパの表情をまねるようになります。おむつ替えやミルク、お風呂のときは、赤ちゃんとたくさんおしゃべりするチャンス。声がけにお返事してくれます。また、お風呂に入れるのに慣れてきたら、お湯をパチャパチャするなどして、新しい体験をさせてあげましょう。

この時期のママの様子、赤ちゃんとの接し方

家事は上手に手抜きを

出産からここまで、赤ちゃんのことだけで精いっぱいでしたが、少しずつ他のことが気になり始めるころ。まじめな人ほど、家のこともちゃんとやろうとして自分を追いつめがち。パパにも分担してもらい、家事は省けるところは省き、ときには市販の総菜を利用するなどして、上手に手を抜いて。

生後2カ月の生活

大人がリードして生活リズムを整える時期

授乳リズムができ、生活リズムを整えるのにぴったりの時期。赤ちゃんまかせの生活ではなく、起床時にはカーテンを開けて朝の光を浴びれば目覚めすっきり。意識的に1日にメリハリをつけましょう。

大友徹平（おおともてっぺい）くんの場合

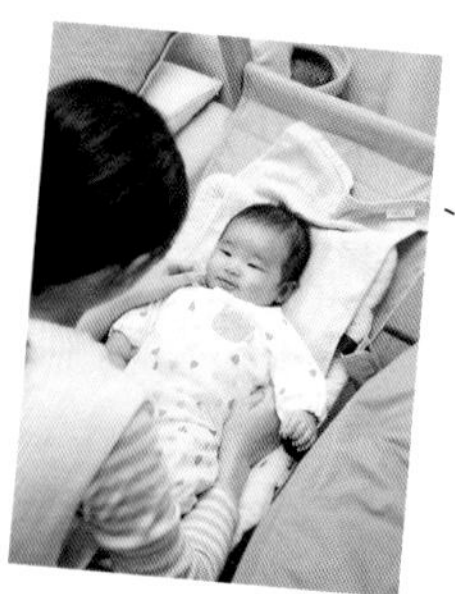

ゆらゆら揺れるチェアが大好き。

抱っこひもで首を支えながら抱っこすると、ごきげんに！

ママにほっぺをつんつんされるのが好き。

ニコニコ

徹平くんの1日

小児科Dr.アドバイス

うんちの回数が減る時期

2カ月になると、大脳の排便中枢や腸が発達してきます。うんちの回数が減り、便秘を心配するママもいるかもしれませんね。一時的に便秘になることもありますが、腸の発達にともなって起こる生理的なもの。心配せず、赤ちゃんの排便ペースの変化を観察してみましょう。

あんしん

3～4日出なくても大丈夫。5日以上でない場合は、少し便秘気味かもしれません。

Q おとなしすぎて発達が心配です

A 個性かもしれません。

音に対する反応はどうでしょうか。乳児健診で問題がなければ、赤ちゃんの持って生まれた個性かもしれませんね。この月齢は、自分の好きなことに興味を持ちだす時期。何に目を輝かせるか、よく観察してみましょう。興味を示したら「すごいね！」と言葉かけをし、赤ちゃんとたくさんの体験を共有しましょう。

Q 低月齢でもかぜをひく？

A ママがかかったことのないウイルス感染症にかかることが。

「３～４カ月くらいまではママからもらった免疫があるから、かぜをひかない」とよくいわれます。逆にいえば、赤ちゃんはママが感染したことのないウイルスに免疫がなく、かかる可能性があるということ。かぜの原因となるウイルスの数は200種類以上ともいわれます。予防のためにも、人混みには長居しないのが賢明。

Q 頭皮に湿疹があります

A 医師に相談しましょう。

乳児の湿疹には、乳児脂漏性(しろうせい)湿疹やおむつかぶれ、あせも、アトピー性皮膚炎などがあります。赤ちゃんは大人より皮膚が薄いため、バリア機能が弱く、とってもデリケート。大人の肌は弱酸性で菌の繁殖を防げますが、赤ちゃんの肌は中性に近いため細菌が繁殖しやすいので湿疹になりやすいのです。

乾燥による湿疹のときはお風呂上がりにクリームなどを塗って、乾燥から守るように保湿しましょう。

Q 寝かしつけても布団に置くと泣きます

A 布団との温度差を小さくしてみましょう。

寝かしつけは１日の最後の大仕事。赤ちゃんは親から離れると危険を感じる本能があり、どんなにぐっすり寝ていても布団に置くと泣く「背中スイッチ」の悩みを誰もがかかえています。バスタオルでくるんでから抱っこして布団との温度差を小さくする、姿勢の変化を小さくするなど、いろいろ試してみましょう。

Q お風呂上がりに白湯(さゆ)や麦茶は必要？

A 母乳やミルクで十分です。

お風呂上がりは水分補給をしたほうがいいのでは？と気になるところですね。しかし、２カ月の赤ちゃんの水分補給は、母乳やミルクから行われています。母乳やミルクで十分に水分は足りているので、無理に与えなくてもいいでしょう。

予防接種が始まる時期

予防接種は、感染すると重症化するおそれのある病気から赤ちゃんを守るために必要なものです。生後2カ月になると受けることができます。病原性を抑えた病原体の一部（ワクチン）を接種し、赤ちゃんに抵抗力をつけさせます。**3才までに受けるべき予防接種は11種類**（p173）あるので、かかりつけの小児科医師と相談して、うまくスケジュールを組んで受けるようにしましょう（p171）。

予防接種を受ける意味を知ろう

生後2カ月になったら予防接種が始まりますが、そもそもどうしてあんなにたくさん受けなければならないのでしょうか。予防接種を受けることで、どんな効果があるのかを知りましょう。

病気になる人を減らすことができる

予防接種の対象となっている病気は、予防接種の普及により流行が抑えられているだけで、その病気自体がなくなっているわけではありません。感染症は、人から人へとうつります。他の人にうつさないようにするためにも予防接種は必要です。

あんしん
自分が感染しなければ、他の人にうつすこともありません。

「定期」と「任意」がある

国や自治体がすすめる公費負担のある「定期接種」と、自費で受ける「任意接種」があります。感染力の強い病気などは、任意でもできるだけ受けるようにしましょう。

あんしん
ロタウイルスワクチンは任意接種でしたが、2020年10月から定期接種になりました。他のワクチンについても、最新の情報に注意しましょう。

スケジュールはかかりつけ医に相談

予防接種には、受ける時期とタイミングがあります。しかし、赤ちゃんの体調が悪く予定の日に受けられないこともよくあります。そのつど、かかりつけ医に相談し、スケジュールを調整していきましょう。また、予防接種スケジュールのスマホアプリで、各接種についての解説や、予約日までのカウントダウン、残っている接種の種類などを教えてくれるものもあります。それらをうまく利用して、受け忘れのないようにしましょう。

らくらく
同じ日に複数のワクチンを接種できる「同時接種」もあり、効率的に接種することができます。同時接種は医師と相談して決めましょう。

予防接種の普及で病気を減らせる

天然痘という、予防接種が普及したおかげで根絶した病気もあります。今後もみんなが予防接種を徹底すれば、病気を減らせるかもしれません。

あんしん
麻しんは、ワクチンが普及すれば、やがて根絶できるといわれています。

予防接種を受けるまで

はじめての予防接種は、どのような流れなのか不安になるもの。前日、当日、接種後の流れを紹介します。

前日までに

体調に変わりがないか、確認を

予防接種に関する冊子を読む

自治体や保健所などでもらえる冊子を読んで、接種の必要性、受ける時期、副反応などを理解しておきましょう。

日程を決めて、予約をする

個別接種は、自分で予定を決めて予約をします。病院によっては曜日や時間帯が決められているところも。集団接種の場合は、日時と場所を確認しましょう。副反応が起こる可能性もあるので、接種する時間は病院の開いている午前中か昼間の早い時間がおすすめです。

予診票に記入する

自治体や保健所から送られてきた予診票に、体質や家族の病歴などを書きこみます。また、赤ちゃんの体調に変わりはないか確認しましょう。

当日

家で

当日の体調を再確認

熱（37.5度以上）がある、食欲がない、うんちがゆるいなど体調を崩していると受けることができません。この時点で体調がよくなければキャンセルしましょう。

診察しやすい服装にする

前開きの服装がおすすめ。予防接種前の診察がしやすくなります。

接種のとき大泣きする子も。抱っこして落ち着かせてあげましょう。

会場で

受付をすませて、検温をする

母子健康手帳、予診票を提出して受け付けをします。検温をするときは、赤ちゃんが落ち着いてからのほうがいいでしょう。体温も落ち着きます。平熱が高めの場合は、医師に伝えましょう。

問診、診察を受ける

体調を確認したり、心音を聴いたり、のどを診たりします。問題がなければ医師と保護者がサインをして、接種へと進みます。

抱っこして接種

赤ちゃんをしっかりと抱っこして動かないようにします。看護師が手伝ってくれることも。同時接種の場合は、それぞれ別の腕に接種します。

接種後

様子を見る

接種した後は早めに帰宅をして、家でゆっくりと過ごしましょう。特別におとなしく過ごす必要はありませんが、興奮させることなどは避けましょう。

お風呂は当日からOK

どの予防接種でも、接種当日からお風呂に入って大丈夫。接種した部分は、もんだり、こすったりせずにやさしく洗いましょう。夜は早めに寝かせるようにします。

家の近くから おでかけをしてみよう

２カ月になり、そろそろ健診以外でもおでかけをしてみたいと思うころ。**最初は、家の近所をゆっくり散歩したり、スーパーに買い物に行ったりしてみましょう。**

少しずつおでかけを重ねることで、「何が必要か」「何を事前に調べておく必要があるのか」「抱っこひもはどのくらいの時間で腰や肩が痛くなるのか」などがわかってきます。**無理のない範囲でチャレンジしていきましょう。**そうしているうちに、おでかけの準備にも慣れてきます。

おでかけの前には?

赤ちゃんとのおでかけには、事前の準備がとても大切。
いろいろと下調べや、シミュレーションをしておくと、安心です。

おむつが売っていない!?

薬局には必ずおむつが売っているものと思いがちですが、小さな薬局にはないこともあります。多めに持っていくようにしましょう。

時間帯は?

赤ちゃん連れの外出は荷物も多くなりがちです。また混み合った車内では、赤ちゃんの機嫌が悪くなってしまうことも。公共交通機関での移動は通勤・通学のラッシュ時間帯は、できれば避けましょう。おすすめの時間帯は、お昼前や午後の２～４時くらい。混雑が落ち着いた時間がいいでしょう。

タクシーを利用しよう

無理をせずタクシーを使ってもよいでしょう。「子育てタクシー」というものもあります。荷物が多くなりがちな乳幼児連れの外出のサポートをしてくれます。

あんしん

雨の日は傘やレインコートなど荷物が増えてさらに大変。できれば予定を変更して、家でのんびり過ごすことも考えてみましょう。

事前の下調べは?

出かける先に、おむつ替えスペースはあるか、授乳室、エレベーターがあるか、子連れOKのレストランか、紙おむつが買えるところがあるか、ベビーカーを置けるスペースがあるか……などを調べておきましょう。

乳幼児連れのおでかけサイトをのぞいてみると便利。おでかけ先におむつ交換シートや授乳室があるか、実際に行った人の体験談があるところも。

公共の場所でのマナーは?

電車やバスなどに乗っているときに、ぐずったり、泣きだしたりすると周りの目が気になるもの。ぐずったときは、立って窓の外の景色を見せたり、おもちゃで遊ばせたりして気を紛らわせましょう。また、授乳室がない場所で授乳ケープなどを使って授乳をするときも、周りに気配りを。周囲の人は目のやり場に困ります。授乳ケープを使うとしても、人目につかない場所を探すほうがベター。

あんしん

おもちゃは取り出しやすいところに入れておきましょう。抱っこひもにつなげておくのもおすすめ。

持ち物リスト

お世話

- □ 着替え(1〜2セット)
- □ **大判ストール ★**
- □ ポケットティッシュ
- □ ウエットティッシュ
- □ ハンドタオル
- □ **密閉できるポリ袋 ★**

おむつ替え

- □ 紙おむつ(5枚程度)
- □ お尻ふき
- □ ビニール袋
- □ おむつ替えシート

ミルク、離乳食

- □ ミルク(1回分ごとに小分けする)
- □ 哺乳びん
- □ **水筒 ★**

※離乳食が始まったら

- □ ベビーフード
- □ おやつ
- □ 飲み物、マグ
- □ 離乳食用スプーン
- □ お食事エプロン

外で過ごすとき

- □ 帽子　□ 日焼け止め
- □ 虫よけ、虫さされ薬(赤ちゃん用のもの)
- □ 不織布マスク(ママ用)

その他

- □ **おもちゃ ★**
- □ **母子健康手帳**
- □ **健康保険証**
- □ **乳幼児医療証**
- □ **お薬手帳**

いざというときに

外出中に体調が悪くなったりけがをしたりしたときに必要。常に持ち歩くようにしましょう。母子手帳ケースなどに入れてひとまとめにしておくと便利。

先輩ママに聞いた
役立ったアイテム

★大判ストール

赤ちゃんとのおでかけでは、少しでも荷物を少なくしたいものです。何役もこなす大判ストールがあれば便利です。日よけにしたり、寒いときにかけたり、授乳ケープにもなります。また、お昼寝した赤ちゃんにサッと掛けたり、おむつ替えマットにもなります。夏は薄手、冬は厚手のものと2種類用意しておくと重宝します。

★密閉できるポリ袋

密閉できる袋は、とっても便利。濡れた着替えを入れたり、おしぼりタオルを入れたりと使えます。また、透明なので中身が見えて、小物の整理がしやすいのも便利。

★水筒

ミルク用の熱湯を入れていくのに使います。ミルクの量に合わせたサイズがおすすめです。ミルクを作るときの70〜80度を保てる保温性があるタイプにしましょう。

★おもちゃ

1個だけではなく、2〜3個持っていきましょう。いくつかあったほうが、ぐずったときにあきずに使えて効果的です。

どっちが便利?
抱っこひも? or ベビーカー?

おでかけ必須アイテムの抱っこひもとベビーカー。使い分けるポイントを紹介します。

抱っこひも

良い点
- 両手があいて身軽
- 抱っこする人と密着するので、赤ちゃんが安心する
- 階段やエスカレーターもそのまま使える

悪い点
- 長時間の移動は、ママやパパが大変
- 夏は密着しているので熱気がこもる
- 着脱に時間がかかる

ベビーカー

良い点
- 重さが気にならない
- 荷物がかけられる
- 長距離移動のときにらく

悪い点
- 階段での移動が大変
- エスカレーターが利用できない
- 狭いところや、人混みで歩きにくい
- スペースをとるので、おでかけ先で置く場所に困る

生後 3カ月

この時期の赤ちゃんの発育・発達

⇨首すわりが完成し、好奇心が育つころ

首がすわる赤ちゃんが増え、自分の意思で手を伸ばしておもちゃなどをつかもうとする意欲が高まります。「さわりたい」「手にとりたい」と好奇心がぐんぐん伸びます。

ワーン

あやすとよく笑い、気に入らないと大声で泣きます。

表情 全身で気持ちを表します

身長	
男の子	57.5〜66.1cm
女の子	56.0〜64.5cm

体重	
男の子	5120〜8070g
女の子	4840〜7530g

※生後3カ月〜4カ月未満の身長と体重の目安です。

目 ものの動きを追うようになります

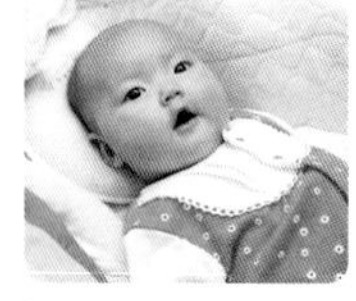

視野に入ったものをじーっと目で追うことも。

口 なんでも口で確認します

舌と唇で確認して、ものを認識していきます。

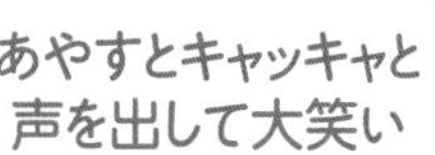

あやすとキャッキャと声を出して大笑い

あんしん

表情も感情も豊かに。気に入らないと大泣きして自己主張します。一方、あやすとキャッキャと声を出して笑い、かわいらしさも倍増！ 触覚が発達し、手のひらでふわふわした感触、ザラザラした感触を感じています。舌や唇の感覚も発達して、やわらかいもの・かたいものを口に入れて触感で確認します。

首がすわってお世話もらくに

らくらく

首がすわる赤ちゃんが増えてきます。首の筋肉をコントロールする神経が発達し、頭がぐらつかないので、抱っこがらくになります。お風呂に入れるのもらくになってきます。

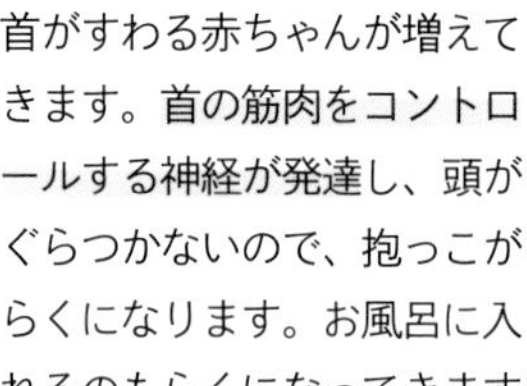

手足 腰をひねるような動作をすることも

下半身をひねり、寝返りの練習をするようになります。

目の前にあるものを口に入れて確かめる

生後3カ月になると、**体重は生まれたときの約2倍**になります。首がしっかりしてくるので、腹ばいになって頭を持ち上げ、周りをキョロキョロ見回すことなどができるようになります。

視力も発達し、**「目で見て→興味を示したものに手を伸ばして→つかむ」という一連の動作ができる**ようになります。なんでも口に入れて、自分の舌と唇を使ってものを認識しようとするので、赤ちゃんの周りには安全なおもちゃ以外は置かないようにしましょう。

体重増加はゆるやかになってくるころ。「おっぱいやミルクを飲む量が減ったのでは？」と気にするママもいますが、心配ありません。大脳が発達してきて、**おなかがいっぱいになると自分で飲むのをやめるようになるからです。**

3カ月は、そろそろママからもらった免疫が弱まり始めます。感染症にかかるリスクが高くなるので、予防接種（p170）を受けて、手洗いや、人混みを避けるなどの感染症対策をしましょう。かぜなどにも注意しましょう。

3カ月の赤ちゃんの1日

◎うんちは1〜2回／1日

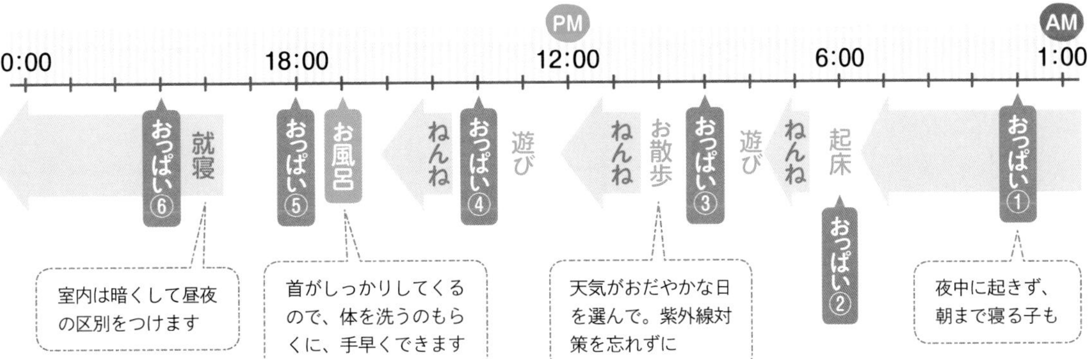
AM
1:00
6:00
PM
12:00
18:00
0:00
おっぱい①
起床
おっぱい②
ねんね
遊び
おっぱい③
お散歩
ねんね
遊び
おっぱい④
ねんね
お風呂
おっぱい⑤
就寝
おっぱい⑥
夜中に起きず、朝まで寝る子も
天気がおだやかな日を選んで。紫外線対策を忘れずに
首がしっかりしてくるので、体を洗うのもらくに、手早くできます
室内は暗くして昼夜の区別をつけます

この時期のパパががんばりたいこと

「一人で出かけておいで」のひと言を

授乳間隔があいてくる時期なので、ママに「一人で出かけておいで」のひと言を。ママが自分の時間を持てばゆとりが生まれ、夫婦の絆も深まります。ママが出かけている間は赤ちゃんと遊ぶチャンス。視力が発達してくるころなので、いろいろな素材や形のおもちゃで遊ばせてみましょう。

この時期のママの様子、赤ちゃんとの接し方

ワーキングママは職場復帰も視野に

授乳回数も減り、気持ちにゆとりも出てくるころ。ワーキングママは、職場復帰を考え始める時期かもしれません。子育てに集中したい気持ちと「長期間休むと、復帰が心配……」という気持ち。両方ある人も多いでしょう。まずは生活リズムを整えて、保育園について（p.64）考えてみましょう。

生後3カ月の生活

お昼寝は2～3回。夕方にぐずる子も

昼夜の区別がつくようになり、お昼寝は1日2～3回。夕飯の準備どきになると「黄昏（たそがれ）泣き」（夕方に理由もなく泣く）が多くのママを困らせます。原因は解明されていませんが、数カ月でおさまります。

堀 有愛（ほり ありあ）ちゃんの場合

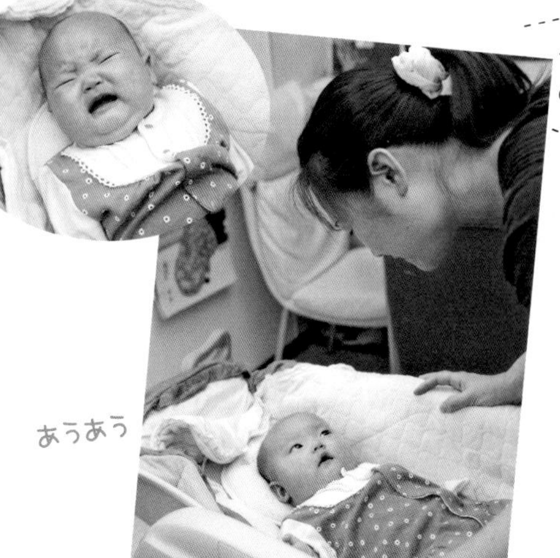

気に入らなくて、うえーん。

ママとお話しするのが大好き！

なあに？

あうあう

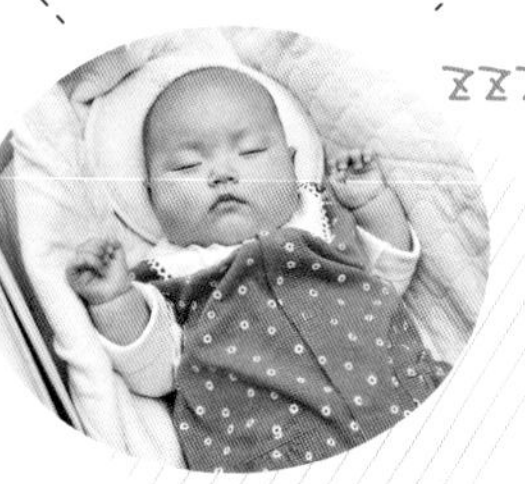

周りで兄姉がさわいでいてもスヤスヤ。

zzz

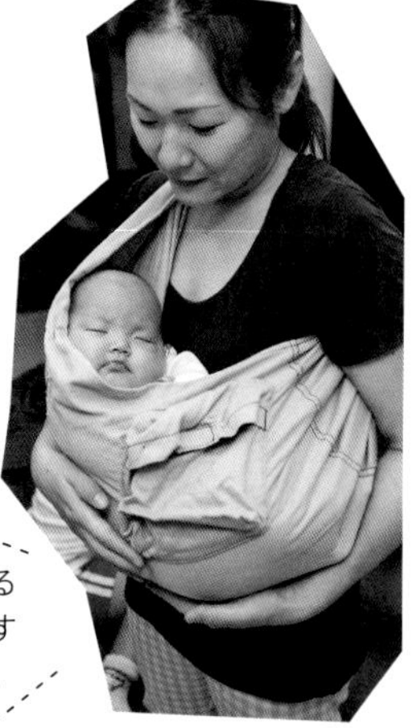

スリングにおさまると、気持ちよくてすぐにウトウト……。

有愛ちゃんの1日

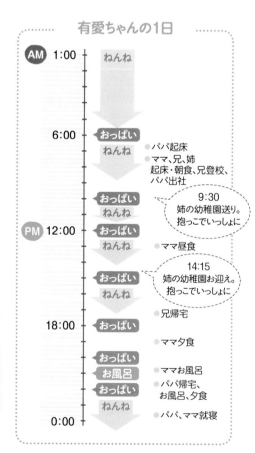

時刻	有愛ちゃん	家族
AM 1:00	ねんね	
6:00	おっぱい	
	ねんね	パパ起床 ママ、兄、姉起床・朝食、兄登校、パパ出社
	おっぱい	9:30 姉の幼稚園送り。抱っこでいっしょに
	ねんね	
PM 12:00	おっぱい	
	ねんね	ママ昼食
	おっぱい	14:15 姉の幼稚園お迎え。抱っこでいっしょに
	ねんね	兄帰宅
18:00	おっぱい	
		ママ夕食
	おっぱい	
	お風呂	ママお風呂
	おっぱい	パパ帰宅、お風呂、夕食
	ねんね	パパ、ママ就寝
0:00		

小児科Dr.アドバイス

お肌の曲がり角は3カ月

赤ちゃんの肌は、小さい表面積に大人と同じ数の肌細胞があるため、汗腺が密集していて汗っかき。また、皮脂は、生後3カ月くらいまではホルモンの影響で分泌量が多く、乳児湿疹ができやすい時期です。ところが3カ月を過ぎると、分泌量が激減。乾燥に備え、保湿ケアの準備をしましょう。

あんしん ローションなどのさらっとしたタイプを先に塗り、その後、クリームやオイルなどで保湿するようにしましょう。

生後3カ月の気がかりQ&A

Q 顔にひっかき傷。つめを切る頻度は?

A 週に1回を目安に切りましょう。

赤ちゃんのつめは大人に比べて伸びるのが早いので、週に1回を目安に、伸びたら切ってあげるようにしましょう（p39）。その際、深づめには気をつけて。1本のつめを数回に分けて切ると深づめしにくくなります。

赤ちゃんは新陳代謝がいいので、つめで顔をひっかいてできた傷は、すぐに治ります。消毒薬などつけなくても大丈夫です。

Q うつぶせ寝をしてしまったら?

A 鼻や口をふさぎそうなものは周りに置かないこと。

窒息の事故もあるので心配ですね。じつはママのおなかにいたときの体勢に近いので、一番安心するポーズでもあります。うつぶせ寝で気をつけたいのは、布団や枕などに鼻や口をふさぐようなやわらかい素材は使用しないこと。また、うつぶせに寝ていたら、あおむけにしてあげましょう。

Q うんちが毎日は出ないのですが、便秘ですか?

A すんなり出ているなら問題ありません。

うんちの回数は、個人差があります。出るのが2〜3日おきでも、機嫌がよく、母乳やミルクをよく飲んで、すんなり出ているようなら問題ありません。5〜6日出ていないときは、便秘かもしれません。そんなときは、綿棒マッサージをしたり、おなかに「の」の字を書くように手のひらでやさしくマッサージしたりするといいでしょう（p.91）。

Q こぶしや手をなめているけれど大丈夫?

A 発達段階で大切なことなのでやらせてあげましょう。

なめたりしゃぶったりしながら、五感を使ってにおいや味などさまざまな情報を得ています。また、自分の手の場合では、なめる舌の感覚と、なめられる手の感覚が同時に脳に伝わり、脳を育てます。手をなめるのは発達段階においてとても大切な行為。やらせてあげましょう。

Q おもちゃは消毒するべき?

A あまり神経質になりすぎないように。

赤ちゃんはなんでも口に入れるので、ウイルスや細菌が気になりますね。でも、あまり神経質にならなくて大丈夫。適度にウイルスや菌と接触することで抵抗力が高まるといわれています。自宅で遊ぶおもちゃなら水洗いで十分。また、大人が家庭にウイルスを持ち込まないよう注意して。

完璧に消毒するのはむずかしいものです。気になる場合は、おもちゃの種類にもよりますが、哺乳びんと同じ消毒方法（p.31）で消毒しましょう。

首すわりと股関節を確認する健診

この時期の重要なチェック項目は、**首のすわりと股関節脱臼**です。周囲の働きかけに反応を示すかなど、**心身の発育状況の診察**も行われます。首のすわり具合やおもちゃの握り方、乳児脂漏性湿疹（ｐ１８２）など、何か心配ごとがあればこの機会に相談してみましょう。ＢＣＧの予防接種（ｐ１７４）や離乳食についての説明とアドバイスの時間が設定されることもあります。

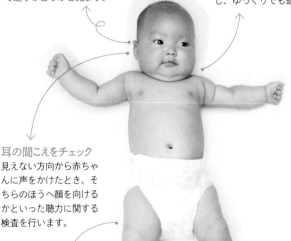

追視をチェック
おもちゃなどを赤ちゃんの目から30〜40㎝程度離したところで移動させ、それをしっかり目で追うかどうかを見ます。

首すわりをチェック
生後４カ月の末には、赤ちゃんの90％は首がすわります。両手を持って引き起こし、ゆっくりでも頭がついてくればOK。

耳の聞こえをチェック
見えない方向から赤ちゃんに声をかけたとき、そちらのほうへ顔を向けるかといった聴力に関する検査を行います。

股関節をチェック
おむつをはずし、スムーズに股が開いて動くかや、脱臼していないかをチェックします。

3〜4カ月健診でチェックすることリスト

- □あやすと笑うか
- □目でものを追う追視はあるか
- □首のすわり具合
- □両手の指を開くようになったか
- □原始反射が消失しているか
- □うんちの回数や形状
- □斜頸ではないか（首が傾き、頭が回しにくくなる病気）

ママ友を作るきっかけにしよう

３〜４カ月健診は、自治体での集団健診がほとんど。同じ地域のママと赤ちゃんが一度に多く集まります。同じ地域で同じ月齢の赤ちゃんを持つもの同士、ママ友作りのきっかけにしてみては。健診の待ち時間などに話しかけてみると、意外にご近所さんだったりすることもあります。

同じ月齢の赤ちゃんがいるママ友は、何かと相談できたり、情報交換ができたりもします。

この時期とくに気になる
首のすわりについてのQ&A

首のすわりが遅い？判断の方法は？

Q 首がまだぐらぐらしていて、すわりません。

A 発達の度合いには、個人差があります。

まだしっかりと首がすわっていなくても、**生後4カ月ぐらいですわれば大丈夫**です。発達には、早い子と、スローペースな子がいます。もう少し様子を見ましょう。生後半年を過ぎても首がすわらないときには、受診します。

Q 首がすわったのか、どこで判断すればいいですか？

A 両方の手を持ち、引き起こして、頭がついてくるかで判断。

赤ちゃんを寝かせて、両手を持って引き起こしたときに頭がきちんとついてくれば、首がすわったと判断します。また、**うつぶせに寝かせてみて、首を持ち上げるようなそぶり**を見せていれば、首周りの筋肉がついてきている証拠です。もう少しでしょう。

Q 首すわりのための練習はありますか？

A うつぶせにして頭を自発的にあげさせる練習があります。

生後5カ月を過ぎても首がまだぐらぐらしているときには、首すわりを促すための練習をしてみるといいでしょう。**うつぶせに寝かせて、おもちゃを赤ちゃんの頭の斜め上に持ってきます。**最初はうつぶせをいやがるかもしれませんが、毎日少しずつ続けると赤ちゃんも慣れて、自発的に頭を上げるようになります。ただし、1日に何時間もやると、体への悪影響となります。無理をしないようにしましょう。

Q 首すわりが遅いと、今後の発達に何か影響がありますか？

A 個人差なので心配ありません。

発達のスピードに個人差はつきもの。「周りの子はみんな、もうできているのに。うちの子は……」などと心配になりますが、焦らずに見守りましょう。首すわりが遅くても今後の発達に心配はありません。首すわりは、個人差が出てくる最初の成長過程のひとつです。遅くても「うちの子は、のんびりタイプなのね」と**おおらかに考えて、神経質になりすぎないようにしましょう。**

Q 健診で首すわりについて「様子を見ましょう」と言われました。

A 再健診では問題がないことがほとんどです。

3カ月だと首がすわっている赤ちゃんは、全体の50～60％程度。まだ半分くらいです。4カ月になると、だんだんと首がすわってくる子が増えてきます。焦らなくて大丈夫。しばらく様子を見て、2～3週間後に再健診で診てもらいましょう。再健診と言われても、健診から2～3週間たっているとだいたいが首がすわるようになっていて、問題ないことが多いようです。心配せずに、様子をみましょう。

職場復帰と保育園について考える

生後3カ月、早い人は職場復帰や保育園などについて考える人もいるかもしれません。育児休業をとり、職場復帰するママも増えている今、**保育園を探す活動「保活」を、妊娠中からする**という人も多くいます。受け入れの枠が少ない0才児クラスはなかなかすんなり入ることができず、待機児童になってしまう地域もあります。**職場復帰を考える人は、子育て支援センターや児童館（p72）などで近所のママと情報交換をしたり、地域の口コミにアンテナを張ったり、少しずつ情報収集を始めてみましょう。**

◆ 保育園は、大きく分けて2種類あります ◆

保育園選びの際に「認可」「認可外（無認可）」という言葉が出てきます。国や自治体の規定をクリアして、補助金を受けているのが「認可保育園」。国や自治体からの認可を受けずに運営しているのが「認可外保育園」。下記でくわしくみていきましょう。

認可保育園

園庭の有無、施設の広さ、保育士の人数など国が定めた基準を満たしている園のこと。国や自治体から、運営費が補助されており、保育料は、世帯の住民税の額によって決まります。

● **公立**
保育内容は市区町村内でほぼ一律。保育士は公務員。

● **私立**
民間団体が運営しているので、保育内容に違いがあります。経営者や園長の方針で食育に力を入れていたり、学びを多く取り入れていたりなど個性があります。

● **認定こども園**
幼稚園と保育園の良さを併せ持つ、2006年にスタートした制度。幼稚園と保育園の仕組みをどちらも取り入れたタイプです。保育内容などは自治体によって地域差があり、まちまちです。

認可外保育園

設備やスタッフ、保育料も施設によってさまざま。保育時間も施設によって違います。食育に力を入れていたり、英語教育をしていたり、それぞれの施設の特色が出ているところもあります。

● **自治体が助成している施設**
自治体から助成金を受けて運営している保育所。東京都の「認証保育所」、横浜市の「横浜保育室」など、認可保育園に近い内容のところもあります。

● **事業所内保育所**
企業や病院が、働く従業員のために設ける保育所。職場に近く送り迎えが便利。

● **その他の託児所**
24時間保育、一時預かりなどを行う、公的な補助を受けていない施設。保育内容も保育料も施設によりさまざまです。事前に確認しましょう。

その他の預け先

● **保育ママ**（家庭的保育事業）
基本的に保育士や幼稚園教諭等の資格を持ち、研修を受けた人が自宅で子どもを預かります。保育ママ一人で預かれる定員は、自治体が基準を設けています。

● **ファミリー・サポート・センター**
地域の取り組みで、事前に会員登録が必要です。「預けたい会員」と「預かりたい会員」を自治体が仲介するシステム。

そもそも違いは？ 幼稚園と保育園とは？

幼稚園は文部科学省の管轄で、教育を受けさせることが目的。保育園は厚生労働省の管轄で、親の就労などで保育を必要とする子どもを預かる施設。受け入れ年齢、預かり時間も異なります。

幼稚園
- 対象：3才になった春～小学校入学前まで（2年保育と3年保育がある）
- 預かり時間：午前9時～午後2時くらいまで
- 昼食：給食、もしくはお弁当

保育園
- 対象：0才～小学校入学前まで
- 預かり時間：午前7時～午後6時くらいまで（園による）
- 昼食：基本的に給食

4月入園までの流れ

認可保育園入園の申し込みは常時可能ですが、**一番入りやすいとされているのが、新年度の4月入園です。** 4月入園は他の月と異なり、申し込みは前年10月くらいからスタート。ここでは、4月入園がどのような流れで進むのか見てみましょう。ただし自治体によって、時期や方法は違うので、くわしくは、各自治体の広報紙やホームページ、役所の窓口で情報収集してみましょう。

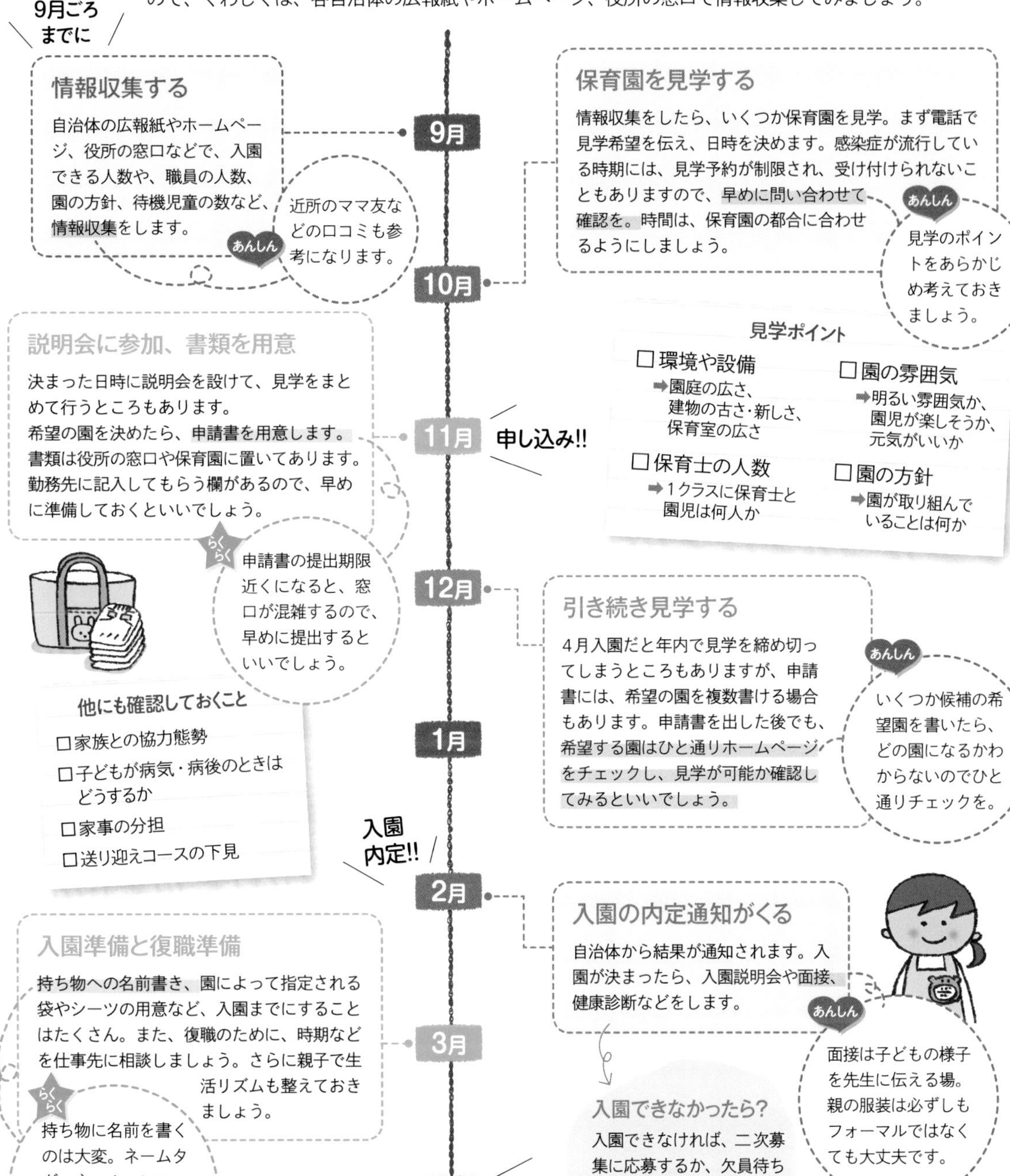

9月ごろまでに

情報収集する

自治体の広報紙やホームページ、役所の窓口などで、入園できる人数や、職員の人数、園の方針、待機児童の数など、情報収集をします。

あんしん　近所のママ友などの口コミも参考になります。

9月

保育園を見学する

情報収集をしたら、いくつか保育園を見学。まず電話で見学希望を伝え、日時を決めます。感染症が流行している時期には、見学予約が制限され、受け付けられないこともありますので、早めに問い合わせて確認を。時間は、保育園の都合に合わせるようにしましょう。

あんしん　見学のポイントをあらかじめ考えておきましょう。

10月

見学ポイント

- □環境や設備
  ➡園庭の広さ、建物の古さ・新しさ、保育室の広さ
- □園の雰囲気
  ➡明るい雰囲気か、園児が楽しそうか、元気がいいか
- □保育士の人数
  ➡1クラスに保育士と園児は何人か
- □園の方針
  ➡園が取り組んでいることは何か

説明会に参加、書類を用意

決まった日時に説明会を設けて、見学をまとめて行うところもあります。
希望の園を決めたら、申請書を用意します。書類は役所の窓口や保育園に置いてあります。勤務先に記入してもらう欄があるので、早めに準備しておくといいでしょう。

11月　申し込み!!

らくらく　申請書の提出期限近くになると、窓口が混雑するので、早めに提出するといいでしょう。

他にも確認しておくこと

- □家族との協力態勢
- □子どもが病気・病後のときはどうするか
- □家事の分担
- □送り迎えコースの下見

12月

引き続き見学する

4月入園だと年内で見学を締め切ってしまうところもありますが、申請書には、希望の園を複数書ける場合もあります。申請書を出した後でも、希望する園はひと通りホームページをチェックし、見学が可能か確認してみるといいでしょう。

あんしん　いくつか候補の希望園を書いたら、どの園になるかわからないのでひと通りチェックを。

1月

入園内定!!

2月

入園の内定通知がくる

自治体から結果が通知されます。入園が決まったら、入園説明会や面接、健康診断などをします。

あんしん　面接は子どもの様子を先生に伝える場。親の服装は必ずしもフォーマルではなくても大丈夫です。

入園できなかったら?

入園できなければ、二次募集に応募するか、欠員待ちの申請、認可外保育園の申請などを検討します。

3月

入園準備と復職準備

持ち物への名前書き、園によって指定される袋やシーツの用意など、入園までにすることはたくさん。また、復職のために、時期などを仕事先に相談しましょう。さらに親子で生活リズムも整えておきましょう。

らくらく　持ち物に名前を書くのは大変。ネームタグ、ネームハンコ、ネームシールなど便利グッズがいろいろあります。

4月　入園!!

この時期の赤ちゃんの発育・発達

⇨いよいよ首すわり完成。子音(しいん)の喃語(なんご)も登場

首すわりが完成し、運動発達は上半身から下半身へと進み、寝返りの準備を始めます。感覚機能が発達し、好奇心も広がります。よだれの量が増え、離乳食の準備を考え始めても。

	身長
男の子	59.9〜68.5cm
女の子	58.2〜66.8cm

	体重
男の子	5670〜8720g
女の子	5350〜8180g

※生後4カ月〜5カ月未満の身長と体重の目安です。

表情 感情表現が豊かに

五感が発達し、感情が豊かになってきます。

口 ブー、バブーなど発音できます

唇を使って発音できるようになります。

手 手のひらでわしづかみします

自分から手を伸ばしてものをつかむようになります。

あんしん 個性がキラリ！愛おしさも倍増

感情の幅と奥行きが広がり、表情は、楽しい・悲しい・不安・満足……などバラエティ豊かです。いやなことは手足をバタバタさせて全身でイヤイヤし、体をそらせて泣いたり、逆にあやされると声をあげて大笑い。個性を存分に発揮して、愛おしさが倍増する時期。ママ、パパの愛情を受けて、赤ちゃんの生まれ持った個性がスクスク育っているのが感じられます。

らくらく おもちゃ遊びがそろそろスタート

おもちゃに興味を持って遊ぶようになるので、お世話が少しらくに。視覚も発達して遠くまで見えるようになるので、ママやパパが離れていても名前を呼ぶと、首をくるっと回して声に反応します。

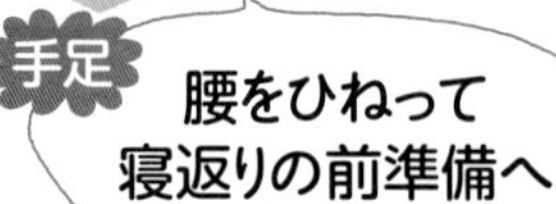

手足 腰をひねって寝返りの前準備へ

おもちゃをとりたくて、腰をひねって足をバタバタさせたりもします。

五感と運動機能が発達。ママとパパの顔も認識

この時期になるとほとんどの赤ちゃんは首すわりが完成します。左右に首を動かして、視野は180度に広がります。視覚・聴覚・嗅覚・味覚・触覚の5つの感覚がぐんと発達し、人の声だけでなくテレビや大きな物音などさまざまな音にも興味津々。

そろそろおもちゃで遊ぶようにもなる時期です。**おもちゃに「興味を持つ」→「手を伸ばす」→「つかむ」→「観察する」→「口に入れて確認する」→「情報を脳へフィードバックする」といった一連の高度なプロセスを上手に処理できるようになります。**

また、このころからママ、パパなど身近な人の顔や表情を認識するようになり、早いと人見知り（p118）が始まる子もいます。これは、会話や読み書き、計算などの基礎となる**脳のワーキングメモリー（一時記憶）が発達してきたサイン**です。喃語（なんご）にも「あーうー」の母音（ぼいん）から、「バブー」といった唇を使った子音（しいん）の発音も登場し、ますます会話が楽しくなります。

4カ月の赤ちゃんの1日

◎うんちは1～2回／1日

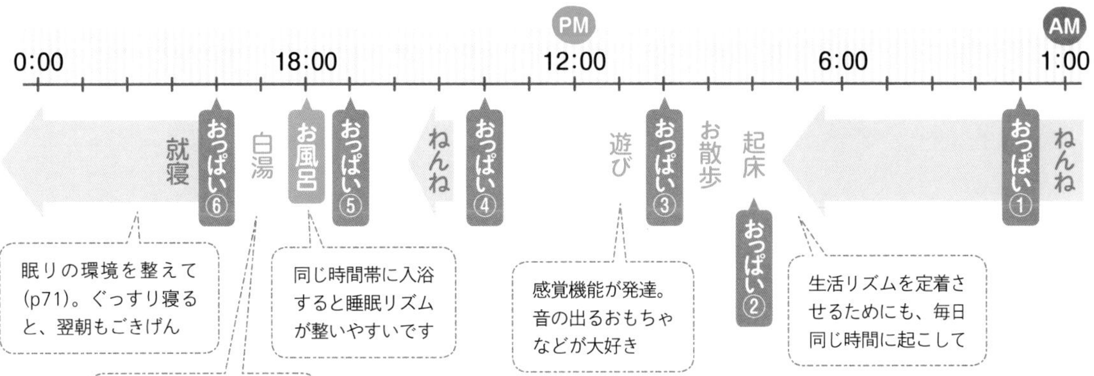

生活リズムを定着させるためにも、毎日同じ時間に起こして

感覚機能が発達。音の出るおもちゃなどが大好き

同じ時間帯に入浴すると睡眠リズムが整いやすいです

眠りの環境を整えて（p71）。ぐっすり寝ると、翌朝もごきげん

離乳食準備に、お風呂上がりの白湯（さゆ）にも挑戦。スプーンで飲ませてみても

この時期のママの様子、赤ちゃんとの接し方

授乳リズムを整える時期です

そろそろ授乳間隔は3～4時間。夜まとまって寝てくれる赤ちゃんもいますが、夜中の授乳が続く子もいます。そんなときは無理せず、赤ちゃんとお昼寝をして体力回復に努めて。授乳リズムを整えるには、「泣いたら授乳」ではなく、少しあやしておっぱい以外で泣きやむようにしてみましょう。

この時期のパパががんばりたいこと

たくさんスキンシップしよう

赤ちゃんのワーキングメモリーにパパの情報もインプットされ、呼びかけると笑顔で反応してくれます。積極的に赤ちゃんとふれ合いましょう。たて抱きしてあげると赤ちゃんの視野が広がり、好奇心をくすぐるいろいろな刺激が与えられ、赤ちゃんの脳を育てます。

生後4カ月の生活

宮部 陽(みやべ ひなた)くんの場合

のんびりお散歩も。体温調節に注意して

日中、長く起きていられるので、天気がいい日はベビーカーでのお散歩が楽しめます。暑さ・寒さ対策に、おくるみを1枚持って出かけると安心。体温調節がまだ未発達なので、気温に合わせて衣類で調節を。

鏡を見るとにっこり。

あれ？ これはボク？

足をつかんでゆーらゆら。

あーん

興味のあるものは口で確かめます。

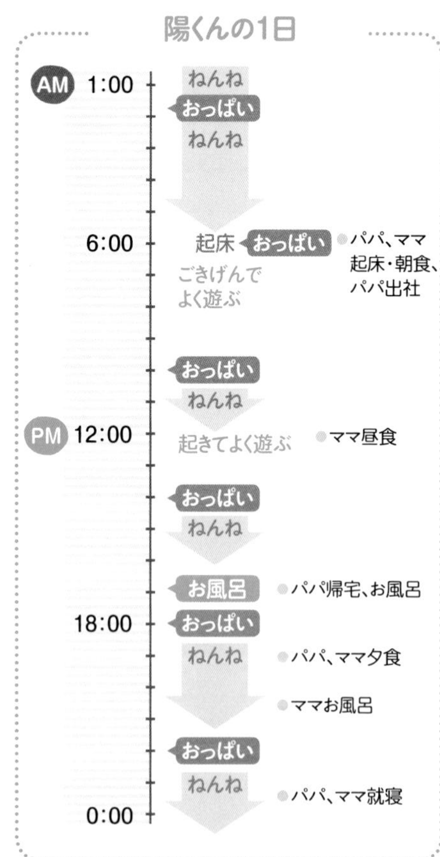

小児科Dr.アドバイス

暑い寒いのサイン

赤ちゃんは体温調節機能が未発達。体も小さく、外気温の影響を受けやすいためです。はいはいを始める生後8カ月ごろになるとだいぶ機能が向上しますが、2才ごろまでは大人が衣服で調節をしてあげる必要があります。おなかや背中を触ってみて冷たければ、赤ちゃんが寒がっているサイン。汗をかいていれば、暑がっているサインです。

らくらく ベストやレッグウォーマー、薄手の羽織りものなどは体温調節に役立ちます。こまめに赤ちゃんの暑い寒いのサインを確認しましょう。

生後4カ月の気がかりQ&A

Q スプーンをいやがります。慣れさせるほうがいいでしょうか？

A 無理じいはしないで。

無理に慣れさせなくても大丈夫。金属、プラスチック、木製など材質をいろいろと試して、赤ちゃんの好みを見てみましょう。この時期は、まだスプーンをなめるのも遊びとして試していいです。

あんしん

平熱を知っておくと、体調が悪くなったときにすぐに気がつくことができます。

らくらく

ぐずってしまい、家事がままならないときに、やむを得ず幼児番組を子守代わりに使うこともあるでしょう。長時間でなければ大丈夫。番組内の手遊びや歌などが赤ちゃんにとってよい刺激になることも。

Q 平熱と微熱、高熱の目安は？

A 37.5度以下は平熱。それ以上は熱があります。

36.0〜37.5度が赤ちゃんの平熱の正常値範囲です。活発な細胞分裂によって、赤ちゃんは日々成長しているため、大人より平熱が高くなります。平熱は生後3〜4カ月ごろから、徐々に下がってきます。赤ちゃんは、気温が高いと体温も高くなり、気温が低いと体温も低くなります。また、1日のうちでも体温は変動しています。起きてすぐ・午前中・午後・夜寝る前の1日4回体温を測り、各時間帯の平熱を知っておきましょう。

Q テレビを見せるのはダメ？

A 30分程度ならOK。

幼児番組を30分ほど見せる程度なら、問題はありません。しかし、一人で長時間テレビを見せておくのは、脳の発達にあまりよくないといわれています（p106）。「あれはわんわんだよ」など会話をしながら見て、好奇心を刺激するとよいでしょう。

Q 下痢かどうかの見分け方は？

A 赤、白、黒色のときと水っぽいときは下痢です。

この時期のうんちの回数は1日1〜2回で、母乳の赤ちゃんはゆるいのがふつうです。回数とにおい、色、状態を普段からよく観察しておき、いつもと違う点があれば調子があまりよくないサイン。色が赤・白・黒のときと、うんちが全部おむつに吸収されるほど水っぽいときは、まず下痢と考えてよいでしょう。

Q 離乳食に向けて4カ月でしておくことはある？

A スプーンで白湯をあげてみましょう。

よだれの量が増えたり、家族がそばで食事をしていると口をモグモグさせたり、かむ運動の準備が確実に整ってきています。生後5カ月ごろの離乳食のスタートに向けて、入浴後にスプーンで白湯をあげてみてもいいでしょう。おもちゃ、手などなんでも口に入れるのは、舌やあごが成長し、機能が発達してきているサインです。

赤ちゃんの睡眠は成長する時間

赤ちゃんは睡眠中に、脳や体を成長させています。熟睡しているとその働きが盛んになるので、睡眠時間はしっかりとりたいものです。

寝る前に授乳すると、朝までぐっすり寝てくれる赤ちゃんもいますが、夜中の哺乳が続き、こま切れで睡眠する赤ちゃんもいます。でも7〜8カ月ごろから赤ちゃんのそんなこま切れな睡眠はだんだんとまとまってきます。

眠りのリズム

「寝る」「起きる」は、月齢が進むにつれて時間がまとまってきます。

0〜2カ月
1日の大半は寝ていて、昼夜の区別はついていません。

今ここ
3〜4カ月
寝る、起きるの間隔が少し長くなります。哺乳量が増え、夜中の授乳が1回減ることも。

5〜6カ月
お昼寝の回数が減ってくるので、夜にまとまって寝てくれることもあります。

7〜8カ月
夜にまとまって寝てくれるようになりますが、夜泣きが始まる子もいます。

9〜11カ月
お昼寝が1日1回になります。昼にたくさん体を動かすと夜にぐっすり寝るようになります。

1才〜
起床と就寝の時間を決めて生活リズムを整えましょう。

赤ちゃんと眠りの関係

赤ちゃんは寝ている時間にも成長しています。

成長ホルモンの分泌は熟睡中が一番!!

睡眠中、赤ちゃんの脳は、記憶を整理するなどして発達しています。さらに成長ホルモンが分泌されて骨を成長させたり、筋肉量を増やしたりしています。成長ホルモンは、とくに**夜10時〜深夜2時の時間帯が、一番分泌が盛んになるので、その時間には、熟睡することが望まれ**ます。

遅い時間に寝ることが習慣化してしまうと、成長ホルモンの分泌が減ってしまい、成長が阻害されることも。乳幼児期に短時間睡眠が続くと、体力が低下したり、注意力がなくなったり、イライラしがちな子に育つおそれもあります。

赤ちゃんのころに昼夜のメリハリをつけた規則正しい生活を身につけさせるのは、親がしてあげるべきことなのです。

ママがうまく睡眠をとるには？

ママもゆっくり寝たいもの。うまく睡眠時間をとるコツを紹介します。

昼間、赤ちゃんが寝たら、いっしょに寝る
赤ちゃんが寝ている間がチャンスとばかりに、いろいろやりたいところです。しかし、今はいっしょに寝てしまいましょう。

夜、赤ちゃんが寝たタイミングでママも寝る
パパの遅い帰宅を待ったり、家事が残っていたりと気になります。しかし、赤ちゃんが寝たタイミングでママも就寝しましょう。

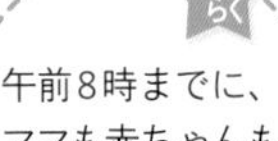

らくらく
午前8時までに、ママも赤ちゃんも起きることも大事。

たまには、周りにお願いする
パパに夜中の抱っこをお願いしたり、日中に家族に見てもらって昼寝をしたりしましょう。

生活リズムを早い時期から整える
赤ちゃんの生活リズムを整えましょう (p82)。昼間に起きて、夜はしっかり眠るというリズムを作ってあげると、ママも早い時期から休めるようになります。

寝かしつけのポイント

早く寝てほしいと焦らないこと。また、抱っこして寝たときに、布団におろす場合は、やさしく、丁寧に、ゆっくりと、がポイントです。

ゆらゆら抱っこ

立って、抱っこでゆらゆらするとその振動が心地よく、眠りに入りやすくなります。背中をトントンとやさしくリズムをつけてたたくとさらに心地よい振動になります。バウンサーなどで揺らすのも効果的です。

添い寝

赤ちゃんのほうを向きながら、背中やおなかをやさしくトントンします。ママやパパの体温が感じられて眠りを誘います。ママやパパのおなかの上に腹ばいにのせて抱っこをしながら寝ると、心音が心地よく、さらに深く眠る子も。

くるむ

毛布やおくるみなどで体全体をくるむ方法。低月齢のときほど効果的。くるんだまま抱っこをして寝かしつけたら、そのまま布団におろします。毛布などにぬくもりがあるので、布団との温度差がなくなり、目を覚ましません。

頭をなでなで

なでてくれる手の温もりと安心感で、赤ちゃんがリラックスします。呼吸が深くなり、眠りを誘います。おでこから後ろに向かってなでましょう。また、眉間からおでこに向かってなでると気持ちよくなり、すぐ寝るという声も。

よく寝てくれる環境作り

暑すぎたり、寒すぎたりすると心地よく寝ることができません。室温や布団、パジャマなどを見直し、眠りにふさわしい環境を作りましょう。

枕

基本的に枕はいりません。折りたたんだタオルなどで十分です。ふかふかのやわらかい枕は、鼻と口をふさいでしまうと危険なので使いません。

敷布団、掛け布団

掛け布団で顔が埋もれると窒息のおそれがあるので、わきの下あたりまでかけるようにします。敷布団もやわらかすぎないものを選びましょう。

パジャマ

寝るという気分にさせるため、4カ月ごろから決まったパジャマを着せましょう。寝ている間は汗をかくので、吸水性の高い素材がおすすめです。スタイは首にからまるおそれがあるので、外しましょう。

温度

夏場は26〜28度、冬場は18〜20度が適温です。エアコンの風が直接あたらないようにしましょう。風向きを上にして、扇風機で空気を循環させるのもおすすめです。

ママ・パパと赤ちゃんの遊び場

おでかけにも少し慣れてきたものの、遠出や人混みはまだ避けたい時期。そんなときは、近所の施設を利用してみましょう。おすすめは、**子育て支援センターと児童館**。どちらも**赤ちゃんとママ・パパのためのイベントを多く開催しています。**自治体によって開催しているイベントは異なり、事前予約制で人数制限がある場合もあるので、ホームページなどで確認してみましょう。

子育て支援センターと児童館がおすすめなワケ

2つの施設は、どちらも赤ちゃんとママ・パパにとっていいことばかり。他のママ・パパと交流したり、育児の悩みを相談できたりします。オンラインで気軽に参加できるものや赤ちゃん向けのイベントもあります。

おすすめ 1 ママ友ができる

同じくらいの月齢、年齢の子どもたちが集まるので、育児の悩みを相談したり、保育園や幼稚園について情報交換したり、ママ友を作ることができます。

らくらく　同じ地域に住んでいると、小学校までずっといっしょという友だちができることも。

おすすめ 2 子育てサークルがある

同じ月齢の赤ちゃん限定で集まり、子育てに関する悩みをおしゃべりする会を設けているところもあります。助産師さんが同席し、アドバイスをしてくれることもあります。

あんしん　身体測定をその場でしてくれるところもあります。月齢の健診以外で測定できるので、成長具合を見ることができます。

おすすめ 3 親子参加のイベントをやっている

季節ごとのイベントや、助産師さんによる育児相談会が開催されるなど、月ごと、曜日ごとにイベントをやっています。親子で参加できるものばかりなので、チェックしてみましょう。

あんしん　ベビーマッサージやクリスマス会、七夕など施設によって内容はいろいろ。赤ちゃんも楽しめるものがあるところも。

おすすめ 4 遊び方を教えてくれる

赤ちゃんとの手遊びや、わらべうたなどを教えてもらえます。また、いろいろなおもちゃが自由に使えるので、赤ちゃんの好みがわかります。

らくらく　手遊びやわらべうたで赤ちゃんとのスキンシップを楽しめます。

たくさんの本！
自然との触れ合い！

図書館、公園

図書館は、０才児から貸し出しカードを作ることができるところもあります。また、絵本の選び方セミナーや、読み聞かせのお話し会などを行っているところも。
公園は、草花や砂場などの自然と触れ合うことができます。

他にもおすすめしたい施設

自治体からの広報紙やホームページ、掲示板などをこまめにチェックすると、子育て中のママ・パパに向けての親子参加イベント、子育て相談会、夜間救急の小児科などの情報が、想像以上にあふれています。児童館、子育て支援センターの他にも、図書館、公園、保育園などいろいろあります。

保育園を
体験できる！

保育園

地域の保育園の中には、子育て相談会や、保育園でやっている遊びを教える教室、体験保育などを開催しているところもあります。未就園児とその親が対象となります。保育園の様子を見ることができるので、今後、保育園の入園を考えている人は、利用するといいでしょう。

おうちでできる遊び

雨の日や感染症が流行している時期はおうちで遊びましょう。子育て支援センターや児童館で教えてくれる、この時期に合った手遊びを紹介します。

いないいないばあ

この時期は、突然出てくる顔にびっくりしますが、ママとパパの顔なので、うれしく楽しくなります。顔を出すタイミング、声の調子に変化をつけると、赤ちゃんはワクワクして、顔が出てくるのをじっと見てくれます。

イッチ、ニッ

赤ちゃんは、ママやパパとふれ合って、体を動かしてもらうのが好きです。好きな歌のリズムに合わせて、手や足を曲げ伸ばししてみましょう。手足への刺激は、今後のずりばいやはいはいをうながします。

この時期の赤ちゃんの発育・発達

⇨そろそろ離乳食開始。くるんと寝返りする子も

早ければ寝返りする子も出てきます。ものを手でしっかりつかめるようになり、遊びの幅も広がります。盛んに声を出し、ママ、パパに喃語（なんご）で話しかけてきます。

あんしん 寝返りが遅くても発達には問題なし

赤ちゃんの発達は個人差が大きいもの。ゆっくりな子では9カ月になって、やっと寝返りができたというケースもあるほどです。たとえ遅くても発達に影響はないので、心配しなくても大丈夫です。一般的には首すわり→寝返り→おすわりという順番ですが、寝返りをとばしておすわりする赤ちゃんもいます。赤ちゃんの発達過程において、寝返りはどうしても必要というわけではありません。

親しい人には笑顔ですが、知らない人には不安そうだったり、不思議そうな顔をしたり。人の顔の識別ができてきた証拠。

	身長
男の子	61.9～70.4cm
女の子	60.1～68.7cm

	体重
男の子	6100～9200g
女の子	5740～8670g

※生後5～6カ月未満の身長と体重の目安です。

表情 ママやパパにはにっこり

口 口を閉じて離乳食を飲み込むことができる

にこっ

上唇で離乳食を取り込んで、舌でのどの奥に送ることができます。

ものと自分との距離や方向などがわかるようになり、手でものをつかむことが上手になります。

手 しっかりとものをつかむことができる

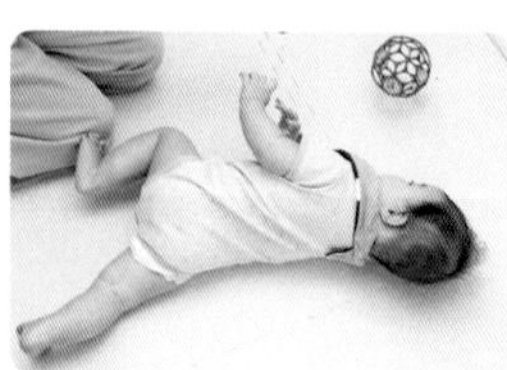

脚力も強くなり、寝返りをする子もいます。寝返りがうまくいかず、なかなか腕が体の下から抜けずに泣くことも。

足 寝返りが成功することも

らくらく 睡眠不足の悩みもそろそろ解消！

昼寝の時間帯が決まってくるので、生活リズムが落ち着いて1日の予定が立てやすくなります。夜もまとまって眠るので、ママの睡眠不足も解消されてくる時期。昼寝はあまり遅い時間にならないように調整しましょう。

郵便はがき

ここに
ハガキ用の切手を
しっかり
貼ってください

1 4 1 - 8 4 1 5

東京都品川区西五反田 2-11-8

株式会社 学研プラス
趣味・実用事業部
趣味・実用編集室

最新改訂版
らくらく あんしん 育児 係

ご住所（〒　　　　　　）

TEL　　　　　　　　　　Eメール

お名前（ふりがな）　　　　　　　　ご年齢

①ご記入いただいた個人情報（住所や名前など）は、企画の参考にのみ使用いたします。
②お寄せいただいた個人情報に関するお問い合わせは、以下のサイトのお問い合わせフォームより
お願いします。https://gakken-plus.co.jp/contact/
③ WEBのご利用環境のない方は、Tel 0570-056-710（学研グループ総合案内）よりお問い合わせ
ください。
④当社の個人情報保護については当社ホームページ https://gakken-plus.co.jp/privacypolicy/ を
ご覧ください。

このたびはご購読いただき、ありがとうございました。
今後の企画の参考のため、ご意見をお聞かせください。

＊この本を何でお知りになりましたか？

[　　] インターネットの検索サイト　[　　] 書店で見て
[　　] 友人・知人のすすめ　[　　] その他 [　　]

＊本書をお選びくださった理由は何ですか？
あてはまるものをすべてお選びください。

[　　] 判型がちょうどよいから
[　　] 月齢別でわかりやすいから
[　　] 写真が多くてポイントがわかりやすいから
[　　] 特典が魅力的だったから
[　　] 電子版が便利だから
[　　] 同シリーズの「妊娠・出産」や「離乳食」を買ったから
[　　] 監修者が信頼できるから
[　　] その他 [　　]

＊本書の価格についてはどのように感じましたか。

[　　]高い [　　]やや高い [　　]ちょうどよい [　　]安い

＊育児の本の中で、本書を選ばれた理由をお書きください。

＊本書のほかに妊娠や育児の本をお持ちでしたら、
書名と出版社名を教えてください。

書名 [　　] 出版社名 [　　]
書名 [　　] 出版社名 [　　]
書名 [　　] 出版社名 [　　]

＊ご感想、ご要望をご自由にお書きください。

＊妊娠・育児について知りたいことがあればお書きください。

ご協力ありがとうございました。

0カ月
1カ月
2カ月
3カ月
4カ月
5カ月
6カ月
7カ月
8カ月
9カ月
10カ月
11カ月
1才
1才3カ月
1才6カ月
2～3才
予防接種
病気・けが

自分の意思で周囲とかかわるように

おっぱいやミルクだけでは栄養が足りなくなり、離乳食（p78）が始まる時期です。

5カ月児の大きな成長といえば寝返り。**足を交差させ、腰をひねり、最後に上体をくるりん。寝返りができると「もっと違う世界を見てみたい！」という周囲への興味が強まり、脳や体の発達とともに好奇心がますます旺盛になります。**赤ちゃんによっては、寝返りをとばしておすわりができるようになる子もいます。

手の発達もめざましく、5カ月で**リーチングと呼ばれる「つかもうとする対象物を目で確認→その距離を測る→脳からの指令と手の筋肉を連動させてものをつかむ」**という高度なことができるようになります。自分の意思で周囲のものとかかわれるようになったサインです。

手を伸ばしてものをつかんだり、離乳食がスタートしたり、赤ちゃんがいろいろなものに触れる機会が増してくる時期。お世話をする人は手洗いや消毒を徹底し、家の中にウイルスを持ち込まないよう対策しましょう。

5カ月の赤ちゃんの1日

◎うんちは0～2回／1日

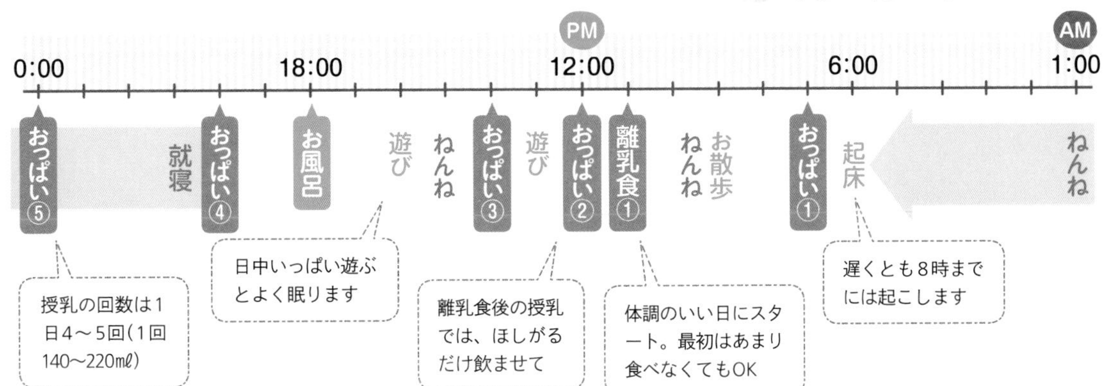
AM
1:00
6:00
PM
12:00
18:00
0:00
ねんね
起床
おっぱい①
お散歩
ねんね
離乳食①
おっぱい②
遊び
おっぱい③
ねんね
遊び
お風呂
おっぱい④
就寝
おっぱい⑤
遅くとも8時までには起こします
体調のいい日にスタート。最初はあまり食べなくてもOK
離乳食後の授乳では、ほしがるだけ飲ませて
日中いっぱい遊ぶとよく眠ります
授乳の回数は1日4～5回(1回140～220mℓ)

この時期のパパががんばりたいこと

パパとの絆を育むとき

パパが抱っこすると泣いてしまうのは、赤ちゃんとママの信頼関係ができているということ。パパが嫌いなのではなく、ママだと安心するということなのです。赤ちゃんが泣いても落ちこまず、このころから興味を示すようになる絵本の読み聞かせや「たかいたかい」遊びでスキンシップを。

この時期のママの様子、赤ちゃんとの接し方

食事の楽しさを教える

いよいよ離乳食がスタート。せっかく苦労して作った食事をまったく食べてくれなかったり、茶碗を投げたりなど、イライラすることもしばしばあるでしょう。でもこの時期の食事は「食べることを通して生きる力を育む」ことが目標です。焦らずのんびり進めましょう。

生後5カ月の生活

江藤奏仁（えとうみなと）くんの場合

周りの世界に興味津々 積極的にふれる機会を

おもちゃに手を伸ばしてつかめるようになる時期。自分の周りにある外の世界に興味津々です。お散歩に出かけたり、公園などで他の赤ちゃんと接したり、積極的に外の世界にふれる機会を増やしましょう。

大きなお口でパクッ！モグモグおいしい。

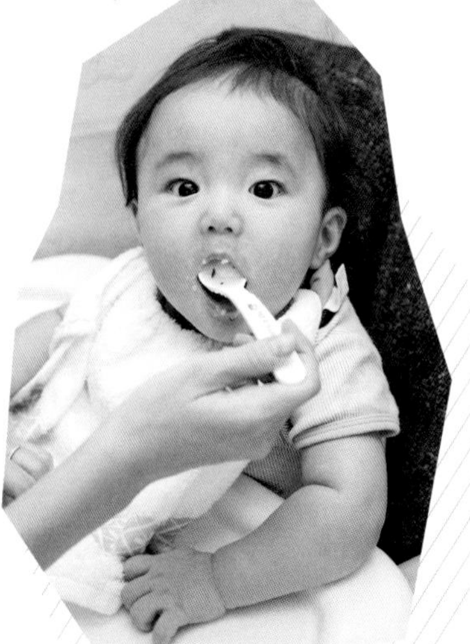

おもちゃにおどろいてうえーん。

少しの間なら、つかまり立ちができちゃいます。

ママと絵本を読むの、楽しいね。

小児科Dr.アドバイス

自分で抗体を作り始める

ママからもらった抗体は徐々に減り、生後3～5カ月にかけてほとんど消失します。その後はかぜをひくことなどの経験を通して、自分の抗体を形成し、免疫力を高めていきます。だからかぜをひかせたからと落ち込むことはありません。とはいえ外出後の手洗いは忘れずに。

あんしん

体調がよければ、外気温の変化に対応できる調節機能を養うために、あえて少し薄着（大人より1枚少ない程度）にして、かぜをひきにくい体に。

奏仁くんの1日

時刻	奏仁くん	家族
AM 1:00	ねんね	
6:00	起床　ミルク	ママ起床
	ごきげんでよく遊ぶ	パパ起床、出社
	ねんね	ママ朝食
	離乳食、ミルク（おかゆ、しらすと小松菜）	
	お散歩（公園、児童館など）	
PM 12:00	ミルク	
	ねんね	ママ昼食
	ミルク	
	お散歩、公園	
	グズグズしている	
18:00	お風呂　ミルク	ママお風呂
	ねんね	パパ帰宅
		ママ、パパ夕食
		パパお風呂
		ママ、パパ就寝
0:00		

生後5カ月の気がかりQ&A

Q あせもができましたが、対策は？

A 軽いあせもは、汗をかいたら着替えるようにすれば治ります。

汗腺が未発達なため、分泌された汗が汗腺の出口につまりやすい時期。軽いあせもは汗をかいたらこまめに着替え、シャワーで汗を洗い流すことで治ります。かゆみが強いときは皮膚科を受診しましょう。

あんしん

夜泣き対策テクはp109にあります。赤ちゃんに合った対策をしてみましょう。

Q 夜泣きがつらい！

A 原因は赤ちゃんによって違います。

早ければ5カ月から夜泣き（p108）が始まる子も。睡眠サイクルの乱れ、昼間の刺激やストレスなどが原因だと考えられます。夜泣きに付き合うママやパパはつらいですが、1才6カ月くらいでおさまることが多いので一時的なものと考えて乗り切りましょう。

Q おむつ替えのときに動いて嫌がります

A 気をそらしているうちに替えましょう。

足をバタバタしたり、寝返りしたり、大泣きしたりと大変ですね。これには「あおむけにされて自由を奪われていや」「お尻ふきが冷たくて不快」など、理由があります。これも赤ちゃんの意思表示のひとつです。お気に入りのおもちゃを持たせて気をそらすなど、工夫してみましょう。

らくらく

話しかけたり、着替えの洋服を手に持たせたりしても。寝返りが上手になったら、おむつをパンツタイプに。おむつ替えがらくです。

Q 後頭部の髪が薄くなりました。生えてくる？

A 特別なケアはいりません。

髪の毛がからまって毛玉になったり、摩擦によって髪が薄くなったりすることもありますが、特別なケアは必要ありません。

Q よだれの量が多すぎるので心配です

A 多すぎて心配することはありません。

唾液（だえき）の分泌量が増え、離乳食に向けて消化の準備を始めています。唾液は口の中の粘膜を保護し、口の中を洗浄・殺菌してくれます。まだ口の周りの筋肉が発達していないので、口を閉じて唾液をうまく飲み込めないのです。よだれが多すぎるからといって心配することはありません。

Q 髪の毛をむしりますが、何か理由がありますか？

A 眠いのか、あせもや湿疹があるのかもしれません。

髪の毛をいじるときは、たいてい眠いときです。赤ちゃんは新陳代謝が活発で汗っかきなので、頭にあせもや湿疹がないかも確認しましょう。

離乳食を始めてみよう

ここまで母乳やミルクだけで育ってきた赤ちゃんが、**固形食から栄養をとれるように練習することを離乳といい、その食事を離乳食といいます。**発達に合わせて、形状や食べられる食材などがほぼ決まっているので、月齢を目安にステップアップしていきましょう。食事の回数も1日1回から2回、2回から3回と徐々に増やし、幼児食を経て、3才ごろから大人と同じ食事を食べられるようになります。

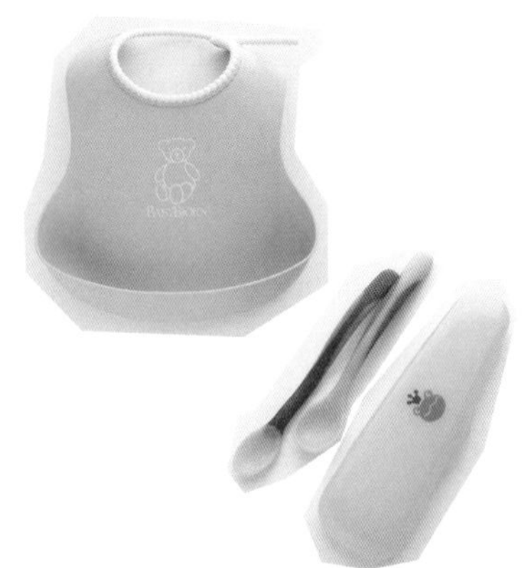

離乳食　ステップアップの流れ

離乳初期
(5～6ヵ月ごろ) ➡p.79

ゴックンからスタート!

10倍の米がゆからスタート。母乳やミルク以外のものを口に入れて飲み込む練習期間。母乳やミルクは、ほしがるだけあげましょう。まだまだ母乳やミルクから栄養をとる時期です。慣れてきたら、すりつぶした野菜（ほうれん草、にんじん、かぼちゃなど）や豆腐、しらす干し、白身魚（たい）、かたゆでした卵黄などをあげて。**午前10時ごろの授乳を離乳食にします。**食事の回数は1日1回。

離乳中期
(7～8ヵ月ごろ) ➡p.100

味つけがOKに!

米がゆは7倍がゆにし、1日2回食にします。米がゆ以外にも、パン、うどん、鶏ささみ、鶏ひき肉、プレーンヨーグルト、ツナ水煮、さけなども食べられるようになります。また、卵はアレルギーが出やすいので、卵黄に慣れてから、少しずつ全卵を試します。**味つけは、塩、しょうゆ、砂糖、みそが使えるようになりますが、使う量は風味づけ程度にします。**

離乳後期
(9～11ヵ月ごろ) ➡p.116

手づかみ食べを始めよう!

米がゆは5倍がゆにし、1日に3回食にします。赤身魚のまぐろ、青魚のあじなどが食べられるようになります。味つけは、バター、植物油、トマトケチャップ、マヨネーズが使えるようになり、メニューのバリエーションが広がります。また、**手で持って食べる練習をさせるため、食材を持ちやすいスティック状に切ってあげてもよいでしょう。**

離乳完了期
(1才～1才6ヵ月ごろ) ➡p.142

3回食の他におやつも!

米は軟飯にし、1日3回食。その他に補食として2回のおやつ（おにぎりやいもなど）を午前と午後に食べさせましょう。牛乳も飲めるようなら、1才からはおやつとして飲ませても。食べられる食材が増えますが、かたいもの、弾力があるものなどは、まだ食べさせないようにします。刺し身などの生ものもまだNGです。ママやパパがサポートしつつ、スプーンで食べる練習も始めましょう。

この後は、幼児食に (p.144)

離乳食（離乳初期）の進め方

体調のよい日の午前中にスタート

生後5～6カ月になり、よだれが多く出るようになってきたら離乳食を始める合図。母乳やミルク以外にはじめて口にするものなので、赤ちゃんの体調のいい日を選びましょう。授乳の午前中の1回を離乳食に置き換えます。

最初は10倍がゆを1さじから

最初はアレルギーの心配が少なく消化吸収のよい、なめらかにすりつぶした10倍がゆを赤ちゃん用スプーン1さじ分あげます。

少しずつ野菜をプラス

1週間かけて米がゆの量を少しずつ増やして慣れてきたら、野菜をプラスします。あくが少なく、とろとろにすりつぶせる野菜ならなんでもOK。野菜にも慣れたら、たんぱく源の豆腐やしらす干し、たいなどをあげてみましょう。

離乳初期（5～6カ月ごろ）

この時期の離乳食

最初は、プレーンな10倍がゆからスタートします。慣れてきたら、野菜やたんぱく質食品を徐々にあげましょう。

始めるタイミングは？

体調のいい日に

よだれが多く出るようになり、ママやパパの食事を興味深そうに見ていたらスタートできる合図。体調がよい日の午前中に始めましょう。

1日の回数は？

午前中に1回

午前中の授乳のうちの１回を、離乳食に置き換えます。食後の母乳やミルクはほしがるだけあげて大丈夫です。

食材の種類は？

消化吸収のいいおかゆから

炭水化物は10倍がゆから始めます。ビタミン、ミネラルは、甘みのあるかぼちゃ、にんじんがおすすめ。たんぱく源は、豆腐やしらす干しをあげましょう。

かたさ、1回の分量は？

なめらかなポタージュ状

なめらかにすりつぶしたポタージュ状が目安。炭水化物は、赤ちゃん用スプーン１さじから始めて、少しずつ増やします。野菜、果物、たんぱく質も同様です。たんぱく質は、離乳食を始めて１カ月ごろを目安に始めましょう。

ステップ1 ある日のメニュー　※このうちの1食を午前中に1回あげます。

かぼちゃのおかゆ

作り方
1. かぼちゃ10gは皮つきのまま、水からやわらかくゆでる。湯をきり、熱いうちに皮を取り除いてなめらかにつぶす。
2. 10倍がゆ大さじ２に1をのせる。

トマトのおかゆ

作り方
1. トマト10gは湯むきし、横半分に切って種を取り除く。裏ごしする。
2. 10倍がゆ大さじ２に1をのせる。

じゃがいもとにんじんのペースト

作り方
1. じゃがいも10gは皮をむいて20分ほど水にさらし、あく抜きする。やわらかくゆでて、湯をきり、熱いうちになめらかにつぶす。
2. にんじん10gは皮をむいてやわらかくゆでる。裏ごしする。
3. 1、2を湯でのばし、盛り合わせる。

離乳食タイムは午前中に

まずは1日の授乳タイムのうちの1回を離乳食に置き換えます。はじめての食材をあげるときは、食物アレルギー（p145）の可能性なども考えて、病院の開いている日の午前10時ごろがおすすめです。

赤ちゃん用スプーン1さじから始めて、少しずつ量を増やしていきましょう。離乳食の後は、ほしがるだけ母乳やミルクをあげます。栄養の多くはまだ母乳やミルクからとっています。

タイムスケジュール参考例

AM	6:00	母乳、ミルク①
	10:00	離乳食① ＋ 母乳、ミルク②
PM	14:00	母乳、ミルク③
	18:00	母乳、ミルク④
	22:00	母乳、ミルク⑤

スタートしてからの分量の進め方（目安）

	1日目	2日目	3日目	4日目	5日目	6日目	7日目	8日目	9日目	10日目	11日目	12日目	13日目	14日目	15日目
主食（炭水化物）➡米、パン、うどん	※赤ちゃん用スプーン1さじから、徐々に量を増やしていく														
副菜（ビタミン、ミネラル）➡野菜、果物						※赤ちゃん用スプーン1さじから、徐々に量を増やしていく									
主菜（たんぱく質）➡白身魚、豆腐											※赤ちゃん用スプーン1さじから、徐々に量を増やしていく				

食べるときの姿勢

やや後ろに体を傾けるのがポイント

おすわりが安定しないころは、ママのひざに前向きに抱っこします。やや後ろに体を傾けるようにしてあげると、口からこぼれにくく、飲み込みやすくなります。背もたれのあるベビーラックやバウンサーに、ひとりで座らせてもOK。

あんしん
ママの抱っこで赤ちゃんは安心して食べることができます。

○ 食べさせ方

- 赤ちゃん専用スプーンを使いましょう。
- 下唇にちょんちょんとスプーンを当て、口を自然に開けたら、スプーンを入れて。口を閉じたら引き抜きます。

避けたい食べさせ方 

- 口の奥にスプーンを入れると、自分の舌で食べ物を運ぶ練習になりません。
- 上唇にこすりつけると、自分で口を閉じて食べる練習の妨げになります。

離乳食（離乳初期）のQ＆A

Q 野菜をベーッと口から出してしまいます

A よくすりつぶし、とろとろにします。

野菜を苦いと感じているのかもしれません。また、野菜のような繊維が多いものはよくすりつぶして、できるだけとろとろにしましょう。丁寧に裏ごしされたほうれん草などもベビーフードとして市販されているので、試してみましょう。

らくらく

おかゆのうわずみなどでとろみをつけて、苦さをやわらげてみましょう。

Q 離乳食をあげようとすると、ぐずりだします

A 先に母乳やミルクを少しあげます。

赤ちゃんのおなかがすきすぎているのかもしれません。**空腹すぎてぐずっているときには、先に母乳やミルクを少しあげて、落ち着かせてから**、食事をあげましょう。離乳食をあげるタイミングは、慣れるまで慎重に探ってみて。

Q 離乳食を始めてから、うんちのにおいが変わりました。大丈夫ですか？

A 機嫌がよければ心配ありません。

腸内細菌のバランスが変わるため、色やにおい、かたさなどが変化します。食べた食品の色がそのまま出てくることもあります。下痢や便秘になることもありますが、機嫌がよくて、食欲もあるなら問題ありません。

Q 離乳食を「もっと」とねだられます

A 規定の量は守りましょう。

始めたばかりだと、うまく消化できない食材もあります。吐いたり、下痢をしてしまうことも。はじめのころは規定の量を守りましょう。

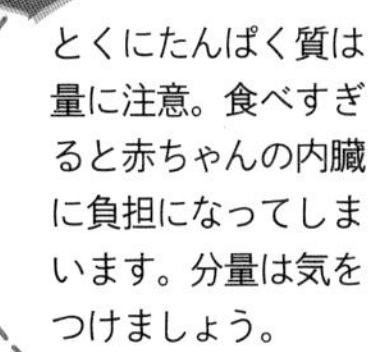

あんしん

とくにたんぱく質は量に注意。食べすぎると赤ちゃんの内臓に負担になってしまいます。分量は気をつけましょう。

Q 手作りの離乳食よりベビーフードをよく食べるのですが…

A 好みの参考にしましょう。

ベビーフードのなめらかさが、赤ちゃんの好みなのかもしれません。ママも食べてみて、これからの離乳食作りの参考にしてみましょう。

赤ちゃんのために生活リズムを整えよう

朝起きて、夜は寝る。このリズムは、赤ちゃんが自分で整えることはできません。親が整えてあげましょう。授乳回数や睡眠時間は赤ちゃんに合わせつつも、**朝はカーテンを開けて太陽の光を浴び、夜になったら室内を暗くして眠りやすいような環境にします。**離乳食が始まったら、なるべく決まった同じ時間にあげるようにします。

また、早起きが苦手だからと遅く起きたり、パパの帰りが遅いからと寝る時間が遅くなったりするなど、大人の生活に赤ちゃんを合わせるのはやめましょう。**赤ちゃんにとって睡眠中は、成長ホルモンが出て、体が成長する時間（p70）。**夜更かしさせると、成長ホルモンの分泌が減ってしまいます。昼によく遊んで体を動かして、夜は眠る時間というように、生活リズムを整えてあげましょう。**特別なことをするのではなく、日々の規則的な生活を続けることで、生活リズムが身につきます。**

大人も生活を見直すチャンス

近年、夜型体質の大人が多くなってきています。寝るのが遅くなり、翌朝に疲れを持ち越す……など悪循環になることも。

早寝早起きは、赤ちゃんだけでなく、大人にも理想的な生活リズムです。生活リズムが崩れるとホルモンバランスが乱れる原因にもなり、昼間ぼんやりして、疲れがいつも抜けきらないこともあります。ママとパパもいっしょに早寝早起きの生活リズムを身につけましょう。**しっかりと休息をとることができ、さらに気持ちの切り替えもできるようになります。**

早寝早起きのメリット

1 生活リズムが整う
2 朝食をしっかり食べられるので、脳の働きがよくなる
3 朝の時間に余裕ができる
4 肌の調子がよくなる

赤ちゃんの生活リズムを整える7つのポイント

1. 昼夜の区別をつける。
（朝はカーテンを開けて太陽の光を浴びることからスタート）
2. 朝は、遅くとも午前8時までには起こす。
3. 離乳食は、時間を決める。
4. 日中は活動的に過ごし、夜は静かに過ごす。
5. 昼寝は夕方前には切り上げるようにする。
6. 夜更かししてしまった翌朝でも、同じ時間に起こす。
7. 夜は部屋を暗くして静かにし、眠りやすい環境にする。

この時期とくに気になる
生活リズムについてのQ&A

生活リズムが整わない！夜更かししてしまう！

Q パパの帰宅が遅く、赤ちゃんを起こしてしまいます。

A 夜にスキンシップはガマン。早起きして朝にして。

パパが赤ちゃんと触れ合いたいのはわかりますが、そのために起こしてしまうのは考えものです。パパにはガマンしてもらいましょう。その代わり、朝いつもより早く起きて、触れ合う時間を作ってみてください。30分早起きするだけでも十分なスキンシップタイムになります。

Q 昼寝の時間は、毎日決めたほうがいいですか？

A 就寝時間がだいたい同じなら、昼寝の調整はいりません。

夜だいたい同じ時間に寝ているのであれば、とくに調整はいりません。ただし、昼寝の時間がいつもより遅くなると、夜も遅くなってしまうことがあります。そのときは、昼寝を切り上げて起こしてあげましょう。もぞもぞと動き出したら眠りが浅くなったタイミングなので、そのときに起こすとスムーズです。

Q 生活リズムを整えようと、早寝を心がけていますが、いやがって泣いてしまい寝てくれません。

A 眠くなくて泣いているのかもしれません。

すんなりと眠る子、なかなか眠らずにやがて泣き出してしまう子など個性があります。長時間ぐっすりと眠るタイプと、短い時間眠るとすっきりするタイプの子がいます。なかなか寝ないのは、短い睡眠で満足できるタイプなのかもしれません。ただし朝の早起きは続けること。遅く寝ても早起きで機嫌がよいならば、その生活リズムが合っているのかもしれません。

Q 毎日きっちりとした時間の生活リズムになりません。

A だいたいの時間が合っていれば、大丈夫です。

努力した通りにいく日もあれば、泣いたり、お昼寝が延びたり、夜寝るのが遅かったりと、赤ちゃんのリズムは日々違うものです。すべてが同じ時刻にうまくいかなくても大丈夫。時間がだいたいそろっていれば問題ありません。

Q 昼寝をしないのですが、大丈夫でしょうか。

A 夜に眠れていれば心配なし。

個人差がありますから、夜にぐっすりと寝ていて、日中の機嫌がよければ問題ありません。昼寝をしなくても、布団の上でママとごろごろしてみましょう。部屋を静かにして抱っこしたり、ママの体の上で赤ちゃんを腹ばいにするだけでも赤ちゃんの体が休まります。

育児は周りもいっしょに

赤ちゃんとママが産院から退院してきて本格的に育児がスタートします。パパ、父母などにお願いできることは頼りましょう。ママ一人でやらなくても大丈夫です。周りといっしょに子育てをしましょう。

育児はパパと分担しよう

ママだけが無理していませんか？

赤ちゃんが生まれたらすぐにやることがたくさんあります。授乳におむつ替えに沐浴に寝かしつけ……。育児をするパパも以前に比べて増えてきたものの、やはり主体はママになりがちです。しかし、ママもパパと同じ育児初心者です。最初からパパにもできるだけたくさん育児をしてもらいましょう。

また、パパは赤ちゃんの生活リズムを理解しておくと、次にやることのための準備ができます。例えば、会社からの帰りに「この時間だと、お風呂に入っているから、着替えを手伝えるな」と、帰宅してからできることがわかります。家にいる日には、赤ちゃんの生活リズムを把握しておくといいでしょう。

育児は、ママばかり無理してしまうと、心と体が休まりません。家族でいっしょに子育てをしていきましょう。

全体を見るか、そこだけを見るか

育児が始まると、どうしてもママの負担が多くなります。パパも積極的に育児をしたいけれど、どうしていいのかわからない……。赤ちゃんは、ママには笑顔なのにパパだと泣いてしまう……。パパは、もっと赤ちゃんと仲良く過ごしたいのに疎外感を感じることも多いかもしれません。

パパに育児をしてもらうときには、例えば「おむつを替えておいて」ではなく、具体的にやってもらいたいことを伝えましょう。「おむつを替えて、汚れたおむつを捨てておいてね」「新しいおむつを補充しておいてね」などです。細かく伝えることで、何をするといいのかがわかりやすくなります。

また、パパがやりがちなことに「部分的に見てしまう」ということが。例えば、お風呂は、ママは「お湯をためて、準備して、お風呂に入れて、着替えて完了」と考えますが、パパは「赤ちゃんを洗ったら完了」と思う人も多いため、全体の流れを見ているママと流れの中の一部分を見ているパパとで感覚がずれてしまうのです。そこで具体的にやってほしいことを伝えて、徐々に全体の流れを理解し、主体的に実践してもらいましょう。

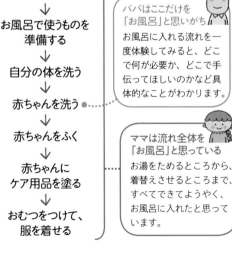

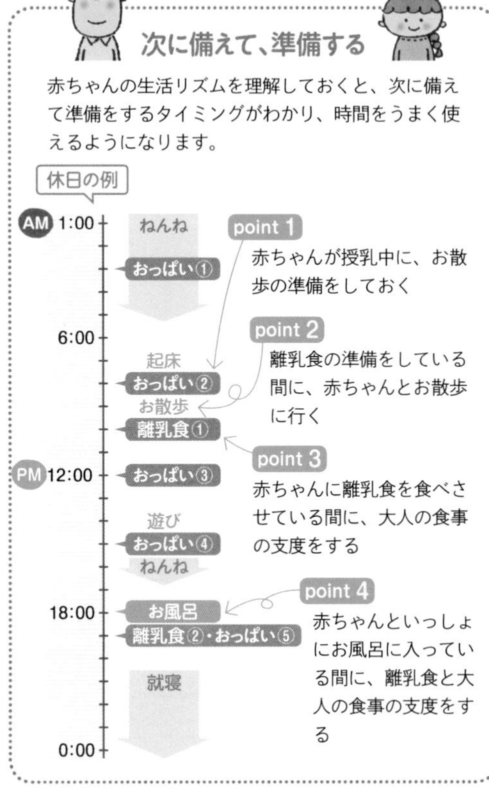

次に備えて、準備する

離乳食②・おっぱい⑤

赤ちゃんが授乳中に、お散歩の準備をしておく

離乳食の準備をしている間に、赤ちゃんとお散歩に行く

赤ちゃんに離乳食を食べさせている間に、大人の食事の支度をする

「お風呂に入れる」の考え方の例

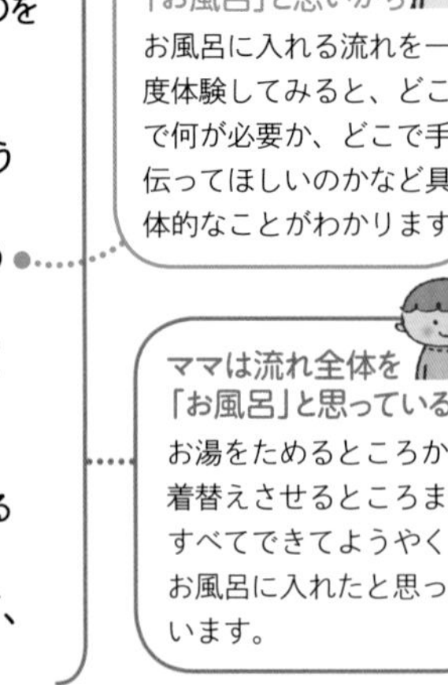

お湯をためる
↓
お風呂で使うものを準備する
↓
自分の体を洗う
↓
赤ちゃんを洗う
↓
赤ちゃんをふく
↓
赤ちゃんにケア用品を塗る
↓
おむつをつけて、服を着せる
パパはここだけを「お風呂」と思いがち
お風呂に入れる流れを一度体験してみると、どこで何が必要か、どこで手伝ってほしいのかなど具体的なことがわかります。
ママは流れ全体を「お風呂」と思っている
お湯をためるところから、着替えさせるところまで、すべてできてようやく、お風呂に入れたと思っています。

おじいちゃん、おばあちゃんとのかかわり方は?

適度な距離が理想的

子どもが生まれてから、何かとかかわりが増えるのが、実の父母と義理の父母（赤ちゃんの祖父母）です。子育ての先輩である父母たちから聞く育児の話は、ためになることも多いですが、時代とともに育児方法は変化しています。

父母世代と育児に対する考え方が異なり、意見が対立することもあります。とくに、離れて暮らしていると、頻繁に会うこともかなわず、コミュニケーションがむずかしくなりがちです。

父母たちとうまく付き合うコツは「ほどよい距離」。頼りすぎず、ほどよく甘えることで、お互いに負担になりすぎずにいっしょに子育てをすることができます。

うまくいく4つのコツ

1 してほしいこと、してほしくないことを明確にする

子どもの安全や健康についてはとくに伝えましょう。「むし歯予防のため、甘いおやつはあげないでほしい」「法律だから車に乗せるときは、チャイルドシートを使うように」など理由とともに明確に伝えましょう。

2 赤ちゃんへの接し方を否定しない

おじいちゃん、おばあちゃんが、孫のためによかれと思ってしたことを頭から否定すると、わだかまりが生じてしまう場合も。孫かわいさでしてくれたことなのだと、おおらかな気持ちで受け入れましょう。

3 感謝は忘れずに伝える

育児のサポートをしてくれるのは当然だと甘えすぎて、お礼や感謝の言葉がなくなると、おじいちゃん、おばあちゃんは孫の世話を負担に思ってしまいます。頼ったら忘れずに感謝の気持ちを伝えましょう。

4 今と昔の子育て方法の違いを知ってもらう

「抱っこしすぎると、抱きグセがつく」は、口論になる育児法のひとつ。今は愛情表現のためにも抱っこは推奨されています。このように昔と今と変わったところがあったら、ていねいに伝えるようにしましょう。

地域で子どもを育てる

子育て支援センター、児童館（p.72）などは、地域で子育てをしようという取り組みをしています。自治体が場所やオンラインサロンを提供し、子育て相談会、離乳食試食会などを開いて同じ月齢の子どもと親が交流できる場を作っています。また、ボランティアの高齢者が、昔の遊びを子どもたちに教えてくれることもあります。

他には「ファミリー・サポート・センター」があります。これは地域において、育児などの援助を受けたい人と行いたい人が会員となり、助け合う会員組織です。

このように、地域で子育てを応援し、ママやパパを助けていこうという取り組みが進んでいます。自治体によって活動内容は異なるので、調べてみましょう。

「祖父母手帳」知っていますか?

自治体によっては、祖父母と親たちに向けて作られた「祖父母手帳」があります。子育ての新常識、親世代との付き合い方のヒントなどが載っています。祖父母と親がいっしょに読んで、子育て方法の今と昔の違いなどを知り、世代間のギャップを埋めて、お互いのコミュニケーションが円滑にいくようにと自治体からの願いが込められています。インターネットで内容を見られるようになっている自治体もあるのでチェックしてみましょう。

この時期の赤ちゃんの発育・発達

⇨短時間のおすわりができるようになる子も

寝返りで移動ができるようになります。ものを片手から逆の手に持ち替えたり、短時間のおすわりする子も。人見知りが始まり、ママ、パパ以外の人を見ると泣きだすことも。

離乳食にも慣れてくるころ

あんしん

1日1回の離乳食に、ママも赤ちゃんも慣れてくるころです。食事から上手に栄養をとれるようになり、離乳食の後の授乳量が減ってくる赤ちゃんもいます。また、嗅覚が大人とほぼ同じレベルに達し、なかには乳歯が生え始める赤ちゃんもいます。この時期は、食材ひとつひとつの味や食感を味わって、その情報を脳に送っています。離乳食をまだ始めていないなら、そろそろ挑戦しましょう。

表情　わざと泣くことも

抱っこしてもらうために泣くなど、表情をうまく使います。

\ ニコッ /

口　歯が生え始める子もいます

早い子は乳歯が生え始めます。個人差があるのでまだ生えていなくても心配ありません。前歯が生えてきたらガーゼでふいてあげましょう（p.102）。

	身長
男の子	63.6〜72.1cm
女の子	61.7〜70.4cm

	体重
男の子	6440〜9570g
女の子	6060〜9060g

※生後6カ月〜7カ月未満の身長と体重の目安です。

おすわりもそろそろ

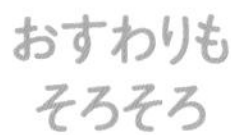

首すわりが完成するころ。たて抱きやおんぶが安心してできます。寝返りをくり返しながら全身の筋肉が使えるようになります。そしてずりばいにも挑戦するようになり、おすわりももうすぐ。座れるようになると、お世話がぐんとらくになります。

手　左右の持ち替えができます

片手に持ったおもちゃを、逆の手に持ち替えることができるようになります。

腰　短時間のおすわりができます

背すじを伸ばして座るのはまだ先ですが、不安定ながら一人でおすわりができるようになります。

大人の気を引こうとしてわざと泣く子も

６カ月の発達を見るうえで重要なポイントがおすわり。完成の目安は、**支えなしで一人で座れるか**どうか。まだ手をついての不安定なおすわりでも心配ありません。７カ月には腰も安定して完成します。

手足の発達は、**左右の運動の分化**から始まります。今まで、左右の手足は同じようにしか動かせませんでしたが、おもちゃの持ち替えができるようになります。**左右の手足を別々に動かす練習が、はいはいの動きにつながります。**

人見知り（ｐ１１８）が始まる赤ちゃんもいます。これは、**ママ、パパの顔を認識し、他の人と見分けられるようになってきたしるし**です。気に入らなければイヤイヤをするなど、欲求の種類も増え、今までは「おっぱいほしい〜」というような生理的な欲求だけでしたが、「抱っこして〜」という**情緒的な欲求**も出てきます。気を引こうと、わざと泣くそぶりも見せます。赤ちゃんの欲求をできるだけ受けとめることで、赤ちゃんとの絆が深まります。

6カ月の赤ちゃんの1日

◎うんちは0〜2回／1日

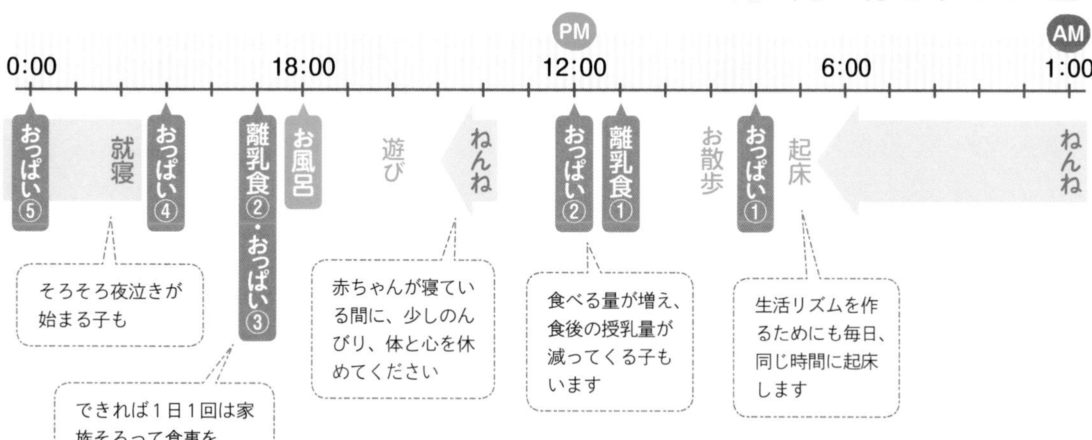
AM
1:00
6:00
PM
12:00
18:00
0:00
ねんね
起床
おっぱい①
お散歩
離乳食①
おっぱい②
ねんね
遊び
お風呂
離乳食②・おっぱい③
おっぱい④
就寝
おっぱい⑤
生活リズムを作るためにも毎日、同じ時間に起床します
食べる量が増え、食後の授乳量が減ってくる子もいます
赤ちゃんが寝ている間に、少しのんびり、体と心を休めてください
できれば１日１回は家族そろって食事を
そろそろ夜泣きが始まる子も

この時期のパパががんばりたいこと

夜泣き対応マスターになろう

この時期、赤ちゃんは寝返りができるように。日中は、アクティブになった赤ちゃんから目が離せずヘトヘトになることも。夜泣きが始まったら、すすんで赤ちゃんを抱っこして部屋の中を歩いてみるなど、スキンシップを楽しみながら対応してみましょう。

この時期のママの様子、赤ちゃんとの接し方

自分自身のケアも大切に

赤ちゃんの１日の睡眠時間が15時間程度になり、昼間もまとまって寝てくれるようになります。その間に離乳食を多めに作って小分け冷凍にし、離乳食を１日２回に増やす準備を始めてもいいでしょう。でも、あまりがんばりすぎないで。家事の手を抜くなど、自分の心と体のケアも忘れずに。

生後6カ月の生活

同じ時間に寝て生活リズムを整える

生活リズムを整える（p82）ため、毎日同じ時間の起床・食事・入浴・就寝を習慣にしたいですね。起きたら着替え、夜はパジャマにするなど生活にメリハリを。1日1回は家族みんなで食卓を囲むのが理想です。

宮本美優（みやもと みゆ）ちゃんの場合

寝返りができて、にっこり！

腕を抜くまであとちょっと。

たかいたかいしてもらって楽しいね。

離乳食をモグモグ。

小児科Dr.アドバイス

ママはそろそろ月経再開の時期

ミルク育児のママは、産後2～3カ月ほどで月経が始まります。再開が遅くなることが多い母乳育児ママも、そろそろ再開するころかもしれません。子宮が元に戻るのは、通常では産後6～8カ月。その合図として月経が再開します。授乳中に月経がきても母乳が出るなら、あげて大丈夫です。

あんしん

月経の再開には、個人差があります。卒乳しても月経がこない場合には、念のため受診してみましょう。

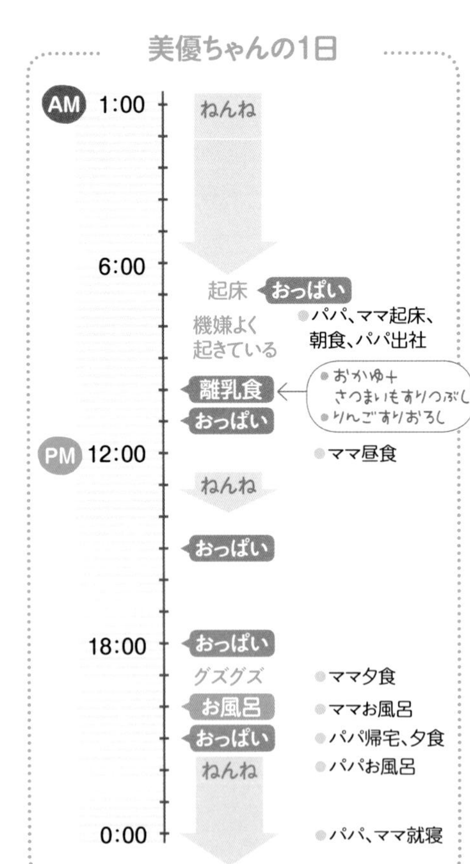

生後6カ月の気がかりQ&A

Q 髪の毛が薄いのですが……。

A 心配いりません。

生後3カ月ごろから髪の毛の生え変わりが始まり、産毛は1才くらいには役目を終えて抜けていきます。生え変わった赤ちゃんの髪は、はじめは細くやわらかいのが特徴です。だんだん太い髪の毛に変わっていくので、薄いからといって心配する必要はありません。

Q 服は何枚着せるべきですか？

A 寝返り以降は大人と同じ。

「子どもは体温が高いので大人より服は1枚少なく」とよくいわれます。しかし、それは1才を過ぎて歩きだしてから。外気温の影響を受けやすい3カ月ころまでは、大人より1枚多く着せて、体温を下げない工夫が必要です。寝返りができるようになったら、大人と同じ枚数に。

らくらく

外出時はブランケットや薄手の羽織りもの、ベストなど、気温によって調節しやすい服を持ち歩くと安心です。

Q なんでもなめますが細菌は大丈夫でしょうか？

A 心配ありません。ただし誤飲には注意。

赤ちゃんは、ものをなめることで、自分の周りの世界を認識しています。ママからもらった免疫もそろそろ弱まるこの時期、なめることで適度に細菌を取り入れるのは、免疫力がつくので丈夫な体作りに役立ちます。どうしても細菌が気になるときは、洗えそうなものは水洗いしてしっかり乾燥させ、布製のものは洗濯を。また、家の中にウイルスを持ち込まないように。

なんでも口に入れてしまいます。誤飲 (p.110) のもとになるような直径4㎝以下の小さなものは、手の届く範囲に置かないようにしましょう。

Q まだ寝返りをしません。

A もう少し見守りましょう。

赤ちゃんにはそれぞれ個性があり、一人遊びが好きな子やママの抱っこが好きな子、寝返りに興味がない子などさまざま。試しにうつぶせにしてみて、頭をグンと上げるか見てみましょう。上げるようならば、あと少しで寝返りすることも。

あんしん

体重の多い子はやや遅い傾向もありますが、問題ありません。体重の軽い子でも寝返りに興味がなければやらずに、おすわりに進む子もいます。

Q 赤ちゃんの感染症対策はありますか？

A うつさないように大人は手洗い、うがい、マスクを。

家族は外出時にはマスクを着用し、帰宅したら手洗い、うがいを徹底しましょう。新型コロナウイルス感染症などが流行している時期のおでかけは必要最小限にして、人混みは避けるようにしたほうがよいでしょう。

病気になったときのホームケア

免疫力が弱い赤ちゃんは、よく熱を出したり、下痢をしたりします。このようなとき、ママ、パパは家庭で様子を見るか医療機関で受診すべきか迷ってしまうかもしれません。**機嫌が悪い、あまり水分がとれていない、ぐったりして様子がおかしいなど、「いつもと違うところ」がないかよく観察しましょう。**なかには重篤（じゅうとく）な病気が潜んでいる可能性もあるので、しっかり見極めることが大切。病気症状別の緊急度チェック表（p188）も参考にしてください。

病気になったときの病院にいく目安つき！

ホームケアの基本

体調の悪い赤ちゃんは少しでもらくにさせてあげたいもの。適切なケアをして、様子を見ましょう。

※医療機関を受診したほうがよい目安も紹介していますので、参考にしてください。

熱があるとき

熱の高さだけでなく、発疹（ほっしん）がないか、顔が真っ青で唇が紫（チアノーゼ）になっていないか、首が硬直していないかなど、全身症状をよく観察しましょう。

ホームケア&病院にいく目安

赤ちゃんの機嫌がよく、水分補給ができていれば大丈夫。

ホームケア

熱が続くと汗などで体の水分やミネラル分が失われてしまうので、**母乳やミルク、白湯（さゆ）や麦茶などで、こまめに水分補給をしましょう。**電解質を効率よく補える赤ちゃん用の経口補水液もおすすめです。熱が上がって顔が赤く、汗ばんでいたら少し薄着にします。**汗をかいたらこまめに着替えさせましょう。**

病院にいく目安

食欲がない、ぐったりしている、水分がとれない状態、月齢が4カ月未満の赤ちゃんで38度以上、4カ月以降の赤ちゃんで40度以上の熱のときは、すぐに受診します。

可能性のある病気

- かぜ症候群、インフルエンザ（p176）
- 突発性発疹（とっぱつせいほっしん）（p177）
- ヘルパンギーナ（p177）
- 手足口病（p178）
- はしか（麻（ま）しん）（p178）
- 水ぼうそう（p179）
- 伝染性紅斑（でんせんせいこうはん）（りんご病）（p179）
- 肺炎（p180）

お風呂は？

お湯で濡らしたタオルかシャワーに

湯船につかると体力を使うので避けます。熱で汗をかくので、お湯で濡らしたタオルで体をふきます。またはシャワーだけにしましょう。

おでかけは？

2〜3日は控えましょう

1日に3回程度熱を測って平熱になったら、熱が下がったといえます。しかし、熱は下がっても体力は落ちています。2〜3日は家でゆっくりと過ごしましょう。

冷やすポイントは？

首の後ろとわきの下

小さな保冷剤をタオルで巻いたり、水で濡らしてしぼったタオルなどを、太い血管やリンパの通っている首の後ろやわきの下に入れて解熱します。リンパを冷やすことで、体の熱を下げる効果があります。熱中症のときも同様の箇所を冷やすと有効です。

下痢のとき

うんちは健康のバロメーター。赤ちゃんは、内臓も消化機能も未発達です。食べたものによって下痢をすることがあります。

ホームケア&病院にいく目安

脱水症状になりやすいので注意

ホームケア

水分はこまめにあげましょう。食欲があるならば、おかゆなど消化のよいものをあげます。整腸作用のあるりんごもおすすめです。りんご果汁やすりおろしたりんごをあげましょう。

病院にいく目安

機嫌がよく、水分をとれていれば、あわてて受診しなくても大丈夫です。笑顔が出ているときの下痢で心配なものはありません。ただし**機嫌が悪い、水分を受けつけない、おしっこが少ない、激しい下痢や嘔吐(おうと)、高熱、血便、腹痛、唇が紫色(チアノーゼ)、けいれんの症状がある場合はすぐ受診を。**

離乳食は?

消化のよいものにしましょう

消化のよいものを少しずつあげます。おかゆ、うどんなどがよいでしょう。離乳食を1ステップ前に戻してもいいでしょう。

下痢したあとは?

かぶれないようにケアを

うんちが出たらたっぷりの水分を含ませたガーゼでふくか、お湯でお尻を洗い流しましょう。

可能性のある病気

- 細菌性の食中毒
- 急性胃腸炎(p181)
- ノロウイルス感染症(p181)
- かぜ症候群、インフルエンザ(p176)
- 突発性発疹(p177)
- 腸重積症(ちょうじゅうせき)(p181)
- 食物アレルギーが原因による下痢

便秘のとき

離乳食が始まって食生活が変化すると、腸内細菌に変化が起こり、新生児期・乳児期に比べてうんちの回数が減ります。

ホームケア&病院にいく目安

2~3日なら排便がなくても大丈夫

ホームケア

綿棒マッサージ(右記参照)やおなかへの「の」の字マッサージでおなかのガス抜きをします。また水分補給を多めにし、**野菜、いも類、りんごやプルーン果汁など、食物繊維が多い食品を多めに取り入れましょう。**

病院にいく目安

食事や生活リズムを見直してもうんちが出ない、1週間以上の便秘が何度もある、赤ちゃんが苦しそう、便がかたく少ししか出ないときは、医療機関を受診して。

綿棒マッサージのやり方

綿棒で肛門を刺激

1. 大人用綿棒の先端から3㎝程度にワセリンやベビーオイルをつける
2. お尻の下にタオルや新聞紙を敷く
3. 綿棒の綿の部分を肛門に入れて、円を描くようにクルクル回して、出し入れする
4. 下腹部を手で軽く押す

のの字マッサージのやり方

おへそのまわりをのの字

1. おへそを中心に手のひらで時計回りに動かし、大きく「の」の字を書く。
2. 軽く押しながら腸を刺激する。

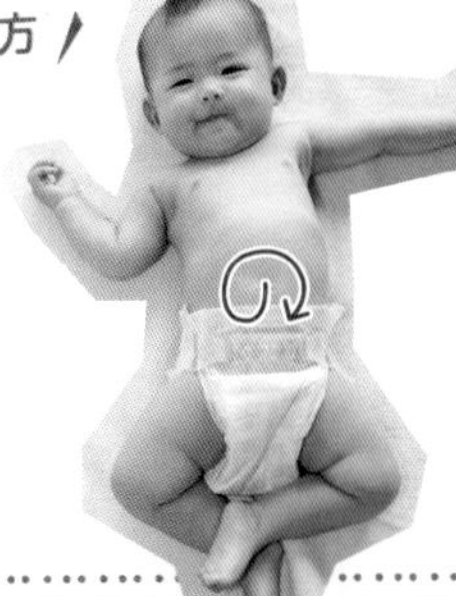

せきが出る

せきは気管内の分泌液や異物を排除して、呼吸機能を正常に保つ防御反応です。激しいせきは体力を消耗します。

ホームケア&病院にいく目安

せきが激しいときは早めに受診

ホームケア

室内の湿度を50〜60%に保ち、**こまめに水分補給し、たて抱きで背中をやさしくトントンします。**

病院にいく目安

ゼーゼー、ヒューヒューといった呼吸音があれば、気管支や肺の病気の可能性もあるので夜中でも受診を。肋骨(ろっこつ)の間や鎖骨が呼吸のたびにへこむような呼吸困難がある場合も即受診しましょう。

可能性のある病気

- 肺炎(p180)
- 百日ぜき(p180)
- 気管支炎(p180)
- 小児気管支喘息

背中をトントンの理由は?

気道のたんを取り除きます

気管支のたんを取り除くには、たて抱きにして、背中をやさしくトントンが効果的。振動によって取れやすくなります。また寝かせるときは、枕やたたんだタオルなどで上半身を少し高くすると呼吸がらくになります。

加湿と換気を

室内環境がカギ

気道の乾燥を防ぐため、湿度を高めましょう。加湿器を使ったり室内に洗濯物を干したりするのがおすすめです。1〜2時間に1回は窓を開けて換気をし、汚れた空気を入れ替えることも忘れずに。

鼻水が出る

赤ちゃんの鼻の粘膜は敏感で、空気の乾燥や気温の変化などでもすぐ鼻水が出ます。鼻づまりで眠りが浅くなることもあるので、鼻通りをよくしてあげましょう。

ホームケア&病院にいく目安

鼻腔が狭いので鼻がつまりやすい

ホームケア

綿棒などでこまめに鼻水を取ってあげましょう。赤ちゃんは鼻腔と中耳をつなぐ耳管が太くて短いため、放置すると中耳炎になる子も。

病院にいく目安

鼻水が黄色か茶色でドロッとしている、鼻がつまってミルクが飲めない、鼻がつまって夜起きてしまうようなときは早めの受診を。

可能性のある病気

- かぜ症候群(p176)
- 中耳炎(p183)
- アレルギー性鼻炎

鼻の下のケアを

ワセリンやクリームをぬります

鼻水で、鼻の下が荒れてくることも。ワセリンや保湿クリームでケアをし、肌トラブルを防ぎましょう。

中耳炎のサインとは?

しきりに耳を触る

痛みでしきりに耳を触る、機嫌が悪い、発熱や耳だれが出るときには、急性中耳炎のことも。早めに受診しましょう。

吐いたとき

授乳の後のゲップでも吐いたり、ちょっとしたことで吐きやすいのですが、ウイルスや細菌の感染で何度も吐くときは、脱水症にならないように気をつけましょう。

ホームケア&病院にいく目安

吐き気が治まったら水分補給

ホームケア

吐いたものがのどにつまらないように、横向きに寝かせます。**吐き気が治まってきたら、少しずつ水分補給をしましょう。**経口補水液や麦茶、母乳、ミルクなどをこまめに飲ませます。

病院にいく目安

機嫌がよく、水分補給もできていれば、心配ありません。**かぜの症状があるとき、おしっことうんちの回数が少ない、機嫌が悪くぐったりしている、嘔吐が治まらないとき**には受診しましょう。

吐いたものの処理は？

ゴム手袋で処理をします

吐いたものに触れると感染することもあるので、念のためゴム手袋をつけて、マスクをして片づけましょう。処理した後は、しっかり手洗いをしてください。片づけに使ったゴム手袋は処分して次は新しいものを使います。

あげてはいけない水分は？

果汁と牛乳はNG

オレンジなどのかんきつ類のジュースや牛乳は、吐き気を誘発しやすいので、避けるようにします。湯ざまし、麦茶、赤ちゃん用イオン飲料、経口補水液などをあげます。あげるときは様子を見ながら少しずつあげましょう。

可能性のある病気

- かぜ症候群、インフルエンザ(p176)
- 急性胃腸炎(p181)
- 腸重積症(p181)
- 細菌性の食中毒

赤ちゃんに薬を上手に飲ませるコツ

薬を飲ませるのには、コツがいります。**基本的に、赤ちゃんが飲みやすい甘みをつけた薬が多い**ですが、すんなりと飲んでくれないことも。そこで薬の形状別に飲ませ方のコツをまとめました。

※赤ちゃんの体重や、月齢、症状などで処方される薬は変わってくるので、医師の指示通りに使いましょう。

粉薬はペーストに

少量の水や白湯(さゆ)でペースト状に練って、ほおの内側や上あごに塗りつけます。ジュースなどに混ぜても。混ぜると苦みが増したり、副作用を起こすこともあるので薬局で相談するとよいでしょう。

薬はミルクや離乳食には混ぜないで。混ぜると、ミルクや離乳食が薬の味になり、嫌いになってしまうことがあるためです。

シロップはスプーンで

容器を軽く振って中身をよく混ぜ合わせます。甘い味つけなのでスプーンで上手に飲める子がほとんどです。いやがる場合はスポイトを使うとよいでしょう。

離乳食がまだのとき、スプーンやスポイトをいやがるときは、哺乳びんの乳首だけを先に赤ちゃんに吸わせます。乳首を吸い出したら、そこにシロップを入れましょう。

薬をもらうときのポイント

1.お薬手帳を作る

処方せんを持って薬局に行ったら、「お薬手帳」をぜひ作りましょう。使った薬の記録となるので、次回の受診のときから忘れずに提出しましょう。

2.赤ちゃんの体重を伝える

飲み薬は、赤ちゃんの体重によってその分量が決まります。病院に行く前に測るか、母子健康手帳で事前に確認しておきましょう。

6〜7カ月健診

かかりつけの小児科で受ける健診

近所の小児科などで受ける個別健診です。かぜなどをひき始める月齢なので、病院にかかることが増える時期。近所の人に評判を聞いたりして、これを機にかかりつけの小児科を決めましょう。

6〜7カ月の健診では、**手をついてしばらく座っていられるかどうか、おもちゃを上手につかめるか、寝返りができるかなど**の運動機能の発達と、**おもちゃや人に対する関心の示し方**などから心の発達を診ます。

6〜7ヵ月健診でチェックすることリスト

- □基本的な計測と診察（p46）
- □おすわりの状態
- □寝返りの有無
- □ハンカチテスト（顔に布をかけてとれるかどうか）
- □ほしいものに手を伸ばすかどうか
- □離乳食の回数
- □神経芽細胞腫（しんけいがさいぼうしゅ）の有無

ハンカチテスト
顔に布をかけ、手で払いのけられるかどうかで視覚と手の連動を診ます。できなくてもいやがったり泣いたり、などの反応があればOKです。

ほしいものに手を伸ばす
おもちゃを見せ、それに興味を持って近づいてくるか、手を出して遊ぼうとするか、その様子から精神面の発達を診ます。

あんしん
目で対象物の方向や距離感が測れるようになっているかのチェックをします。

寝返りのチェック
あおむけで寝ている赤ちゃんのお尻を、片方から持ち上げて腰をひねっていき、それに合わせて上体をひねることができるかをチェック。

あんしん
健診の場では、赤ちゃんがいつもと違うと感じ、寝返りなどをしてくれないことも。家でやっているなら、医師に伝えましょう。

おすわりのチェック
体の発達具合を診るのが目的。赤ちゃんを座らせて少し手を離し、おすわりの姿勢がとれるかどうかをチェック。

あんしん
一瞬だけできればOK。このころは手を前に出して支えられておすわりできていれば心配ありません。

この時期とくに気になる
成長の個人差についてのQ&A

成長が遅い？ 早すぎる？

Q 生後6カ月ですが、おすわりの兆候がありません。他の子はし始めているのに……。

A まだ焦らなくて大丈夫。

安定したおすわりができるようになるのは、8～9カ月ごろ。まだ焦らなくても大丈夫です。腰や背中の筋肉をしっかりつけてからおすわりをしようとしている、慎重派の赤ちゃんなのかもしれません。ちゃんと成長はしていきます。

あんしん
発達は、それぞれの筋肉の動かし方を練習して進んでいきます。その上達具合によって、発達に個人差が出ます。

と思うようにしてみては。

Q 同じ月齢の子たちと成長の度合いに差があり、心配です。

A その子のペースを大事にしましょう。

成長は、ゆっくりな子と早い子がいます。どちらがいい悪いということはありません。ママやパパが焦って不安になり、心配な顔をしていると赤ちゃんも感じとってしまうもの。個人差があるとはわかっていても、心配になるものですが「この子のペースなんだ」

Q 小柄ですが6カ月でつかまり立ちしました。早すぎませんか？

A 問題ありません。赤ちゃんに危なくない部屋作りを急いで。

成長の順番でいうと、はいはいをとばしてつかまり立ちをしたのですね。体重が軽いと成長の進みが早いこともあります。早くて体に負担がないか心配になりますが、とくに問題はありません。ただし、目が離せなくなる時期がくるのも早いので、手の届くところに危ないものを置かないなど、準備をしておきましょう。

あんしん
成長度合いは個人差が出ます。今、進みが早いから今後もなんでも早いかというとそんなことはありません。その子なりのペースを大事にしましょう。

Q おすわりができるようになってから離乳食を始めたいです。

A 遅くとも6カ月のうちには始めましょう。

おすわりがしっかりできるようになるのを待っていると6カ月を過ぎてしまうようならば、先に離乳食を進めましょう。たしかにおすわりができるようになってからのほうが、離乳食はあげやすいのですが、母乳やミルクの栄養だけでは足りなくなってきます。5～6カ月のうちに、離乳食を始めます。

らくらく
この時期は大人が支えて座れるならば、OK。離乳食を始めるころは抱っこしてあげる（p80）ので、しっかりおすわりができなくてもOKです。

この時期の赤ちゃんの発育・発達

⇨興味のあるものに手を伸ばします

背すじを伸ばして安定して座れるようになり、両手が自由に。また、手先が器用になり、ものをつまめるようにもなります。気になるものに向かって積極的に手を伸ばします。

生後
7カ月

	身長
男の子	65.0～73.6cm
女の子	63.1～71.9cm
	体重
男の子	6730～9870g
女の子	6320～9370g

※生後7カ月～8カ月未満の身長と体重の目安です。

あんしん

よく泣くのは発達している証拠

赤ちゃんは本当によく泣きます。大脳辺縁系の発達とともに、欲求、欲望、不安などの情緒が発達しているしるしです。でも、まだ言葉を話せませんし、感情をコントロールする情緒制御システムができていないので、ただ泣いて訴えます。この時期、ママ、パパがあやしたり話しかけたりすることによって、その情緒制御システムが大きく成長します。赤ちゃんの訴えにできるだけこたえるようにしましょう。

表情 人見知りをすることも

ママ、パパ以外の人を見たり、抱っこされたりすると泣いたり、イヤイヤとなったり、不安そうな顔になったりします。

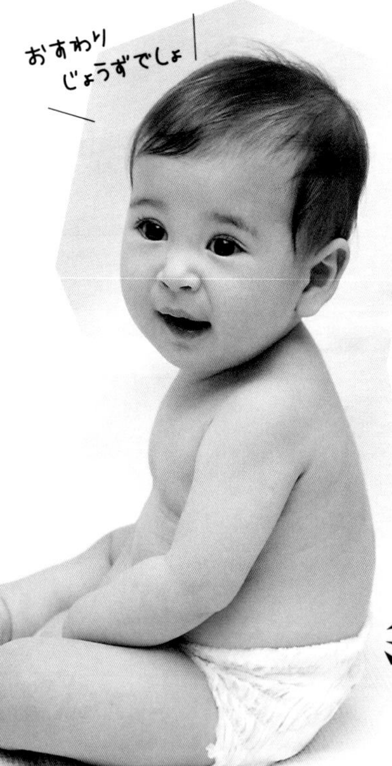

おすわりじょうずでしょ

らくらく

遊びの幅がぐんと広がる

そろそろ『むすんでひらいて』『げんこつやまのたぬきさん』など「手遊び歌」をまねし始めるころ。手遊び歌は、視覚・聴覚・触覚を同時に刺激し、まねする力を伸ばす効果があります。また、歌を通してママ、パパとスキンシップがとれ、コミュニケーション能力が向上します。

手 つまめるようになります

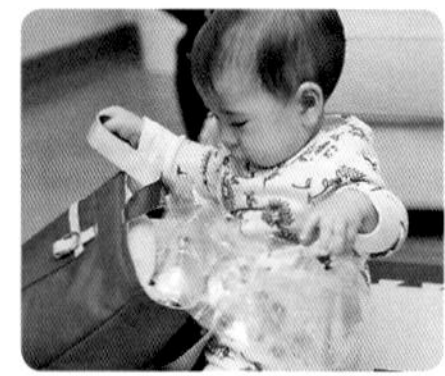

指を上手に使って、ものをつまめるようになります。

足 足の力が強くなります

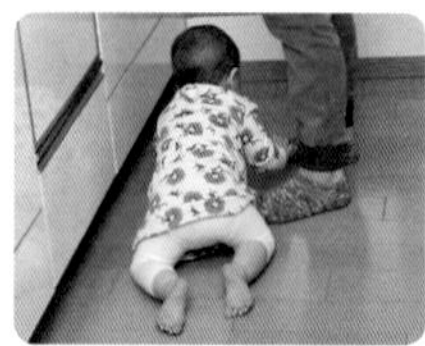

足の力が強くなると、腹ばいから床をけってずりばいを始めます。

新聞をビリビリ。「つまむ」ができるように

体重増加が落ち着き、運動量も増えるため、ぽっちゃり体型からスリムになってくる赤ちゃんもいます。また、手先が発達して器用になり、5本指でおもちゃを握れたら、次は**親指と他の4本指を使って上手に「つまむ」ことができるようになります。**新聞などをビリビリ破くのも大好きです。

このころからママやパパの声の調子や抑揚をまねするようにもなります。**動作をまねするのも大好き**で、「はい、どうぞ」とおもちゃを手渡すと、同じように返してくれます。手渡したり手渡されたりのやりとりが楽しめます。

カサカサと音がするスーパーの袋や、ティッシュ、リモコンやスマートフォンなど、大人が使っているものにも興味津々。もし危険なものに触ろうとしたら、「それは危ないからダメ」と、いつもとは違う強い口調や怖い表情で伝えましょう。**そろそろ生活の基本ルールを教える時期です。ママやパパの言葉の調子から「やってはダメなんだな」と理解します。**

7カ月の赤ちゃんの1日

◎うんちは0～2回／1日

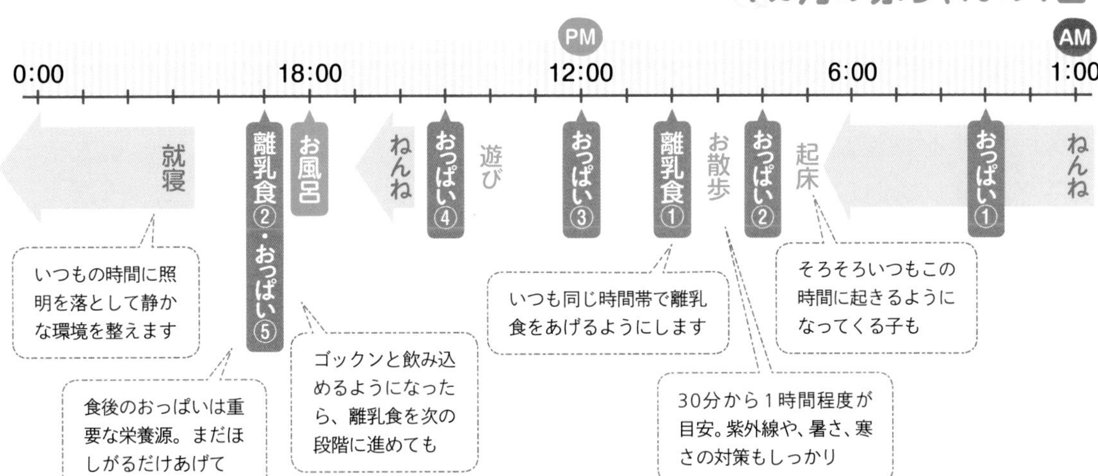
AM
1:00
6:00
PM
12:00
18:00
0:00
ねんね
おっぱい①
起床
おっぱい②
お散歩
離乳食①
おっぱい③
遊び
おっぱい④
ねんね
お風呂
離乳食②・おっぱい⑤
就寝
そろそろいつもこの時間に起きるようになってくる子も
いつも同じ時間帯で離乳食をあげるようにします
30分から1時間程度が目安。紫外線や、暑さ、寒さの対策もしっかり
ゴックンと飲み込めるようになったら、離乳食を次の段階に進めても
食後のおっぱいは重要な栄養源。まだほしがるだけあげて
いつもの時間に照明を落として静かな環境を整えます

この時期のパパががんばりたいこと

誤飲に気をつける時期

ずりばいが始まると赤ちゃんの行動範囲が広がり、目にしたものを「なんだろう？」と何でも口に入れます。小さなものを指でつまめるようになるので、誤飲に注意。床に危険なものが落ちていないか点検しましょう。ゴミ箱やリモコンの電池、洋服のボタンなどは手の届かない場所にしまいます。

この時期のママの様子、赤ちゃんとの接し方

動いても安全な部屋作りを

「ちょっとトイレに」と目を離したすきに、ソファから転落してしまうなど、事故が増えがちで、気が抜けない時期です。24時間気を張って疲れてしまいます。赤ちゃんはいつでも動きたくてウズウズ。着替えやおむつ替えはひと苦労ですね。動いても安全な部屋作りを心がけましょう。

生後7カ月の生活

遊びの幅が広がるとき。今日は何して遊ぶ？

日中の遊びの幅が広がります。大きな空き箱をたたいて音を出したり、新聞紙をクシャクシャにしたり、手指を使って遊びましょう。公園では、大人のひざに座らせて、ブランコ遊びができるようになります。

浅見聖玲奈（あさみせれな）ちゃんの場合
ママにつかまって、少しだけよいしょっ。
上手におすわりできるよ。
ごはん大好き。大きなお口であーん！
ママのかばんの中身をチェック。
なにが入っているのかしら？？

小児科Dr.アドバイス
離乳食中期に入ると便秘も

そろそろ離乳食を1日2回に増やすころ。離乳食中期になると、便秘になる子も出てきます。原因は、授乳量が減ったことよる水分不足や食物繊維の不足などがあります。食べる量が増えて便のかさが増すと、うんちがまとまり、かたくなってしまい、出にくくなってしまうことも。授乳回数やミルクの量を増やしたり、汁ものや麦茶を飲ませたり、水分補給を意識しましょう。

らくらく　食物繊維を補って腸内細菌を整えるには、ヨーグルト、ほうれん草、りんごなどがおすすめ。野菜ジュースは手軽なうえ、水分補給にもなっておすすめ。

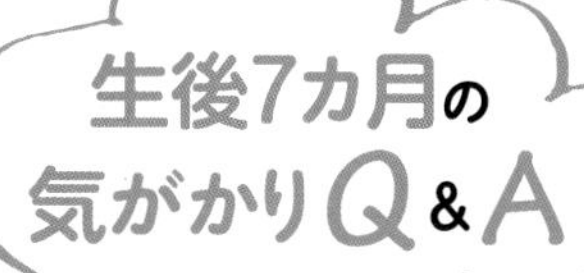

生後7カ月の気がかりQ&A

Q 人見知りしないのは変ですか?

A まったくしない子もいます。

人見知り（p118）で激しく泣かれて困ることもありますが、まったくしなくて心配するママ、パパも。生後6カ月～1才ごろに始まり、2才過ぎにはおさまるといわれている人見知りですが、それはあくまでも一般論。赤ちゃんにはそれぞれ性格や個性があり、まったく人見知りをしない子もいます。

あんしん

人見知りにも度合いがあります。激しく泣く子もいますが、知らない人を見て不安そうな顔をしているのも人見知りのひとつです。

Q 日焼け止めを塗ったほうがいいでしょうか?

A 日常生活なら帽子をかぶせましょう。

散歩や買い物程度ならば、日焼け止めではなく、帽子を。ベビーカーなら日よけも使いましょう。また歩くときは、日陰を歩くようにしましょう。

Q ずりばいをしません

A 健診で問題なければ大丈夫。

まだ筋力がともなわず腰を上げられないので、ほふく前進のように移動するのがずりばいです。これまでの乳児健診で問題がなければ、心配はありません。なかにはおすわり後、ずりばいせずに「たっち」をする赤ちゃんもいます。

発達の順番は、個人差があります。前後しても心配ありません。

Q 大きな声を出すので近所迷惑が心配です

A ひと言あいさつをしておくといいでしょう。

この時期は聴力が発達してきて、自分の声を聞いて楽しんでいます。他人の迷惑などおかまいなしですし、声量もうまく調整できません。ご近所への迷惑が心配ならば、ひと言あいさつをしておくといいでしょう。今後成長するにつれて、走り回ったりする音などの問題も出てきます。

あんしん

大きな声は赤ちゃんの感情表現。周りにアピールする手段として大きな声を出すことがあります。ピークは1才ごろ。成長とともにおさまります。

Q おすわりに練習は必要ですか?

A とくに練習は必要ありません。

ひざの上に赤ちゃんをのせて、おすわりさせているうちに、自然に筋力もついて自分でもできるようになります。腰や背中の筋肉や骨が成長すれば自然にできるようになるので、焦らず見守りましょう。

らくらく

おすわりができるようになると赤ちゃんの視界が広がり、さらに活動的になります。

離乳食（離乳中期）の進め方

味つけもＯＫ

生後7～8カ月になり、1日2回の離乳食に慣れてきたら離乳中期へ。この時期になると舌でつぶして食べられるので、**豆腐くらいのかたさが目安です。**また、**少量なら味つけもＯＫ。**ただし、ごく薄味で、素材のうまみを味わえるようにします。

たんぱく質食品が増える

離乳中期になると、鶏のささみや全卵など食べられるたんぱく質食品の種類が増えます。**たんぱく質は1回当たりに食べていい量の目安があるので、多く与えすぎないように注意しましょう。**

卵は少量ずつ

卵はアレルゲンになりやすいので注意が必要です。卵白がアレルギーを起こしやすいので、離乳初期でかたゆでにした卵黄を少量食べさせて様子を見て、慣れてきたら、しっかり火を通した全卵を少量ずつ試します。

離乳中期（7～8カ月ごろ）

この時期の離乳食

鶏ささみなど食べられる食品が増えるので、離乳食のレパートリーが増やせます。また全卵も食べられるようになります。

移行のタイミングは？

スプーンに慣れて、1日2回食になったら

スプーンに慣れて口を閉じて食べられるようになり、1日2回食になったら、次に進める合図。小食でもちゃんと口を閉じて飲み込めていれば大丈夫です。

食材の種類は？

食べられるたんぱく質食品が増える

炭水化物は7倍がゆ、パン、うどん。ビタミン、ミネラルは、根菜、葉物野菜。たんぱく質は、生ざけ、ツナの水煮、納豆、鶏ささみ、ヨーグルトなどが食べられるように。

1日の回数は？

1日2回を習慣に

2回食を習慣にしましょう。午前10時ごろと午後2時（もしくは午後6時）ごろにあげます。食後の母乳やミルクはほしがるだけあげて大丈夫です。

かたさ、1回の分量は？

舌でつぶせるかたさが目安

絹ごし豆腐のかたさが目安。炭水化物は、おかゆ（7倍がゆ）50～80ｇ。野菜、果物は、20～30ｇ。たんぱく質は、肉・魚（10～15g）、豆腐（30～40g）、卵黄1個～全卵1/3個。

ステップ2 ある日のメニュー

ささみとにんじんおかゆ

作り方
1. 鶏ささみ10gをゆでる。ゆで湯の中で冷まし、すりつぶす。
2. にんじん5ｇは皮をむいて、水からやわらかくゆで、つぶす。
3. 7倍がゆ50ｇに1、2をのせる。

大根の納豆あえ

作り方
1. 大根20gは皮を厚めにむき、水からやわらかくゆで、つぶす。ひきわり納豆3gも粗くつぶす。
2. 1にだし汁適量を加えて混ぜて、盛る。

おかゆのアレンジ

さけとじゃがいものおかゆ

作り方
1. じゃがいも10gは水からやわらかくゆで、つぶす。
2. さけ10gはゆでる。皮、骨を取り除いて粗めに刻む。
3. 7倍がゆ40gに1、2をのせる。

食べるときの姿勢

足をしっかりつけた姿勢に

手で支えなくてもおすわりができるようになったら、体に合ったベビーチェアを用意しましょう。足が床や足置きの面につくタイプがおすすめ。しっかりと足をつくことで、あごや舌に力を入れられる姿勢になります。

○ 食べさせ方

赤ちゃんの正面に座り、口に含んだものを飲み込んだか確認してから次のごはんをあげましょう。

避けたい食べさせ方、姿勢 ×

- 次々に口に押し込むと丸飲みの原因に。
- ベビーチェアからずり落ちてしまう。

らくらく
クッションなどを背中と背もたれの間に入れて支えましょう。

離乳食（離乳中期）のQ&A

Q 日によって食べる量にムラがあります

A 日によって食べたい日、食べたくない日があるのかも。

体重がそれなりに増えて、離乳食の時間も決まってきているのならば、問題はありません。離乳食のかたさが日によって違うからということもあるのかも。かたさをチェックしてみましょう。あるいは、赤ちゃんも日によって食べたい日、食べたくない日があるのかもしれません。

Q 食べるスピードが早すぎるのですが……

A かんで飲み込んだか確認しましょう。

かまずに丸飲みをしているのかもしれません。よく食べてくれると、口に運ぶスピードをついつい早めてしまいがち。すると丸飲みが習慣化してしまいます。咀嚼（そしゃく）の練習が大事な時期なので、モグモグしてちゃんと飲み込んだかを確認してから、次の分をあげましょう。

あんしん
食べる量よりも、丸飲みせずにモグモグしているかに注意しましょう。

Q メニューがマンネリになりがちです

A 味を変えたり、うどんやパンにしてみましょう。

食べ慣れた食材でも、和風だしなのか、野菜スープなのかで、味が変わります。また米だけでなく、うどんやパンにしてみましょう。味や食材を変えるだけで、いろいろなものになります。

Q 楽しそうに食べてくれません……

A 楽しい時間と思えるように工夫を。

食事の時間を楽しいと思えるように工夫してみましょう。ママとパパも同じ時間にごはんを食べたり、「おいしいね」など話しかけるのもいいでしょう。**それでも機嫌がよくないときは、「こんな日もある」と割り切って、無理せずに切り上げるのも方法です。**

歯が生え始めたらケアを始めよう

乳歯は、5～6カ月ごろに生えてきます。乳歯が1～2本のころはガーゼでふく程度でいいのですが、**上下の前歯が生えてくる7カ月ごろからは、歯ブラシでのケアを始めるようにしましょう。**

乳歯は、永久歯に生え変わるまでの数年しか使わない歯ですが、**ケアをおこたるとむし歯になり口内に、原因菌を増やします。そのため生え変わった永久歯までむし歯になることがあるので注意が必要です。**将来生えてくる永久歯のためにも、ケアを始めましょう。丁寧なケアを心がけることで、歯は強くなっていきます。

将来、自分で歯みがきができるようになるための練習として、赤ちゃんに持たせる歯ブラシを用意します。もちろんまだうまくみがけないので、ママやパパが仕上げみがきをしましょう。やさしく声をかけたり、歌を歌ったりして歯みがきを楽しいと思える習慣にしましょう。

歯みがきの進め方

6～7カ月

大人の指に水で濡らしたガーゼを巻いて、歯をこすります。歯ブラシに慣れるために歯固めやトレーニング用の歯ブラシなどを使ってもいいでしょう。

8カ月～1才

下の前歯、上の前歯とそろってきたら、本格的に歯ブラシを使いましょう。大人が使う仕上げ用と、赤ちゃんが自分で持つ用と、2本あると便利です。

1才以上

朝晩2回の歯みがきを習慣化しましょう。最低でも夜寝る前に1回は歯みがきを。大人が最後に丁寧にみがき、仕上げをしましょう。

歯の生える時期と順番

A（下）　5～6カ月　全部で2本（下の真ん中に2本）

B　1才ごろ　全部で8本（上4本、下4本）

D　2才ごろ　全部で16本（犬歯が生える）

A（上）　10カ月　全部で4本（上の真ん中に2本）

C　1才6カ月　全部で12本（手前の奥歯が生える）

E　2才半ごろ　全部で20本（上下に生えそろう）

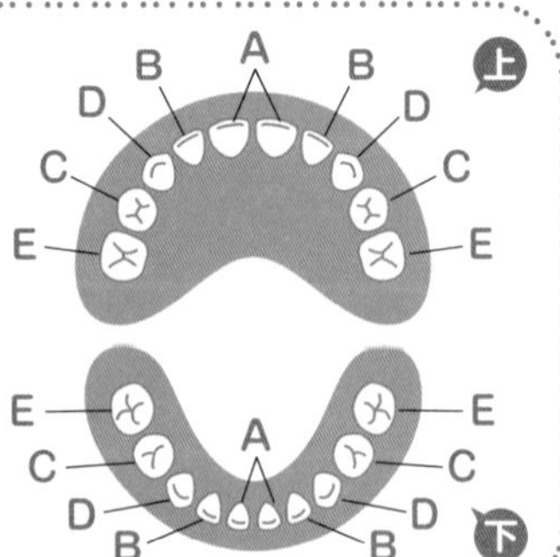

※これはだいたいの目安で、実際には個人差があります。

歯みがきのコツ

大人が正座をして、右ページの「歯みがきの進め方」のイラストのように赤ちゃんの頭をひざにのせて準備します。歯ブラシを持つ大人の手を赤ちゃんのほおに固定します。

奥歯

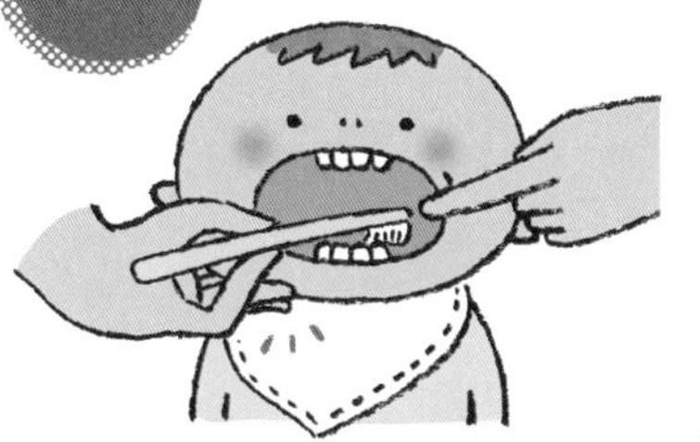

赤ちゃんの唇の端に、逆の手の指をひっかけてみがきます。

下の歯

逆の手で赤ちゃんの下唇を押さえてみがきます。

上唇を逆の手で押さえてみがきます。

歯についての気になるQ&A

Q 歯みがき剤を使うのはいつから？

A 3才ごろから使えます。

誤って飲み込んでしまううちは使えません。口をゆすぐことができるようになる3才を目安に歯ブラシの上に3㎜くらい出して使いましょう。フッ素入りのものがおすすめです。

フッ素は薄くて弱い歯のエナメル質を強くしてくれる効果があります。

Q 寝る前の母乳はむし歯になりますか？

A 心配ありません。

日中のケアがしっかりしていれば大丈夫。離乳食が始まっている今の時期は、歯みがきをしてケアをしましょう。夜間の授乳が続いているときも、寝る前の歯みがきをしっかりしていれば大丈夫です。

Q むし歯菌は、大人から感染しますか？

A 大人の唾液（だえき）からうつります。

赤ちゃんには、もともとむし歯菌は存在しません。大人の唾液（だえき）から感染します。口うつしや、スプーンの共用、ペットボトルやストローの回し飲み・使い回しはやめましょう。

あんしん

もっとも身近な大人であるママとパパが、赤ちゃんにうつすことがないように、むし歯の予防と治療を心がけましょう。

Q 歯並びをよくするためには？

A よくかむことが大切です。

かむことが歯並びをよくします。あごの骨を丈夫にしましょう。根菜などを取り入れて、よくかむように促しましょう。ただし、離乳食の段階に合ったかたさを守ります。

この時期の赤ちゃんの発育・発達

はいはいで行動範囲が広がる

これまで築いてきたママ、パパと赤ちゃんの絆（きずな）が強まり、後追いと人見知りがピークになります。はいはいができるようになり、行動範囲がさらに広がります。

後追いと人見知りは愛着完成のサイン

あんしん

後追いと人見知り（p118）がピークに。ママ、パパとの愛着関係が完成したあかしです。愛着とは、特定の人に対する「自分の欲求・感情・意思を理解してくれる人がいっしょにいて安心する」という絆ができること。ママやパパという安心できる存在があるからこそ、はいはいによる探索行動ができます。親との愛着関係が信頼感の土台となり、成長とともに、やがて他の人に対する信頼の輪も広がっていきます。

人見知りや後追いがピーク。泣いたり不安げな表情をしたりします。

表情

ママがいないと不安

	身長
男の子	66.3～75.0cm
女の子	64.4～73.2cm

	体重
男の子	6960g～10.14kg
女の子	6530～9630g

※生後８カ月～９カ月未満の身長と体重の目安です。

知的な発達がめざましい

らくらく

「おいで」と手まねきするとこちらに向かってはいはいしてくるなど、大人の言葉を理解するようになります。話す言葉のニュアンスを感じ取れるようになって、コミュニケーションがらくに。言葉を通したやりとりが楽しめます。

口

舌と上あごを使ってモグモグ

上手にすりつぶして食べられるようになります。

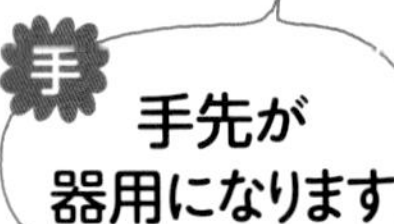

手

手先が器用になります

指先でこまかいものをつまんだり、両手で上手にものを持ったりできるようにも。

足腰

はいはいで行動範囲が広がります

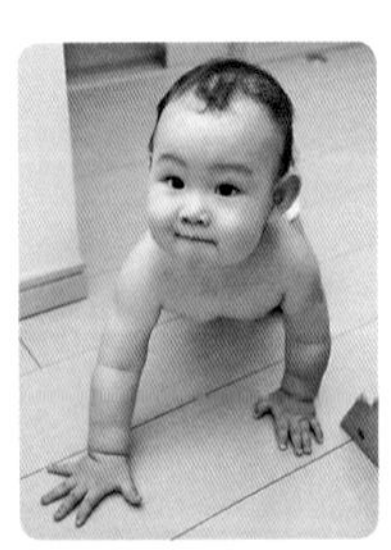

はいはいができるようになると、思わぬ場所に移動していることも。

この時期の最大のテーマは安全管理

おすわりで広い範囲を見渡せるようになり、興味をひかれるものがあると、そこへ向かって自分ではいはいして移動できるようになります。**はいはいは、左右の運動の分化が完成したというしるし**です。行動の範囲が広がるので、**安全管理（p110）がとても大切**になります。ママ、パパはこれまで以上に赤ちゃんから目が離せなくなる時期です。はいはいが完成すると、今度は少し高いところへ興味が広がり、つかまり立ちへと進んでいきます。より広い範囲で危険がないか、注意する必要が出てきます。

離乳食は、豆腐くらいのかたさ（p100）になり、1食につき赤ちゃん用茶碗で軽く1杯分を食べられるようになります。食べられる食材の種類も増えますが、この時期はまだ栄養の中心は母乳やミルクです。

4カ月ごろから始まった喃語（なんご）（p67）は、8～9カ月ごろにピークを迎え、**言葉は「まんまん」など反復音が上手**に。おしゃべりへの準備が始まります。

8カ月の赤ちゃんの1日

◎うんちは0～2回／1日

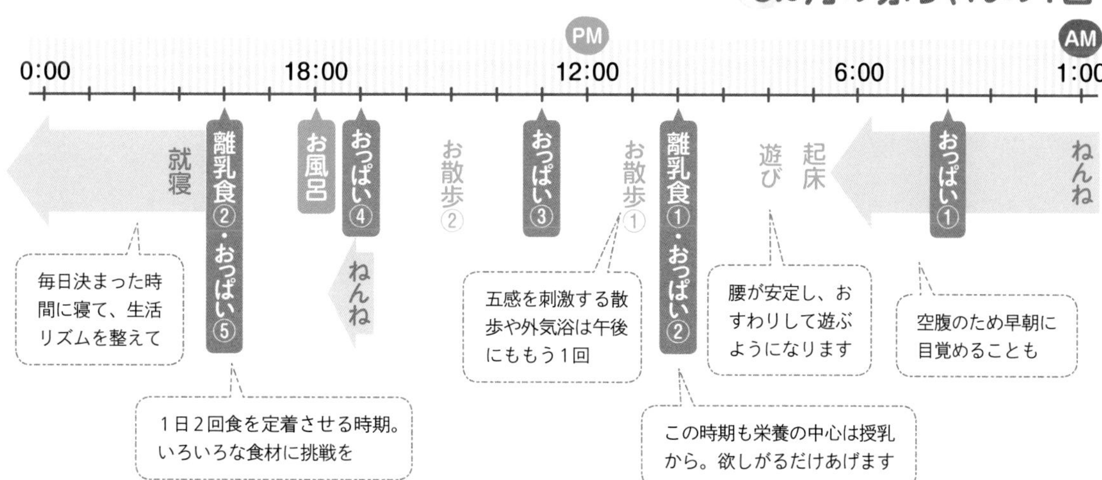
AM
1:00
6:00
PM
12:00
18:00
0:00
ねんね
おっぱい①
起床
遊び
離乳食①・おっぱい②
お散歩①
おっぱい③
お散歩②
おっぱい④
ねんね
お風呂
離乳食②・おっぱい⑤
就寝
空腹のため早朝に目覚めることも
腰が安定し、おすわりして遊ぶようになります
この時期も栄養の中心は授乳から。欲しがるだけあげます
五感を刺激する散歩や外気浴は午後にももう1回
1日2回食を定着させる時期。いろいろな食材に挑戦を
毎日決まった時間に寝て、生活リズムを整えて

この時期のパパががんばりたいこと

率先して赤ちゃんと遊ぶ時期

この時期は、赤ちゃんに1日じゅう後追いされ、離乳食作りなどの家事の時間も十分にとれません。家にいる時間は、率先して赤ちゃんの相手をしましょう。パパが赤ちゃんを抱っこしてくれるだけでも、ママはやりたいこと、できなかったことがやれて本当に助かります。

この時期のママの様子、赤ちゃんとの接し方

乳腺炎などのトラブルに注意

離乳食の段階が進み、食べられる食材も増えてくるころ。赤ちゃんによっては母乳をあまりほしがらなくなる子も出てきます。母乳の飲み残しや授乳間隔のばらつきが原因で、乳腺炎などのトラブルが増える時期です。高脂肪の食事は避け、栄養のバランスに気を配りましょう。

手先が器用に。コップにも挑戦します

手づかみ食べが始まると、離乳食タイムはお皿をひっくり返すなど、大騒ぎです。しかしこれは、手先が器用になったという順調な発達の証拠。ストローを使ったり、コップで飲めるようになったりする子も。

中村博幸（なかむらひろゆき）くんの場合

ママを乗りこえてニコニコ。

寝かせられるのが嫌で、着替えも大変！

ちょこんと正座して、おもちゃ箱をさぐります。

絵本を上手にめくります。

博幸くんの1日

時刻	博幸くん	家族
AM 1:00	添い寝でおっぱい、ねんね	パパ就寝
	添い寝でおっぱい、ねんね	
6:00		パパ、ママ起床、パパ出社
	起床	ママ朝食
	離乳食、ミルク（おかゆ、だしで煮た根菜、ヨーグルト）	
	ねんね	姉朝食
PM 12:00	ミルク	姉昼食
	遊び	ママ昼食
	添い寝でおっぱい、ねんね	
	離乳食、ミルク（おかゆ、だしで煮た豆腐、かぼちゃ、りんごすりおろし）	
18:00	お風呂	ママ、姉お風呂
	遊び	姉夕食
	眠くてグズり出す	ママ夕食
	ミルク	ママ、姉就寝
	ねんね	パパ帰宅、夕食、お風呂
0:00		

小児科Dr.アドバイス
長時間のテレビに警告

近年、小児科医たちは「2才未満の子どもたちに、テレビを長時間見せないで」と訴えています。1日4時間以上テレビを見る長視聴児は、言葉の発達が遅れたり、アイコンタクトが苦手だったり、表情が乏しいなど、知能と社会性の発達に遅れが出る可能性が高いことが指摘されています。

あんしん

おとなしくしてくれるからとつい子守代わりにしがちなテレビ。家事をする少しの時間だけなど、短時間だけと決めて。

Q せきや鼻水で寝苦しいのか夜中に何度も起きてしまいます

A 加湿が第一です。

せきや鼻水は、夜間、副交感神経の働きで出やすくなります。頭から背中にかけてタオルなどをひいて上半身を少し高くすると鼻通りがよくなります。せきには白湯(さゆ)を飲ませるのが有効。室内の空気が乾燥しているとせきが出やすいので、加湿器を活用しましょう。鼻がつまって苦しそうなときは少し冷ました蒸しタオルを鼻に近づけて、蒸気を吸わせましょう。

らくらく

加湿器がなくても、濡れたタオルを部屋のすみにつるしておいたり、お湯を入れた洗面器を置いたりするだけでも効果的。

らくらく

赤ちゃんのために、危なくないものを入れた「触ってもいいもの箱」を作り、自由にさせてあげるのもおすすめ。

Q 危ないことをしたらしかっていいですか?

A 先回りして危険なものを遠ざけましょう。

今は赤ちゃんの好奇心を伸ばす時期。しかるなどして、むやみに行動を規制するより、大人が先回りして危険なものを遠ざけるようにします。

Q 外出中の離乳食は時間がずれてもいいですか?

A 毎日でなければ大丈夫。

毎日でなければタイミングがずれても問題ありません。離乳食をあげる時間を気にしすぎて、必要以上に外出を避けることはありません。離乳食は、赤ちゃんが食べ物に慣れるためのステップ。外出時は常温保存できる市販のベビーフードをうまく活用するといいでしょう。

あんしん

外出先に離乳食を食べさせられる場所があるかを、事前に調べていくと安心です。ベビー休憩室や、子連れOKのレストランなどには子ども用のいすもあり、便利です。

Q 発達の順番が違いますが問題ないですか?

A 個人差があるので心配ありません。

運動機能は、頭から下方向へ進みます。目→首→腕→手→腰→足と、その発達には順序性がありますが、成長には個人差があります。おおむね、首すわり、寝返り、おすわり、はいはい、つかまり立ち、一人歩きと進みますが、はいはいをとばして一人歩きをする子もいます。

あんしん

赤ちゃんのやりたい気持ちを大事にし、やらないからと無理に練習をさせる必要はありません。

夜泣きのピークを乗り切ろう

夜泣きは、7～8カ月ごろがピークで、1才6カ月くらいでおさまってきますが、2才を過ぎてもおさまらない子どももいます。夜泣きは、寝ぼけているのと同じ。**夜泣きのときに、無理に起こして目を覚まさせたり、明るくして授乳をしたりすると、それが刺激になってしまい、その後にまた夜泣きを引き起こします。**

夜泣きのメカニズムは、はっきりとはわかっていませんが、不安だったり、眠いのに眠れなかったり、生活リズムのずれがあったりと、さまざまな要因が考えられます。有効な対策はそれぞれの赤ちゃんによって違いますが、**抱っこや添い乳などママパパと触れ合うこと**は効果があります。赤ちゃんが安心して眠りやすくなるためです。

夜泣きは一時的なことなので、やがておさまります。しかし、夜泣きがクセにならないように生活リズムを整えて、早寝早起きを心がけるようにしましょう。

夜泣きの原因4

授乳しても、あやしても泣きやまない、眠らない。その原因はいろいろあります。

原因1

生活リズムのずれ

昼寝の時間が長かった、来客があったなど、いつもの生活リズムがくずれたときに泣くことがあります。

あんしん

睡眠のリズムを戻しましょう。まず、起床時間をもとに戻すことで、食事や昼寝などのリズムも整いやすくなります。

原因2

興奮して眠れない

日中に受けた脳の刺激を、赤ちゃんは睡眠中に整理しています。そのため脳が活発になり刺激を受けて興奮することで、目が覚めてしまいます。

あんしん

脳がしっかり発達しているあかし。刺激を整理するのは必要なことです。「脳が成長しているのね」と前向きに考えましょう。

原因3

眠りが未熟

夜泣きのほとんどは、眠りの浅いときに起こりがち。まだ未発達な赤ちゃんは、眠ることが下手なため、本当は眠りたいのに目が覚めて泣いてしまいます。

らくらく

浅い眠りであるレム睡眠が訪れるサイクルが大人は90分に1回に対し、赤ちゃんはその半分の40～60分に1回。浅い眠りがその短いサイクルで訪れるので、ちょっとの音や刺激で起きてしまいます。

原因4

不安になった

寝ていたのに目を覚ましたらママがいない！　と不安になり泣くことも。**いつもそばにいて安心する存在として認識しているためです。**

夜泣きを防ぐためにできること

ポイントは3つ。これらを試してみましょう。

1 生活リズムを整える

一番のポイントと言える生活リズム。**朝起きる時間を決めたら、休みの日でも、夜泣きで寝不足になったときでも、同じ時間に起こすようにしましょう。**

また、起きたらカーテンを開けて、朝の光を浴びることで体が目覚めてきます。整え始めのうちは大変ですが、自然と同じ時間に起きるようになります。

2 昼寝は早めに切り上げる

昼間に活発に遊ばせると、その適度な疲れから、夜はぐっすりと眠るようになります。昼寝は、夕方までに早めに切り上げましょう。昼寝をし過ぎると、夜になかなか眠らず夜更かしとなり、生活リズムが崩れる原因となります。

赤ちゃんが夜泣きで寝不足なときは、昼寝の時間を少し多くするなど調整してあげましょう。起きる時間は夕方を超えないように。

3 寝る前にはたっぷりスキンシップ

寝る前にスキンシップをたくさんし、安心させてあげることもおすすめです。絵本を読んだり、「今日は、お散歩楽しかったね。わんわんに会ったね」などお話ししたり、マッサージをしたり、ギュッと抱きしめたり。ちょっとしたことで、赤ちゃんの不安がやわらぎます。このスキンシップを毎日決まって行うことで、やがて入眠するための決まりごととなり、寝かしつけのときにらくになります。

マッサージは、背中をさすったり、おなかをなでたりという「ママやパパの手が触れる」ということがポイント。お風呂上がりに、ベビーオイルを使って全身をマッサージしてあげるのもいいでしょう。

うちの子の場合 夜泣き対策テク6

どのテクが有効なのかは、赤ちゃん次第。
いろいろと試して、赤ちゃんに合うものを見つけましょう。

テク1 2～3分見守る

すぐに反応せずにしばらく見守ります。少し泣いたらそのまま寝入ることもあります。寝言のひとつとして泣くこともあるからです。

テク2 抱っこする

抱っこして、背中をトントンとしたり、ゆらゆらと揺らします。歩きながら抱っこをするとその心地よい揺れで眠くなることも。

テク3 授乳する

明るくせず、布団やベッドの上でそのまま添い乳をしてみましょう。おっぱいを飲むことで、安心してまた眠ることもあります。

テク4 水分補給をする

のどがかわいていて、麦茶や白湯を飲ませると泣きやんで眠ることもあります。枕元に水分を置いておくといいでしょう。

テク5 ベランダに出てみる

暖かい季節なら、気分を変えるために、抱っこしてベランダに出て夜風に当たってみるのもよいでしょう。

テク6 おなかの上で抱っこ

ゆらゆらの抱っこで眠ったものの、布団におろすと泣くときは、おなかの上で抱っこしてみましょう。より深く眠ってくれることも。

安全な室内にするための模様替え

おすわりが上手になり、はいはいをし始めると、赤ちゃんの行動範囲は一気に広がります。好奇心旺盛な赤ちゃんは、気になるものがあると「あれはなんだろう？」と、そこへまっしぐら。大人が触ってほしくないものでも、おかまいなしに触ったり、なめたりして確認します。

移動のスピードも日に日に速くなり、ふと目を離したすきに思ってもいないところにいることもあります。**24時間、目を離さずに見ていることは不可能です。「どんなに注意をしていても事故は起こるもの」と考え、事故を未然に防ぐために、安全な室内に整えることが大切です。**

室内でも危ないところは多く、事故が急増します。**成長具合によって注意したい点は変わるので、家具の配置などもその都度変えていくようにしましょう。**万が一のために応急手当て（p186）を知っておくとよいでしょう。

これだけはやっておくべき

安全な室内作り 鉄則3!!

はいはいをし始めたら、この3つをまずやっておきましょう。赤ちゃんは、日々成長していて、昨日できていなくても今日できるようになることもあります。危険を先回りして回避することがポイントです。

鉄則1

手の届かないところへ！

直径4cm以下のものは、口に入れて飲み込んでしまうと気管につまってしまい、窒息など事故の原因となるおそれがあります。小銭、ボタン、ボタン電池などの小さなものは、赤ちゃんの手の届かないところに置くこと。あるいは、箱にしまいましょう。**トイレットペーパーの芯を通るかどうかが、4cmの目安です。**のどや目などに刺さるおそれがある、はさみ、ペン、のりなどの細長いものも片づけましょう。

鉄則2

家具の角はけが防止グッズでカバー！

机やたんすなどの角に、はいはいで激突したり、おすわりの姿勢から倒れて、勢いよく後ろの角に頭をぶつけたりなど、頭や顔をけがすることがあります。**角（コーナー）専用のけが防止グッズでカバーしたり、クッション性のあるテープを貼ったりしましょう。**ただ、それが逆に赤ちゃんの興味を引いてしまうことも。強力な両面テープで貼ったり、グッズを多めに用意して準備するといいでしょう。

あんしん

クッション性のあるテープ（上）、角専用のけが防止グッズ（下）。どちらもはさみやカッターで簡単に切ることができるので、家具のサイズに合わせて調節できます。

鉄則3

ゴミ箱は隠す&ふたつきに！

赤ちゃんの手が届くゴミ箱は、いたずらのターゲットにされがち。ゴミ箱ごとクローゼットや押し入れに隠したり、赤ちゃんでは開けられないふたつきにしたりしておきましょう。本物のゴミ箱は隠して、それとは別に、触れられても危険がない紙くずなどを入れたゴミ箱を赤ちゃん用に置いておくと、赤ちゃんの好奇心を思う存分に満たすことができます。

らくらく

赤ちゃんの手が届かない高さの壁にフックをつけて、紙袋をつるし、仮のゴミ箱として使う方法もおすすめです。

赤ちゃんには魅力的!?

この場所にとくに注意

大人と目線が違う赤ちゃんは、大人が思ってもいないところに興味を持ちます。下記の4つには、事故の報告が多く、とくに注意が必要です。

引き出し

手先が器用になってくると、しっかりと閉めた引き出しでも、上手に開けられるようになります。引き出しをとめるいたずら防止グッズをつけるようにしましょう。また、手が届く高さの引き出しには、割れるおそれのあるもの、とがったものなどを入れないようにして、危なくないようにしましょう。

コンセントの穴

床に近い位置にあるコンセントの穴。赤ちゃんがクリップなどの金属品をここにさし込むと、感電のおそれがあります。コンセントカバーなどの危険防止グッズをさし込んで、予防しましょう。穴自体をふさぐタイプと、コンセント全体を覆うタイプがあります。

キッチン

ガスコンロのスイッチや包丁、食器、冷蔵庫、食器用洗剤など、キッチンには、危険がいっぱい。キッチンの入り口にかぎ付きの柵(さく)をして、中に入れないようにしましょう。また赤ちゃんの手の届く扉には、開かないように扉をとめるいたずら防止グッズをつけましょう。

扉

手で押すと閉まることがわかると、赤ちゃんは、扉を閉める遊びを始めることがあります。閉めるときに指をはさんだり、蝶つがい側のすき間に指をはさんだりするおそれがあります。扉は赤ちゃんが開け閉めできないように必ず閉めておくようにしましょう。

他にも気をつけたい家の中の危険な場所 ⇨ ●洗面所、浴室　●お風呂　●トイレ　●寝室　●リビング

それぞれの注意点については、p184～185を参照してください。

模様替えのQ&A

Q いたずら防止グッズは、どこで購入できますか？

A 100円均一ショップがおすすめです。

100円均一ショップやホームセンターには、さまざまな赤ちゃんのいたずら防止グッズが売られています。一時期しか使わないものも多く、使う場所によって種類も豊富にあります。また赤ちゃんにはがされることもあります。じょうずに購入して使ってみましょう。

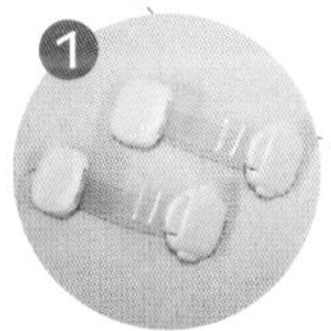
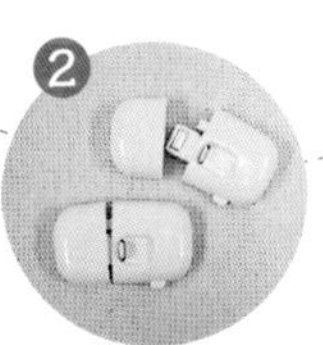
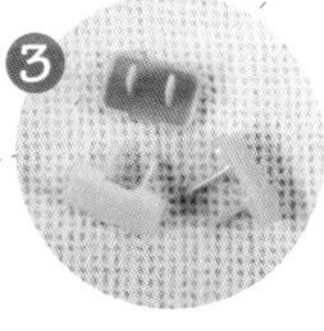

❶引き出しをとめるいたずら防止グッズ。　❷扉をとめるいたずら防止グッズ。　❸コンセントカバー。これらを使って安全な室内にしましょう。

らくらく☆ フローリングの場合は、クッションマットなどを敷いておくと、すべり防止になります。汚れたときもサッとふけて、新しいものに替えることもできるので便利です。

Q 安全なスペースはどのくらい必要ですか？

A 1～2畳分でもあるといいでしょう。

自由にはいはいできるスペースを作ってあげます。危険なものをなくし、赤ちゃんが自由に動ける場所を作るということは、大人の目が届きやすい範囲が増えるということ。スペースは、広ければ広いほどいいですが、1～2畳分だけでもあると安心です。

この時期の赤ちゃんの発育・発達

⇨栄養の6割を食事からとる

はいはいが上達し、ママを後追いします。なかにはつかまり立ちを始める赤ちゃんもいます。離乳食が1日3回に増え、栄養の6割を食事からとれるようになります。

遊びながら学びます

あんしん

手指にはたくさんの神経が通っていて、使えば使うほど脳の発達を促します。ちょっと目を離したすきに、ティッシュペーパーを箱から引っ張り出すなど、手を使った遊びが大好き。ときに大人たちを困らせる遊びですが、つまむ練習をいっぱいすると、絵本をめくれるようになったり、お絵描きができるようになったりし、お箸も上手に持てるようになります。今、夢中になっている遊びは、将来生きていくうえで必要なことにつながります。

表情

表情がより豊かに

びっくり、楽しいなどの気持ちを、表情にあらわします。

	身長
男の子	67.4~76.2cm
女の子	65.5~74.5cm

	体重
男の子	7160g~10.3kg
女の子	6710~9850g

※生後9カ月~10カ月未満の身長と体重の目安です。

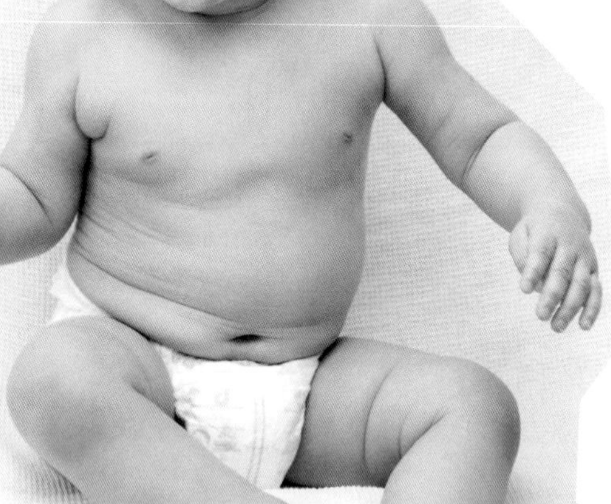

口

ストローで飲めるように

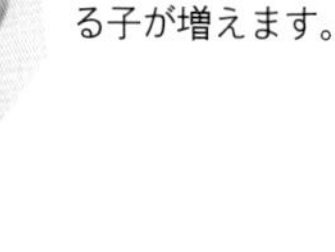

ストローやコップで飲めるようになる子が増えます。

手

2本の指で器用につまみます

親指と他の指を使って、ものをつまめるようになります。

バイバイのしぐさに愛らしさ倍増

らくらく

「いないいないばあ」のような記憶遊びや「ちょうだい」「どうぞ」などのやりとり遊びを楽しめるようになります。また、「じょうずじょうず」と手をたたいてほめると、まねてパチパチ拍手します。大人が喜ぶことがわかり、何度もくり返しやってなごませてくれます。まねは、やがて周囲とコミュニケーションをとるための練習にもなります。

下半身が強くなってきて、四つんばいだけでなく、腰を高くした高ばいをすることも。その後につかまり立ちをする子もいます。

つかまり立ちをすることも

2本の足でしっかりたっち。好奇心はさらに外へ

「はいはい」が上達して下半身の筋肉が鍛えられると、低めのテーブルや大人の足などにぐいっとつかまって、立ちあがる赤ちゃんもいます。そのため、手の届かなかった高さにも手が届くようになるので、危ないものを置かないようにしましょう。**今まで見えていたものとは違う世界が目の前に広がり、赤ちゃんの好奇心はますます外へと向かっていきます。**

指先の微細な運動能力が発達し、親指と他の指の2本を使ってつまむ、「ピンチ把握（はあく）」もできるようになります。**指先は、脳の中枢神経の発達と密接な関係があり、手指の発達にともなって脳も発達します**から、たくさん使いましょう。

また、離乳食は1日3回へ移行します。まだ母乳やミルクも飲みますが、栄養の6割は食事からとれます。野菜スティックや、小さなサイズのおにぎりなど、手でつかみやすいものを離乳食に用意して、手づかみ食べの練習をするといいでしょう。手づかみ食べは、やがてスプーンを持つための準備となります。

9カ月の赤ちゃんの1日

◎うんちは0〜2回／1日

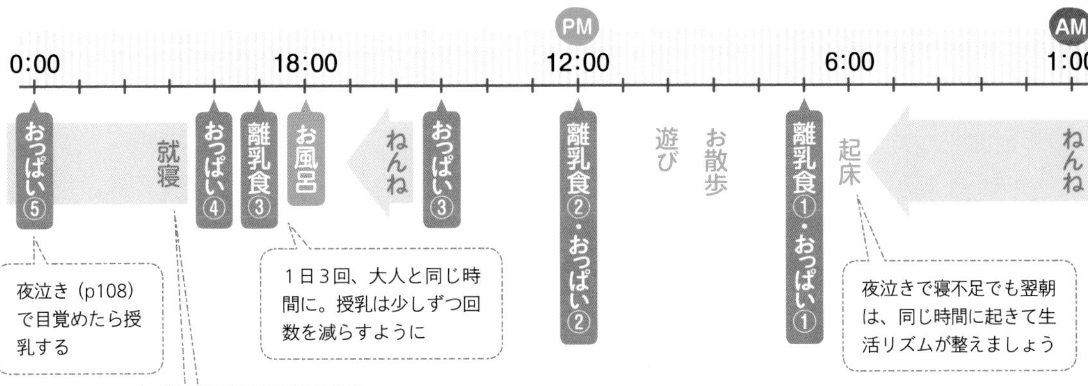
AM
1:00
6:00
PM
12:00
18:00
0:00
ねんね
起床
離乳食①・おっぱい①
お散歩
遊び
離乳食②・おっぱい②
おっぱい③
ねんね
お風呂
離乳食③
おっぱい④
就寝
おっぱい⑤
夜泣きで寝不足でも翌朝は、同じ時間に起きて生活リズムが整えましょう
1日3回、大人と同じ時間に。授乳は少しずつ回数を減らすように
夜泣き（p108）で目覚めたら授乳する
いつも決まった時間に寝て生活リズムを整えます

この時期のパパががんばりたいこと

おすすめの遊びは「たかいたかい」

座ったままの赤ちゃんを、ゆっくりと持ち上げ、立っているパパの視線に合わせて名前を呼んだりおしゃべりしたりします。目線が変わるおもしろさを赤ちゃんは喜びます。持ち上げるとき、おろすときはゆっくり。激しすぎる動きは、赤ちゃんの脳への影響が心配なので厳禁です。

この時期のママの様子、赤ちゃんとの接し方

離乳食メニューに悩む時期

3回食となり、メニューに悩んでしまうころ。冷蔵庫にあるいつもの食材で、かつ作りやすいものが続いてしまうこともあります。同じ味つけでも、肉と魚を替えてみたり、肉や魚の代わりに同じたんぱく質の豆腐や卵を使ってみたり、一つの食材を替えるだけでマンネリ化を防げます。

生後9カ月の生活

言葉の理解がすすむ。音のくり返しが楽しい時期

意味までは、まだ理解できないですが、言葉を理解し始めるころです。単純な音のくり返しや色のきれいな絵本、「いないいないばぁ」などで遊びましょう。外遊びも刺激になるので、お散歩を楽しんで。

種村朔太郎（たねむらさくたろう）くんの場合

絵本が大好き！自分でページをめくります。

ママといっしょにパチパチできるよ。

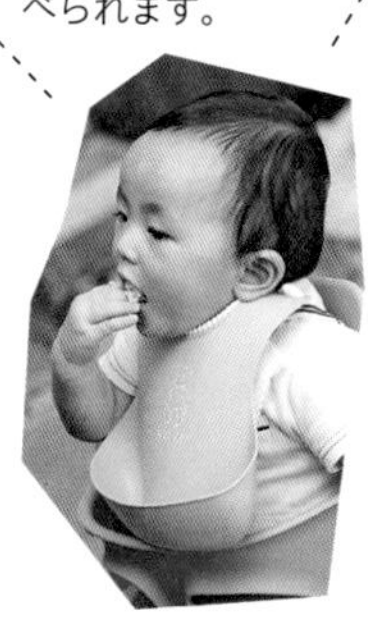

小さなおにぎりを自分でつかんで食べられます。

「はい、どうぞー」が上手にできます。

朔太郎くんの1日

- AM 1:00 おっぱい
  - ねんね
- おっぱい
  - ねんね
- 6:00
  - 起床
  - ●パパ、ママ起床
- 離乳食（●ごはん ●野菜スープ ●ヨーグルト）
  - ●パパ、ママ朝食
  - ごきげんに起きている
  - ●パパ出社
  - ねんね、ぐずるときはおっぱい
  - ママと遊ぶ
- PM 12:00 離乳食（●しらすまぜごはん ●なすとにんじんのスープ ●ゆで野菜）
  - ●ママ昼食
  - ねんね
  - お散歩
- おっぱい
  - ママと絵本を読む
- 18:00 離乳食（●一口おにぎり ●にんじんスープ ●かぼちゃヨーグルトあえ）
  - ●ママ夕食
- お風呂
  - ●ママお風呂
- おっぱい
  - 歯みがき
  - ねんね
  - ●パパ帰宅、夕食
- 0:00
  - ●パパ、ママ就寝

小児科Dr.アドバイス

一生続く原始反射　パラシュート反応

転びそうになったとき、大人はとっさに手をついて本能的に身を守ります。これがパラシュート反応（p120）。9～10カ月健診では、このパラシュート反応を診る項目があります。頭から落下するような姿勢にしたとき、両腕を前に出して体を支えようとするかを確認します。

あんしん　一人歩きの準備ができているかのサイン。これができると、次は歩くことに進みます。

生後9カ月の気がかりQ&A

0カ月 1カ月 2カ月 3カ月 4カ月 5カ月 6カ月 7カ月 8カ月 9カ月 10カ月 11カ月 1才 1才3カ月 1才6カ月 2〜3才 予防接種 病気・けが

Q 頭を打ったときに確認すべきポイントは?

A 意識があるか、嘔吐していないかなどを確認します。

つかまり立ちをしていて、ひっくり返って頭を打つような事故が増える時期です。頭を打った場合は、意識はあるか、嘔吐(おうと)していないか、ぶつけた場所がへこんだり、こぶになっていないか、けいれんはないかなどを確認します。病院で検査して異常がなかった場合も、頭を打ってから48時間以内は、嘔吐がないか、ひどくなっていないか、こぶが変色して腫れが悪化していないかなど様子を見守ります。頭部の内出血は、外見に異常がなくても、容態が急変することもあるので注意しましょう。

あんしん
頭を打った後、すぐに泣いたり、抱っこして落ち着いたりすればひとまずは安心。いつもと違う様子だったら、念のため受診しましょう。

Q ストローやマグの練習のコツは?

A ママが使う姿を見せてあげましょう。

ストローやマグが使えるようになるといろいろな場面で、水分補給がしやすくなります。食事のときにそばに置いて、興味を持つようにすることから始めてみましょう。ママがストローや持ち手つきマグで飲む姿を見せると、赤ちゃんもまねしたがります。

Q つかまり立ちのときに、つま先で立ちますが大丈夫?

A 慣れてくると、足の裏全体で立てるようになります。

つかまり立ちを始めたばかりのころは、どの赤ちゃんもつま先で立つことが多いです。まだ足の裏全体を使ってうまく立てないのでしょう。慣れてくると、足の裏をしっかりと床につけて立てるようになります。ですから、今つま先で立っていても問題はありません。

あんしん
つま先で立っていると、バランスを崩しがち。倒れて頭を打つことがないように、ママやパパがそばで見ているようにしましょう。

Q 下の歯が1本生えただけで、上の歯が生えてきました

A 歯の生え方は個人差があるので心配いりません。

下の前歯が2本、その後に上の前歯が2本生えます(p102)。ただし、生え方の順番は個人差が出やすいところです。そのうちどの歯も生えてくるので心配はありません。

あんしん
生える順番が違っていても、今後の歯並びに影響はありません。

離乳食（離乳後期）の進め方

いよいよ3回食がスタート

生後9カ月になり、1日2回の離乳食にも慣れて、食べ物をつかもうとしたり歯ぐきでかんだりしているようであれば、離乳後期に進みましょう。いよいよ3回食です。大人と同じ時間帯に食べさせましょう。**栄養の大部分を離乳食からとるようになるので、栄養バランスをより意識します。**

鉄を多くとりましょう

生後6カ月ごろから母乳に含まれる鉄分量が減るため、**赤ちゃんでも貧血になることが。**赤身の魚、レバー、大豆、卵など、鉄の多い食材を意識して食べさせましょう。

手づかみ食べを始めよう

手づかみで食べ物を感じ、やがてスプーンやフォークを使って食べるための練習になります。**手づかみ食べをしやすいスティック状の食材を用意しましょう。**

離乳後期（9～11カ月ごろ）

この時期の離乳食

1日3回食となり、大人と同じ時間帯に食事をします。母乳からとる栄養が減ってくるので、栄養バランスを意識した献立にします。

移行のタイミングは？

2回食に慣れ、口を動かしてかんでいる

豆腐程度のかたさのものを口を動かしてかんで食べていて、2回食が定着していれば、離乳後期への移行の合図です。

1日の回数は？

1日3回を習慣に

1日3回食になります。大人の食事時間に、少しずつ合わせていきましょう。午前9時、午後2時、午後6時ごろにあげます。

食材の種類は？

鉄を含む食材を意識します

炭水化物は5倍がゆ、パン、うどん。ビタミン、ミネラルは、根菜、葉物野菜。たんぱく質は、青背の魚、赤身肉、レバーなど。鉄不足になる時期なので意識しましょう。

かたさ、1回の分量は？

手づかみしやすい形に

バナナ程度のかたさが目安。炭水化物は、おかゆ（5倍がゆ）90g。野菜、果物は、30～40g。たんぱく質は、肉・魚（15g）、豆腐（45g）、全卵1/2個。

ステップ3 ある日のメニュー

主食 鶏ひき肉のふわふわ親子丼

作り方

1. 玉ねぎ10gは5㎜角に切る。
2. 鍋にだし汁50㎖、1を入れ、ふたをしてやわらかく煮る。
3. 鶏ひき肉8gを加えて火を通し、溶き卵小さじ2を流し入れ、しっかり火を通す。
4. 5倍がゆ90gを盛って3をのせ、青のりを少々散らす。

副菜 小松菜とにんじんの煮浸し

作り方

1. 小松菜10g、にんじん10gは、1.5㎝長さの細切りにする。にんじんは水から、小松菜は熱湯でそれぞれゆでる。
2. 鍋にだし汁50㎖、1を入れ5～6分煮る。

食べるときの姿勢

やや前傾姿勢に調節を

手づかみ食べしやすい、やや前傾姿勢になるように、いすとテーブルの位置を調節します。背中にクッションなどを入れて姿勢を調整しても。足は床や足置きにつけて力が入るようにしましょう。

らくらく

手づかみ食べは、周りが汚れやすくなるので、いすの下にも新聞紙などを敷いて、食べこぼしてもいいようにしておくのがおすすめ。

食べさせ方

食べることへの興味からスプーンや食べ物に手を伸ばすようになったら、手づかみ食べを始めましょう。最初は握ってもつぶれにくい野菜スティックやトーストなどがおすすめ。

！気をつけたいポイント

- 手づかみ用の食材は、長すぎる、太すぎるものは、赤ちゃんには持ちにくく、かじりにくいので注意。
- たくさん口にほおばらないように、大人が量を調整します。

離乳食（離乳後期）のQ&A

Q 食事に集中してくれません

A 会話をしながら食べてみましょう

好奇心旺盛で、目に入るものがとにかく気になる時期。テレビをつけていたり、おもちゃが近くにあったりするとそちらに気をとられてしまいます。食事中はテレビを消して、家族で会話をしながら食べるようにしてみましょう。

Q 外食で、大人の食事を取り分けても大丈夫ですか？

A 普段あげているものならばOK。

外食でお子様ランチが食べられるようになるのは、2〜3才とまだ先です。1才を過ぎれば、やわらかいうどんなど、普段食べているものがあれば、取り分けてOKです。ただし味つけが濃いものはやめましょう。

Q 手づかみ食べで、口につめ込みすぎてしまいます

A 量やタイミングを調節してあげましょう。

赤ちゃんは、まだ、食べる量やタイミングの加減がわかりません。赤ちゃん用の小皿を用意して、ママやパパがある程度の大きさにちぎったものを置いて、手づかみ食べをさせてみましょう。おかわりは、食べる様子を見ながら、お皿に置いてあげます。

Q 大人と同じテーブルで食事したほうがいいですか？

A 同じ食卓だと赤ちゃんもうれしくなります。

一人で食べるより、ママやパパと同じ食卓で食べると、赤ちゃんもうれしいものです。ただし、赤ちゃんに食べさせながら、自分も食べるとなると大仕事です。ママとパパがふたりともいるときには、どちらかが先に自分の食事を終えて、途中で食べさせる役を交代するなどの工夫を。

ママを困らせる人見知りと後追い

生後8～9カ月くらいにピークとなる人見知りと後追い。人見知りをするのは、**大好きなママやパパと、それ以外の人とを赤ちゃんが区別できるようになったからです。**ママやパパではない人に抱っこされると、不安になり泣いてしまう子もいます。「日中に母子だけで過ごすと人見知りになりやすいのでは？」と心配するママもいますが、そんなことはありません。多くの人と触れ合っている子でも人見知りは起こるものです。**赤ちゃんに知恵がついてきたという成長のしるし**でもあるので、喜ばしいことですが、ママ以外の人に泣いてしまうと、抱っこをお願いすることもできません。

後追いは、**大好きなママがいなくなってしまうことが、とても不安でこわいと感じるから。**ママの存在がわかるようにしてあげると安心することがあるので、そばを離れるときには「ママ、トイレに行ってくるね」など声をかけてあげましょう。

後追いって？

ママが赤ちゃんの目の前からいなくなったときに、泣いて追いかけてくるのが後追いです。姿を確認すると泣きやみます。

いなくなることが不安

ママへの愛着が増し、いなくなることに不安を覚えることから起こります。ママは大変ですが、離れるとき以外は、抱っこをしたり、いっしょに遊んだり、赤ちゃんの欲求をしっかりと受けとめてあげると、心が安定して自立心が育ちます。

ママの「ちょっと」は赤ちゃんにとっては遠い

赤ちゃんにとっては目の前がすべて。ちょっと離れただけのつもりでも、赤ちゃんにとってはとても遠くに行ってしまったように感じられて不安になります。離れるときには、「隣の部屋に行ってくるね」などと声をかけてあげると安心します。

あんしん
「ママはここだよ」と居場所を教えてあげると、安心します。

後追いを乗り切る方法

目の前からママがいなくなることが不安なので、声かけをしたり、姿が見えるようにしたりしてあげましょう。黙って赤ちゃんの前から急にいなくならないように。

方法1 声をかける

離れるときに「ちょっと離れるけどすぐ戻るよ」と伝えます。戻ったら「戻ったよ」と声かけをすることで、赤ちゃんは安心します。

方法2 姿を見せる

トイレにまでついてくるようなときは、家の中ならば一時期と割り切って、扉を開けてみましょう。ママの姿を見せれば落ち着きます。

方法3 おんぶで家事

体が密着していると赤ちゃんは安心します。そうはいっても、抱っこで家事は難しいもの。そんなときは両手があくおんぶがおすすめです。

人見知りって?

ママやパパ以外の人に抱っこされると、泣いてしまったり、泣かなくても不安そうな顔をしていたりします。

愛着関係から起こる

ママやパパを大好きな人と理解できている証拠。とくにママへの愛着のあらわれです。ママ、パパを通して他人との関係を学んでいきます。

人見知りしない子もいる?

見慣れない人に緊張したり、体をかたくしたり、目をそらすのも人見知りの一種といえます。まったくしない子はあまりいません。

8〜9カ月がピーク

始まる時期には個人差があり、早いと4カ月くらいから始まる子もいて、8〜9カ月くらいが人見知りのピーク。2才くらいでおさまることも。

人見知りのレベル

人見知りには、個人差があります。泣かない子、近くにママやパパがいれば大丈夫な子、大泣きする子と分かれます。

弱　知らない人を見つめる

泣かないものの、不安そうな顔をして知らない人を見つめたり体をかたくしたりする。

中　少し泣くものの、そばにママやパパがいれば安心する

ママやパパがそばにいることで安心はしているものの、知らない人という認識はしている。

強　大泣きする

ママやパパがそばにいても、知らない人と目が合ったり、抱っこされたりすると大泣き。

人見知りを乗り切る方法

赤ちゃんを安心させるのがポイントです。ママやパパがそばにいることが一番です。

方法1　慣れるまでママやパパが抱っこする

しっかりと抱っこをして、安心させてあげましょう。他の人に抱っこしてもらうときには、ママやパパがそばにいることで赤ちゃんは安心します。

方法2　相手と仲がいいところを見せる

相手とママやパパが仲よく話していると、赤ちゃんも安心します。反対にママやパパが相手に緊張感を持っていると、赤ちゃんにも伝わるものです。

方法3　成長の通過点として割り切る

人見知りは成長のあかし。ママやパパのせいではありません。周囲に人見知りであることを伝えて、一時的なものと理解してもらいましょう。

運動面の発達を確認する健診

発達の個人差が広がる月齢です。健診でも聞かれるので、**はいはいやつかまり立ちができた日にちを母子健康手帳に記録しておきましょう。**

健診では体の発達の様子と、積み木をつかむテストなどで**運動面の発達をチェックします。**それまで判別しにくかった先天的な病気や、視覚や聴覚などの異常も見つかりやすくなるころです。健診は忘れずに受けましょう。人見知りが激しくなり、診察をいやがる赤ちゃんもいて、大泣きしてしまうこともありますが、心配ありません。

9〜10カ月健診でチェックすることリスト

- □基本的な計測と診察(p46)
- □はいはいはするか
- □つかまり立ちはするか
- □パラシュート反応をするか
- □呼びかけると振り向くか
- □ごきげんに一人遊びするか
- □パチパチ拍手などのまねっこはするか
- □歯の生え具合
- □指で小さいものをつまめるか
- □音に対する反応や、ものを見るときの様子
- □予防接種は何を受けたか
- □人見知りの状態

あんしん

健診で泣いてしまっても、人見知りをしているかどうかの確認なので、問題ありません。

パラシュート反応のチェック
赤ちゃんをうつぶせの体勢で持ち上げ、頭から落下するような姿勢をとらせたとき、手を広げて支えようとする反応があるかを診ます。

手指の動きのチェック
小さい積み木を、手づかみではなく指先でつまめるかなどを診ます。指先まで神経の働きが行き届いているかをチェックします。

つかまり立ちの確認
何かにつかまって立てるか、両わきを支えると足を突っぱって立とうとするかなど。また足の筋肉の発達なども診ます。

はいはいのチェック
高ばいやずりばいなどのはいはいの様子から、手足や背中、腰などの発達具合を診ます。まだ、はいはいをまったくしない赤ちゃんもいます。

この時期とくに気になる
はいはいについての
Q&A

周りはやるのに、まだやらない？変な動き？

Q ずりばいの時期が長く、四つんばいになるはいはいをしません。

A おすわりができ、つかまり立ちの兆候があれば心配ありません。

ずりばいで速く動けていると、はいはいをとばして、つかまり立ちに進む子もいます。おすわりができていて、つかまり立ちの兆候があるならば、発達に問題はありません。

Q 座ったまま、ぴょんぴょんとはねて移動します。これもはいはいですか？

A その通りです。

はいはいの形は、赤ちゃんによってさまざまです。赤ちゃんにとって、はいはいは興味があるところへの移動が目的です。ぴょんぴょんとはねて移動するからといって、つかまり立ちや一人歩きの発達に問題はありません。その子なりのはいはいの形があるので、個性として考えましょう。

Q お尻を高く上げてはいはいをします。疲れないの？

A 本人が楽しそうなら問題はありません。

きれいな形の四つんばいだけがはいはいの形ではありません。お尻を上げるはいはい（高ばい）がその子のスタイルなのでしょう。大人から見ると疲れそうな感じですが、本人が機嫌がよく楽しそうであれば、大丈夫です。

Q うつぶせが嫌いなようで、はいはいをしません。

A 手にとりたい欲求から動き出すことも。

おすわりができているならば、問題ありません。そのうち「動きたい」「あれを触りたい」という欲求が生まれ、はいはいを始めることもあります。はいはいをあまりしないで、立つ子もいるので、しないからといってとくに心配はありません。

Q フローリングの床だからか、はいはいをしながらすべっていきます。対策はありますか？

A クッションマットなどを敷きましょう。

フローリングはすべりやすいので、はいはいをしていてすべって、あごを打ってしまうこともあります。クッションマットを敷いたり、ラグを敷いたりして、すべりにくい床にしましょう。

Q はいはいするのを、促すおもちゃはありますか？

A 触ると動いたり、電動で動き回るものがおすすめ。

動くおもちゃがおすすめです。「動くおもちゃに触りたい」「気になる」という欲求を赤ちゃんに感じさせましょう。相手が動くので、追いかけたい欲求が生まれます。ただし、こわがったり、びっくりして泣いてしまうようであれば、違うものにしましょう。

この時期の赤ちゃんの発育・発達

⇨運動機能が足の末端にまで及び、伝い歩きも

つかまり立ちや伝い歩きができるようになり、指先は「ひねる」「押す」もできるほど器用に。自己主張が激しくなって、やりたいことにダメと言われると泣きだすことも。

生後 10カ月

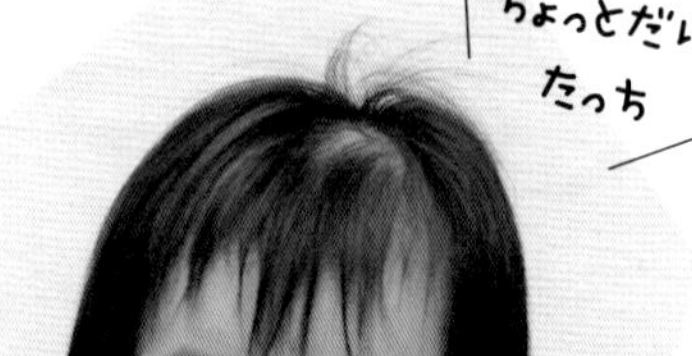

ちょっとだけ たっち

	身長
男の子	68.4～77.4cm
女の子	66.6～75.6cm

	体重
男の子	7340g～10.59kg
女の子	6860g～10.06kg

※生後10カ月～11カ月未満の身長と体重の目安です。

表情

自己主張が激しくなります

びっくり、大喜びなどの気持ちを表情にあらわします。

スイッチを押したり、落ちている小さなゴミをつまんだりできるようになります。

手

指先がますます器用に

口

4本の歯が生えます

下に2本、上に2本の前歯が生えてきます。

腰

つかまり立ちから伝い歩きへ

つかまり立ちができるようになると、伝い歩きが始まります。早い子は、短い時間のたっちや歩き出すこともあります。

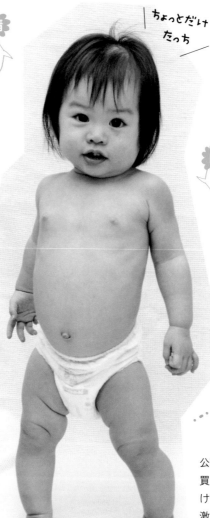

あんしん

おしゃべりで意思の疎通も

いろいろな言葉やジェスチャーが出てくるようになります。それは自分の意図や意思を伝えようとする声。音の鳴るほうを指さしながら「あ(何か聞こえるよ！)」と意思表示したり、空(から)のお皿をさして「ンマンマ（もっとちょうだい！)」と催促します。その姿には、だれもが思わずにっこりします。五感を通じて感じたことを他人と共有したいというコミュニケーションの始まりです。

らくらく

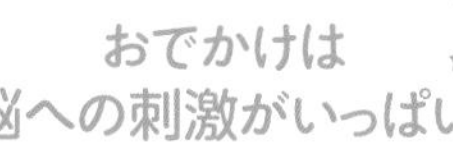

おでかけは脳への刺激がいっぱい

公園での外遊びやスーパーでのお買い物など、ちょっとしたおでかけでも赤ちゃんの脳には大きな刺激になります。興味を示したものに対して「お花、きれいだね」と共感の気持ちを代弁して話しかけると、言語の発達をより促します。

できたことに目を向け成長をじっくり応援

つかまり立ちができるようになると、伝い歩きももうすぐです。この時期の発達レベルは十人十色で、はいはいする子、つかまり立ちをする子、伝い歩きをする子、なかには少し立っていられる子などさまざま。これも個性です。他の子に比べて**「できない」ことを心配するのではなく、昨日できないことが今日は「できた」ということに目を向けて、**赤ちゃんの成長を応援していきましょう。ママやパパの「できるようになってすごいね」という応援は、赤ちゃんのやる気をひきだします。運動機能の発達が足の末端まで及べば、たっちするようになります。

手先は「ひねる」「押す」もできるようになり、台所のコンロやスイッチ類を触りたがります。そろそろいけないことを教えることが必要な時期。目を見て「ダメ」と伝えましょう。

自己主張が激しくなり、好きなこと嫌いなことをはっきりと表現します。**気に入らないと激しく泣いて訴えたり、ほしいものを指さしなどのジェスチャーで伝えられるようになります。**

10カ月の赤ちゃんの1日

◎うんちは0～2回／1日

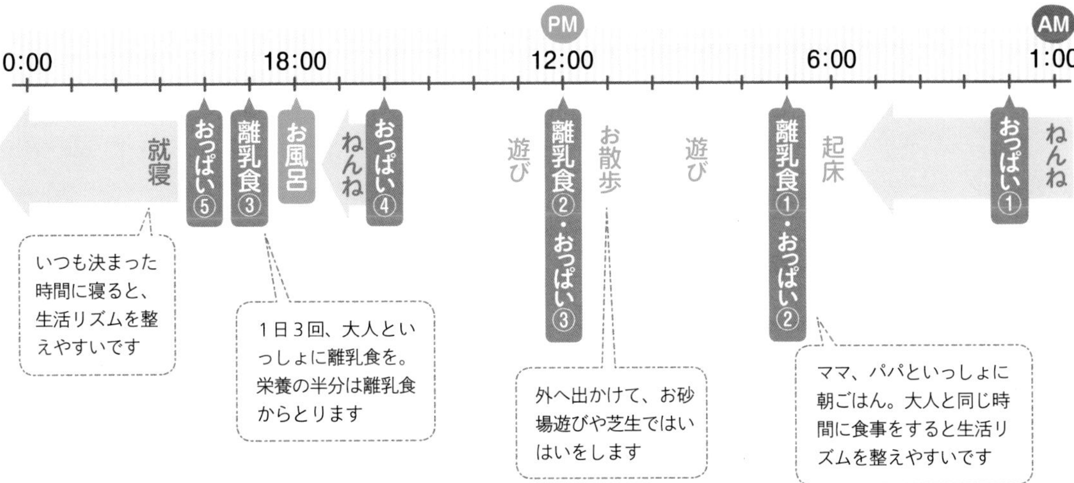
AM
1:00
ねんね
おっぱい①
6:00
起床
離乳食①・おっぱい②
ママ、パパといっしょに朝ごはん。大人と同じ時間に食事をすると生活リズムを整えやすいです
遊び
PM
12:00
離乳食②・おっぱい③
お散歩
外へ出かけて、お砂場遊びや芝生ではいはいをします
遊び
おっぱい④
ねんね
18:00
お風呂
離乳食③
1日3回、大人といっしょに離乳食を。栄養の半分は離乳食からとります
おっぱい⑤
就寝
いつも決まった時間に寝ると、生活リズムを整えやすいです
0:00

この時期のパパががんばりたいこと

家の中に危険がないか点検する時期

できることが増えて、大事なものをひっかき回したり、コードをかんだりなめたり、いたずらが急増する時期です。自分で危険を回避したり、身を守ったりする知恵はないので、大人のフォローが必要。危険なものは手が届かない場所に片づけるなど、安全第一の部屋作りのための再チェックを。

この時期のママの様子、赤ちゃんとの接し方

楽しく食事することを意識して

食べムラや遊び食べ、好き嫌いが出てきて、食事が大変になる時期。ごはんをぐちゃぐちゃにしたり、遊びに気をとられて思うように食べてくれなかったりすることも。そんなときは無理に食べさせる必要はないと割り切ることも大切。食べることよりも食卓を囲む楽しさを味わいましょう。

おおうちれいか
大内麗香ちゃんの場合

指先を使うおもちゃや外遊びで五感を刺激

スイッチやリモコンのおもちゃで遊んだり、外遊びをすると五感が刺激されます。芝生ではいはいをさせてもいいでしょう。また、一人で集中して遊ぶようになるので、危険がないか常に注意します。

ダメと言われて、うえーん。

ソファに上りたくて、よっこいしょ。

指先で器用にボタンを押します。

ママの手作りおもちゃでニコニコ。

麗香ちゃんの1日

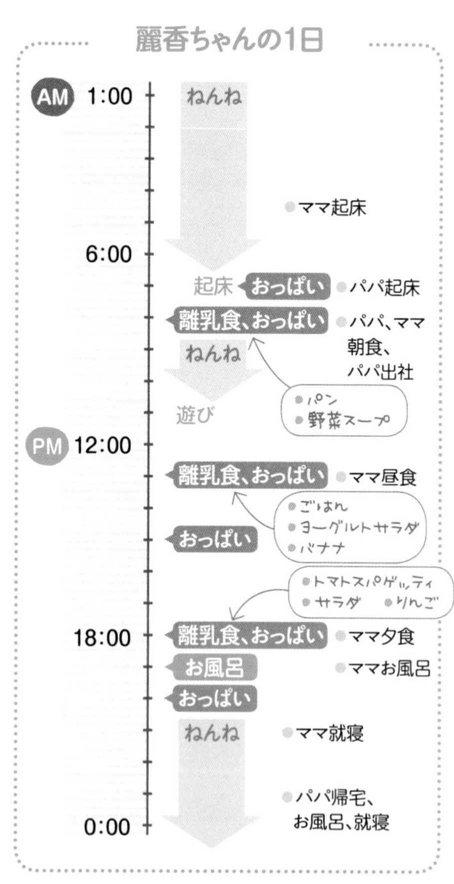

小児科Dr.アドバイス

イヤイヤ期は親子関係を築く通過点

自己主張は、「第1反抗期」に向けたスタート。反抗=悪いことではありません。必ず通過する成長過程であり、親は子どもへの接し方やしかり方などを学んで親子関係の土台を築く重要な時期。「ダメと伝える」「今日は気のすむまでやらせてみる」など、試行錯誤しながら信頼関係を築いていきましょう。

0カ月
1カ月
2カ月
3カ月
4カ月
5カ月
6カ月
7カ月
8カ月
9カ月
10カ月
11カ月
1才
1才3カ月
1才6カ月
2〜3才
予防接種
病気・けが

生後10カ月の気がかりQ&A

Q まねっこしません

A 見守ることも親の役目です。

発達の目安としてまねっこ遊びがありますが、やらなくても大丈夫。他の子と比較するのではなく、長い目で見てわが子の成長を信じて見守ることも親の重要な役目です。

あんしん
周りに「遅いのね」と言われて気になることが多い発達の悩み。「慎重派なのかも」とおおらかに見守るようにしましょう。

Q ママやパパの腕や肩にかみつきます

A 真顔で「ダメ」と言いましょう。

前歯が生えると、赤ちゃんは歯ぐきがかゆくて、かみつくことがあります。人にかみつくのは、いけないこと。いつもとは違う真剣なトーンで、短くひと言「ダメ」と言ってみましょう。

らくらく
嫌いだからかんでいるわけではなく、遊びの、一種の愛情表現でもあります。ただし他の人にかみつくことは、いけないことだと教えます。

Q 「ダメ！」ばかりで自分がいやになるときが

A 「ダメ」としからない状況にしましょう。

大人から見たら危険なものが赤ちゃんは大好きです。これはいたずらではなく、好奇心からの探索行動。**危ないものは手の届かないところにすべてしまい、「ダメ」「危ない」としからなくてもいい状況を作りましょう。**

Q 赤ちゃん同士で遊ばせるときに注意することは？

A 危険なときは、間に入って止めましょう。

この時期の赤ちゃんによくあるのは、おもちゃの取り合いです。これは、赤ちゃんにとって絶好の学びと成長の機会です。相手の行動が気になり、自分もやりたいとなり、取り合いが始まりますが、すぐに手を出さずに見守ります。やがて我慢することや譲ることを学びます。3才までは、まだ他者にも感情があることを理解できず、自己中心的です。気に入ったおもちゃはすべて「自分のもの」です。もしかみつくなど、何か危険なことがありそうならすぐに間に入って止めましょう。

Q 手を貸すべき？

A なるべく自由にさせましょう。

つかまり立ちに失敗して転ぶなどするのは、この時期ではよくあること。つい手を貸したくなりますが、赤ちゃんは失敗からたくさんのことを学びます。**家具や床にあるものに注意して、危険がない環境作り（p110）をし、**なるべく自由に動き回らせましょう。

生活習慣のしつけを始めよう

歯みがき、手洗い、お風呂など、そろそろ生活習慣のしつけを始めましょう。しつけといってもかた苦しく考えずに、その子に合ったペースで進めていきます。

10カ月前後は、とくにママやパパの言葉や行動に興味をもち始める時期。そこで、**生活習慣のしつけは、パパやママのまねっこからスタートしましょう。**最初は、遊びになってもかまいません。「お風呂入ると気持ちいいね」「外から帰ったら手を洗おうね」など普段から話しかけて、ママやパパが実行する姿を見せてあげます。まねをして、同じような行動をするようになります。

2才くらいになると言葉でのやりとりでしつけができ、3才になると理由を説明すると納得するようになります。

しつけは、すぐに覚えることはできないので、根気よく続け、習慣づけることが大切。ママとパパは、気持ちに余裕を持って焦らず少しずつ進めましょう。

この時期の生活習慣のしつけ

歯みがき

歯が4本そろったら歯ブラシへ

歯が生え始めて、上に２本、下に２本そろったら、ガーゼでの歯みがきを卒業し、歯ブラシを使った歯みがきを始めましょう (p102)。まずは、離乳食の後にお茶や水を飲ませて、口の中がすっきりすることを感じさせます。それに慣れたら、寝る前に歯みがきをすることを教えましょう。

らくらく　この時期は、自分で歯ブラシを持ちたがるもの。赤ちゃんには赤ちゃん用の歯ブラシにして、それに大人が手を添えながらみがきます。こうして歯ブラシを持たせて、それに慣れさせます。

食事

食事は楽しい時間と教えましょう

ママやパパといっしょの食卓を囲み、食事が楽しい時間ということを教えます。「ごはん、おいしいね」「モグモグ食べられたかな」など、赤ちゃんへの声かけも積極的に。また、手づかみ食べの時期なので、自分で食べる楽しみを十分にさせてあげましょう。

らくらく　「モグモグ」「ごっくん」など、かむことや食べることを促すように声かけをすると、丸飲みを予防することができます。

お風呂

さっぱりする体験を意識させて

体をきれいにすると気持ちがいいという体験を、赤ちゃんに意識させます。お風呂から上がったら「さっぱりしてとても気持ちがいいね」「体があたたまってぽかぽかだね」などの声かけを、積極的にするといいでしょう。

らくらく　水に触るのが苦手な子には、シャワーの水圧を弱めたり、ぬるめの温度のお風呂にしたりして、水遊びの感覚で始めてみましょう。

手洗い

ママとパパがお手本に

外から帰ってきたときや、ごはんを食べる前には手を洗うことを、まず、ママやパパがお手本になって見せましょう。それを見た赤ちゃんが興味を持ってきたら、「外から帰ってきたら、手を洗おうね」と、話しかけます。

あんしん　この時期から教えると、やがて習慣化します。手洗いは、感染症予防にも欠かせないので、ぜひ教えたいしつけです。

ほめたり、しかったり、くり返し教える

ほめたりしかったりするしつけは、大切なことです。ただし、まだ長い間記憶していられない赤ちゃんにはなかなか伝わりません。10カ月のこの時期は、くり返し教えるようにしましょう。やがて理解力がついてくるとわかるようになります。

しつけは、成長とともに方法が変わります。 1才までは赤ちゃんの反応にかかわらずくり返し伝え、2才からは言葉でのやりとりで教え、3才では自分でやり遂げるまで見届ける……、そのように**発達や理解力に合わせて、方法を変えていきましょう。**

年齢別のしつけ方法

0〜1才 くり返し伝える
記憶の容量が、まだ少ないころ。赤ちゃんが、しかられていることをわかっていなくても、くり返し何度でも伝える。

2才 言葉でのやりとり
言葉でのやりとりができるようになるので、「アチチだからやめてね」など、なぜだめなのかを簡潔に伝える。

3才 自分でやらせる
何でも自分でやりたがる時期。自分でやり遂げる経験をさせる。ただしダメなことはダメと伝える。

赤ちゃんの心が育つ しつけ4つのポイント

赤ちゃんの心を伸びやかに育てるしつけにはポイントがあります。ポイントをおさえて、よくコミュニケーションをとりながら教えていきましょう。

ポイント1 できたらほめる、失敗したら抱きしめる

赤ちゃんは、ほめられると達成感を味わい、自信を持てるようになります。その結果ママやパパがいつも自分を見てくれていると感じ、ママやパパへの信頼感も増します。**逆に失敗したときは、赤ちゃんは不安を感じています。そんなときは、抱きしめて、安心させてあげることが大切です。**

ポイント2 大人が気持ちに余裕を持つ

なかなかうまくできない赤ちゃんにイライラしてしまうこともあるかもしれません。はじめてのことはなかなかできなくて当然です。気持ちに余裕を持ってください。**大人のネガティブな感情は、赤ちゃんに伝わってしまいます。**

否定的な言葉や表現は、言葉の意味がよくわかっていなくても、雰囲気で赤ちゃんに伝わっています。

ポイント3 自分でやらせる

時間がかかるから、まだうまくちゃんとできないからと、**赤ちゃんがやっていることを途中でママが手伝ってしまうのはよくありません。**すぐにあきらめてしまう子どもになる心配が。最後まで自分でやってみる経験が大切です。ママやパパは、手伝いたいのをぐっとこらえて、見守ってください。

ポイント4 呼びかける

赤ちゃんがやっていることを後押ししましょう。**ただ見ているだけではなく「がんばって」など応援しましょう。**ママやパパの応援は赤ちゃんをやる気にさせます。

心を育てる

ほめ方 しかり方

ママやパパの行動や表情、言葉に対して、興味を持ち理解しようとし始めるころ。このころから、ほめたり、しかったりを始めると、**言葉以外にもたくさんの情報を赤ちゃんは学んでいきます。**たくさんほめて、危険なときはしかりましょう。

ほめ方のヒント1

「うれしい」「楽しい」を共有する

「ごはんをたくさん食べたね」「笑顔でうれしいね」「この絵本楽しいね」など、**日々の感動を赤ちゃんと共有しましょう。**

ほめる

ほめ方のヒント2

ママとパパが喜ぶ

赤ちゃんは、自分の行動でママやパパが喜んで楽しそうにしていると「ほめられた」と思い、うれしくなります。ささいなことでも喜んで、赤ちゃんに自信をつけさせてあげましょう。

あんしん

自信がつき、赤ちゃんのママとパパへの信頼感が増します。すると、しかられるという否定的なことも受け止められるようになります。

ほめ方のヒント3

何かができたらほめる

「まねっこでバイバイができた」「上手に手づかみで食べられた」など、何かができたときにも、ほめましょう。そのときに「次は、野菜も手づかみで食べてみようね」と**次の目標もいっしょに伝えて、赤ちゃんを応援しましょう。**

あんしん

「ダメ」ばかり言わないですむように、あらかじめ危険なものを片づけたり、赤ちゃんの手の届かないところに置いたりと安全な室内環境づくり(p110)を実践して。

しかり方のヒント1

根気よく伝える

ママやパパの言うことを、ある程度は理解できるようになってきましたが、1回ではまだ理解できません。**気長に根気よく、伝えましょう。**

しかり方のヒント2

危険なことはしかる

はいはいなどで動き回れるので、行動範囲はぐんと広くなっています。家の中の危険なところにも好奇心から近づいていきます。危険でけがをしそうなときなどは、「ダメ」としかります。

しかる

しかり方のヒント3

簡単な説明もする

生後9～10カ月くらいから、何かやろうとするときに、チラッと大人の顔を見てから始めるようになります。赤ちゃんは0才でも「学ぶ」という気持ちがあります。「アチチだからダメだよ」「いたいいたいだから、やめてね」など、**簡単な説明をしながらしかりましょう。少しずつ理解していきます。**

この時期とくに気になる
しつけについてのQ&A

毎日しかりすぎ？ 他の子と比べてしつけができていない？

Q 同じ月齢の友だちに比べて私はしかりすぎ？

A しからなくてもいい環境作りを。

子どもの行動は、慎重な子、こわいもの知らずで突き進む子、おとなしい子、活発な子など、その子によってさまざまです。性格によって、行動の仕方は変わります。また、大人の気を引こうとわざといたずらをしたり、危ないことをしたりすることも。そんなとき大事なのは、しかる必要のない環境を作ることです。赤ちゃんがいたずらしたくなるものを片付けたり、いたずらしようとしているときに声かけをして気分転換させたりしてみましょう。そうすることでしかられることが減り、ほめられることが増えると、大人の気を引こうとすることもおさまります。

Q 離乳食を遊び食べするので、イライラしてしまいます。

A 途中でも切り上げましょう。

この時期、赤ちゃんによっては食べムラがあったり、遊び食べをしたりはよくあることです。ダラダラと長い時間をかけずに「もう、おなかいっぱいなんだね。ごちそうさましようか」と切り上げてしまいましょう。いやがるのに無理に食事をさせたり、ママやパパがイライラすると、子どもにもそれが伝わってしまい、食事の時間をいやな時間と思うようになってしまいます。

Q 危ないとしかっても同じことをします。しかり方が悪いの？

A この時期はまだ、どうしてしかられたのかわかっていません。

大きな声でしかられるとその声に恐怖を感じ、しかられたことはわかりますが、まだ、しかられた内容はわかっていません。何度でも、そのたびに危ないことをしないように、根気よく言い聞かせて伝えましょう。

Q よその子をたたいてしまいました。どうしかるべきですか？

A 赤ちゃんの気持ちを代弁してあげます。

たたくのは、一種のコミュニケーションである場合も。本当は「ねぇねぇ」としたかったのに力の加減がわからずたたいてしまったのかもしれません。しかし、攻撃するようにたたいたときは、「○○したかったんだね」と気持ちを代弁してあげてから、たたいてはいけないことを、言い聞かせます。

らくらく

しかるときは、こわい顔で言ったり、口調を変えて言ったり、赤ちゃんが「いつもと違うな」と感じるように言い聞かせましょう。内容への理解力がついてくるのは2〜3才になってから。今は必要なときに何度もくり返し伝えることが優先です。

この時期の赤ちゃんの発育・発達

⇨個性が明確に出るころ。強い自己主張も

乳歯は8本に増えて、しっかりかむことができるようになります。手先が器用になって、スプーンを使って食べようとする赤ちゃんもいます。個性がはっきり出てくるころです。

発達のスピードは赤ちゃんそれぞれ

あんしん

発達がめざましいこの時期は、「あの子はできるのに、うちはまだ……」と心配になることも。しかし、今の時期は、発達の個人差が非常に大きいのが特徴です。できないことについ目が行きがちですが、焦らずに「できた」を応援していきましょう。大人がお手本を見せることで、赤ちゃんの「できる」が増えることもあります。

ちょうだい！

	身長
男の子	69.4～78.5cm
女の子	67.4～76.7cm

	体重
男の子	7510g～10.82kg
女の子	7020g～10.27kg

※生後11カ月～1才未満の身長と体重の目安です。

表情

周りとのコミュニケーションがとれるように

まねっこがさらに上手になり、「バイバイ」をすると手をふったり、「ちょうだい」と言うとものを渡してくれたりすることもあります。そのやりとりが楽しく笑顔になります。

伝い歩きでどこにでも移動します

はいはいや伝い歩きで、より広範囲に移動するようになります。手押し車を押して歩こうとする子も。

手

指先に力を込めることができます

指先に力をこめることができるようになり、簡単なふたの開け閉めができます。スプーンを握り持ちして食べようとします。

一人遊び開始。お世話がらくに

本格的な一人遊びが始まります。おもちゃの使い方を学んで、考えたり工夫したり、自分なりのペースで試行錯誤をくり返します。一人遊びは集中力や想像力を養い、自己肯定感を高めます。大人はじゃまをせず、そっと見守りましょう。

お昼寝が1日1回に。遊びの幅が広がる

たくさんのことができるようになります。手先が器用になり、ふたを開けたり閉めたり、スプーンを握って口に運んだり。スイッチやボタンを押すのも大好きです。

お昼寝が1日1回になる子も増え、日中起きている時間が長くなります。ブロックで遊ぶようになるなど、何かに熱中して一人遊びもできるように。記憶力が発達し、「いないいない」をすると、次に「ばあ」と、楽しい顔が出てくる予測が立てられるようになります。この時期の大好きな遊びです。いろんな表情で「ばあ」をすると喜びます。

心の発達とともに、のんびり屋さんや慎重派、こだわり派など、**赤ちゃんの個性が表に出てきます。**たとえば慎重なタイプは、伝い歩きもおそるおそるです。焦ったり、他の子と比べたりせず気長に見守っていきましょう。

乳歯は8本生えそろってくるころ。離乳食は一般的には離乳後期の後半に入りますが、様子を見ながら焦らずに進めていってください。

11カ月の赤ちゃんの1日

◎うんちは0～2回／1日

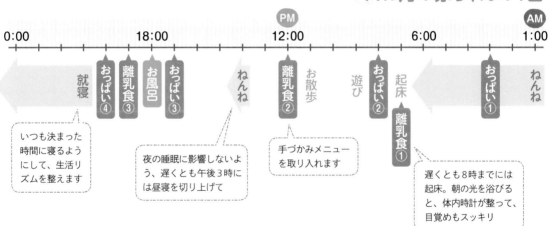

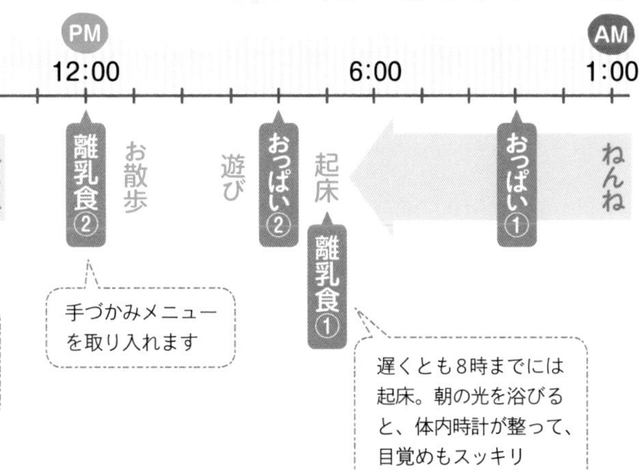
AM
1:00
6:00
PM
12:00
18:00
0:00
ねんね
おっぱい①
起床
離乳食①
おっぱい②
遊び
お散歩
離乳食②
ねんね
おっぱい③
お風呂
離乳食③
おっぱい④
就寝
遅くとも8時までには起床。朝の光を浴びると、体内時計が整って、目覚めもスッキリ
手づかみメニューを取り入れます
夜の睡眠に影響しないよう、遅くとも午後3時には昼寝を切り上げて
いつも決まった時間に寝るようにして、生活リズムを整えます

この時期のパパががんばりたいこと

赤ちゃんを起こさないで

仕事で遅くなってきた日、つい赤ちゃんをかまってしまい、起こしていませんか？ 成長ホルモンの分泌が盛んになるのは午後10時から。質の高い睡眠のため、遅くても午後8時には布団に入れるよう1日の流れを調整したい時期です。せっかく寝ている赤ちゃんを起こさないようにしましょう。

この時期のママの様子、赤ちゃんとの接し方

生活リズムを再び見直すとき

離乳食が1日3回食になり、起床・就寝時間がそろそろ決まってくるころ。昼と夜の区別がしっかりついてきて、お昼寝が1日1回、午後だけになります。生活リズムを見直すタイミングです。日中、元気に遊ぶとほどよく疲れて、朝までぐっすり眠るようになります。ママも朝まで眠れます。

井辻理々杏（いつじりりあ）ちゃんの場合

生後11カ月の生活

言葉がわかる時期。話しかけを積極的に

少しずつ、大人が言っていることがわかってくる時期なので、積極的に話しかけましょう。絵本の読み聞かせがおすすめです。くり返し同じフレーズが出てくる絵本は、指をさしたり、声を出したりして喜びます。

この中には何が入っているのかな？

ママと絵本を読むのが大好き。

ギューッ

大好きなわんわんをギューッとします。

わーい！

お兄ちゃんも乗っていたおもちゃの車で笑顔に。

小児科Dr.アドバイス
好き嫌いが出てくるころ

離乳食もだいぶ進み、食べられる食材が増えてくると好き嫌いの悩みが出てきます。いろいろな食材を食べて慣れることが大切です。細かく刻んだり、とろみをつけたりして、食べやすくなるように工夫してみましょう。

あんしん

離乳食の食感や食材に苦手なものがあるのに、焦って進めようとすると、赤ちゃんが食事の時間を楽しめなくなってしまいます。何が苦手か様子を見て工夫をしながら、ときには段階を戻すなどして、その子なりのペースで進めていきましょう。

0カ月
1カ月
2カ月
3カ月
4カ月
5カ月
6カ月
7カ月
8カ月
9カ月
10カ月
11カ月
1才
1才3カ月
1才6カ月
2才〜3才
予防接種
病気・けが

生後11カ月の気がかりQ&A

Q おちんちんを触るけど大丈夫?

A 自分の体を確認しています。

赤ちゃんは自分の体に興味津々。鼻の穴や耳に指を入れたり、出っぱりであるおちんちんに触ったり。自分の体を確認・認識するための、発達に必要な一過程です。もしかゆそうにしていれば、お風呂で洗ってあげましょう。

あんしん
おむつ替えのときにおちんちんを触っていたら、手をきれいにふいてあげましょう。

Q 鼻水が出ていますが耳鼻科? 小児科?

A どちらでも大丈夫です。

どちらでもかまいません。通いやすいほうで大丈夫です。どちらでも鼻水を吸ってくれます。ただし、鼻水がひどく、耳を痛がっているなら、中耳炎の疑いがあるので耳鼻科へ行くと安心です。

Q 一人で夢中で遊んでいるときはそっとしておくべき?

A そっと見守ってOK。

一人遊びは赤ちゃんの集中力を高めるので、そっと見守ってください。頭の中でいろいろなことを考え試行錯誤したり、想像したりして、夢中で遊んでいるのです。

らくらく
ママやパパに何か訴えてきたら、そばに行って「すごいね」「上手だね」などの声かけをしてあげましょう。

Q バイバイなど大人のまねをしません

A コミュニケーションができていれば心配ありません。

バイバイなどのまねをする子もいますが、あまりやらない子もいます。大人のやることを見ていたり、問いかけに笑ったり、指をさしたりコミュニケーションがとれていれば大丈夫です。

Q そろそろ卒乳するべき?

A 焦らなくて大丈夫。

おっぱいをいつやめるか、そろそろ気になる人もいるでしょう。何才までにやめなくてはいけないという明確な期限はありません。おっぱいがむし歯の原因になるのでは? と心配する人もいますが、そんなこともありません。授乳回数が少なくなっていたり、離乳食を1日3回しっかりと食べていたり、生活リズムが整っているならば、卒乳を考えてもいいでしょう。卒乳は、計画的に行うようにしましょう（p154）。

一人でたっち、次はよちよち歩きの時期

伝い歩きができるようになると、いよいよ一人でたっちをするようになります。たっちができたら、次はよちよち歩きが始まります。成長のしるしとしてうれしいものの、**転落や転倒、テーブルの角などにぶつかったり、事故が考えられるので、安全面から家の中を再度見直さなければなりません。**さらに外出中の事故も増えるとき。つないでいた手を離して車道に飛び出したり、人混みではぐれたりしないよう、よく注意しましょう。

一人でたっちができるようになると心配なこと 予防 と 対策

はいはいよりさらに行動範囲が広がり、自分でできることが増えていくたっちの時期。ますます目が離せなくなります。

	予防	対策
転落 たっちができるようになると、いままで以上に自由に動き回るようになります。ソファの上り下りや、大人用の机やいすに上ろうとして転落するということが起こります。	**つねに目を配る** ソファや机に上らないように、目を配ります。いすを使って机に上ることもあるので、注意しましょう。つねに目を配り、危なくないか見るようにします。	**踏み台は置かない** 踏み台になりそうな箱などは、置かないようにしましょう。赤ちゃんが持てる大きさや軽さのものだと、自分で持ってきて上ろうとしてしまいます。
転倒 赤ちゃんは体に比べて頭が重いため、バランスがとりにくく、よく転倒します。とくに後ろに倒れてしまうことが多く、後頭部を打つ危険があります。	**引っ張りたくなるものは置かない** 布やひもなどを見ると、赤ちゃんは引っ張りたくなってしまうもの。赤ちゃんから見えない位置に置きましょう。引っ張って、バランスを崩して、そのまま後ろに転倒してしまうこともあります。	**床にはクッションマットを** 転倒したときのために、床にはクッションマットやラグなどを敷きましょう。防音にもなるので、今後走り回る足音が気になるときにもおすすめです。 
角にぶつける はいはいでは届かなかった高さにも、たっちでは頭をぶつける危険があります。机や引き出しの角などはとがっているのでとくに注意が必要です。	**家具は固定する** 角にぶつかったときに、テレビや棚などの家具が倒れてきてしまうおそれがあるので、家具は固定するようにしましょう。また棚の一番下に重いものを入れて安定させる方法もあります。	**ぶつかり防止コーナークッションをつける** 角だけにはめるタイプや、テープになっていて、はさみで切って長さを調節してつけられるタイプがあります。 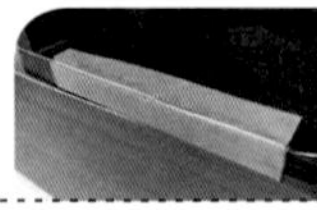
道路に飛び出す お散歩中など、何か興味のあるものを見つけると、ふりほどいて道路に飛び出すことも。命にかかわる事故につながりかねません。外ではつねに目を離さないように。	**リュック型のハーネス** リュックにひもがついていて、子どもが危ないときに大人がひもを引っ張って守ります。ひもを腕にかけて、さらに手をつなぎます。あくまで補助道具として考えましょう。	**根気よく伝える** 外に出るときは手をつなぐということを教えましょう。すぐに理解して言いつけを守るのはむずかしいので、日ごろから根気よく伝えましょう。

選び方　チェックリスト

- □足のタイプを知る（ポイント1、ポイント2）
- □はかせやすいか
- □やわらかくクッション性のある靴底か
- □足首が固定されているか
- □つま先に余裕があるか
- □ためしばきをしたか（ポイント3）

ファーストシューズを選ぼう

たっちができるようになったら考えたいのがファーストシューズ。**まだ発育途中の赤ちゃんの足は、やわらかくて扁平足。**歩くことで、足が成長します。赤ちゃんにぴったり合った靴を選んでたくさん歩きましょう。シューフィッターさんのいるお店で選ぶのもいいでしょう。

ポイント1

足のタイプを知る

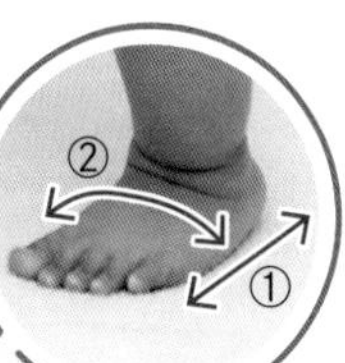

①長さだけではなく、②幅広、幅狭、甲高など赤ちゃんの足について知っておきます。

はかせやすい

大人がはかせてあげるとき、開口部が広いとはかせやすい。

足首まで固定するハイカットタイプを

発育途中なので、まだ上手にバランスをとることができません。足首からかかとまでしっかりと固定してくれるハイカットタイプが、ファーストシューズには向いています。

ファーストシューズはここをチェック！

やわらかくクッション性のある靴底

歩くときに、指のつけ根部分に合わせて靴底が曲がるものだと歩きやすいです。ただし、やわらかすぎるものは避け、適度な弾力のものにします。

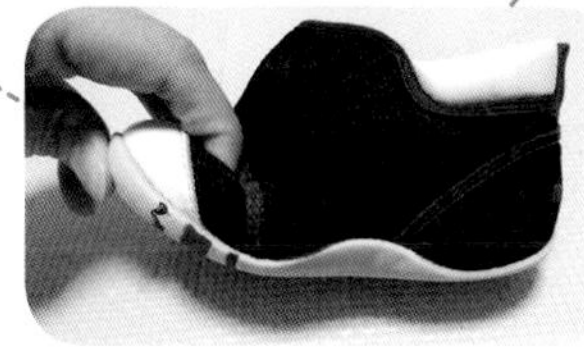

つま先に余裕がある

足の指が動かせるように、つま先に5㎜〜1㎝くらい余裕をもたせます。

ポイント3

ためしばきを忘れずに

ベルクロやひもでしっかりと固定したときに、大きすぎて中で足が遊んでしまっていないか、小さすぎてつま先が丸まっていないかなど、ママやパパが靴の外から触ってフィット感を確かめます。

ポイント2

2〜3カ月に1度はサイズチェックを

3才くらいまでの子どもの足の成長は驚くほどです。2〜3カ月に1度は、サイズの確認をします。靴を脱がせたときに、足に当たって赤くなったところがないか、よくチェックします。

ママ友いますか？

子どもを通じて知り合ったママを「ママ友」といいます。ママ友は、育児の不安や悩みを相談できたり、頼りになる心強い味方です。

ママ友とどこで出会いましたか？

オンラインでのママ友も

保育園や幼稚園などに通い始めていれば、同じ年齢の子どもがいるママと仲良くなりママ友もできやすいもの。保育園などに通う前であれば児童館や公園などに出かけて、親子で交流をして友だちになる流れが多いでしょう。

最近では、オンラインのママ友もいます。SNSで自分の子育ての様子をイラストや写真などで投稿して共感を得たり、悩みを相談したりしています。本名も住んでいる土地も知らず、会ったことはないけれど、ネット上でコメントをし合って、育児をお互いに励まし合っているのも「ママ友」といえますね。

「よく散歩に行く公園で、ちょうど同じくらいの月齢の赤ちゃんを抱っこした人に話しかけてママ友になりました。心強いです」(ひろとくんママ)

「SNSで同じ月齢の子のママが、かわいい離乳食の写真をアップしていたので、作り方を教えてもらったりしています」(せいくんママ)

＼ おすすめ ／

ママ友交流場

ママ友と交流できるきっかけの場を紹介します。

両親学級
赤ちゃんが生まれる前の話になりますが、病院や子育て支援センターが開催している両親学級には、同じころに赤ちゃんの生まれるママとパパが集まります。地域でのママ友作りにおすすめです。

児童館、子育て支援センター、公園
赤ちゃんが外出できるようになってきたころに、親子で遊びにいける場所。赤ちゃんの月齢が近いママのほか、上の子がいる先輩ママにも出会えます。

親子教室（リトミック、スイミングなど）
習い事をさせたいという考え方を持つ親が集まるので、子育てに対するモチベーションが似ているママと知り合いになれる可能性が高いです。

健診、離乳食講座
自治体が実施している集団健診、離乳食講座に集まるのは、同じ月齢の赤ちゃんを持つママです。自治体主催なので、家が近いママが多くなります。

頼れる人はいますか？

自分から周りに頼ってみましょう

かつては、４世代で同居の家も多く、ママ、パパの父母や祖父母なども育児に参加していました。核家族化が進んだ今、実家が遠い人が増えています。パパも日中は仕事なので、ママが一人で育児をする「孤育て」をしている家庭も多くなっています。

また、ネット上で悩みを相談するというママも。育児の掲示板アプリなどで悩みを投稿したり、悩みを検索ワードに入れて対応策を探したり、オンラインで育児の悩みを解決しています。

頼れる人が身近にいないから自分一人でがんばらなくちゃと、追い込まないように。電話で相談したり、ネットで相談したりするなど、頼れる相手を作っておきましょう。

がんばりすぎてしまうタイプ

- 周りに弱みを見せられない人
- 真面目な人
- 完璧主義な人
- 責任感が強い人
- 周りの評価が気になる人

「夫の実家が遠くてすぐに行ける距離ではないけれど、電話やメールで子どものことを報告すると、義母さんが子育てしていたときの話を聞けて頼りになりました」(ゆうたくんママ)

「離乳食をなかなか食べてくれず悩んでいたときに、児童館で顔見知りのママに相談したら、アドバイスをくれました。頼ってみるのも大事なんだなと思いました」(そうまくんママ)

「私がママなんだから、がんばらなくちゃと思っていたときに、かぜでダウン。パパは仕事を休めず、体調不良の中で子育てが大変でした。少しでも相談できる相手がほしいと思いました」(りなちゃんママ)

「ママ友」って本当に必要？

いると、心強い味方になります

ママ友がいると、育児の悩みや保育園や幼稚園、小児科についての評判などの情報交換ができるようになります。悩んだとき、困ったときなど心強い味方になります。

人付き合いが苦手なママにとって、ママ友を作るときには、話しかける勇気が必要かもしれません。子育て支援センターや児童館、公園などで声かけをし、ちょっとしたおしゃべりから始めましょう。

ママ友を作らなきゃと焦って気負ってしまうよりは、仲良くなれるといいなというくらいの気持ちで話しかけてみましょう。

ママ友がいると良い点

情報交換ができる！
とくに上の子がいる先輩ママは、情報が豊富。評判のいい小児科や、子連れで遊べるスポットなどの情報交換ができます。子育てのアドバイスなどを聞くこともできます。

子育てについて会話ができる！
成長や発達の進み具合、離乳食やおやつのレシピ、おでかけにおすすめの場所など子育ての話題で会話できます。

お互いの子どもの成長を感じることができる！
子どもが小さいときからの付き合いになると、その後の子どもたちの成長過程をいっしょに見て、感じることができます。

＼ママ友とじょうずに付き合う／ 6つのポイント

ママ友と仲良く長くお付き合いするためには、心得ておきたいポイントがあります。

1 相手のしつけに口を出さない
しつけは、家庭ごとに違うもの。「うちでは、こうしているけど、こうしないの?」などは禁句。

2 疲れたら距離をおく
毎回お誘いに参加するのではなく、ときには断って自分のペースを守りましょう。

3 うわさ話や悪口は言わない
うわさ話や悪口、陰口。そういう話題になりそうなときは、少し距離をおいてみては。

4 プライバシーを詮索しない
仲良くなると、いろいろと聞きたくなるところですが、ある程度の距離感を持って。プライバシーに不遠慮に立ちいらないようにしましょう。

5 積極的にあいさつをする
児童館や保育園、公園などで会ったときには、積極的にあいさつをしましょう。あいさつをすることで、顔見知りが増えていきます。

6 グチばかり言わない
育児のこと、家族のことなどグチを言いたくなるときもありますが、そこはほどほどに。グチばかり聞かされる側の気持ちも考えて。

この時期の子どもの発育・発達

⇨体がスラリ。人生で最大の成長期

お誕生日おめでとう！　体重は新生児の約3倍、身長は1.5倍と、人生最大の成長期です。なかには歩き始める子も。視力が発達し、三原色以外も識別できるようになる時期です。

	身長
男の子	70.3～81.7cm
女の子	68.3～79.9cm

	体重
男の子	7680g～11.51kg
女の子	7160g～10.90kg

※1才～1才3カ月未満の身長と体重の目安です。

1才になったよ

表情 意思がさらにはっきり

自分の要求を伝えられないもどかしさからぐずることが増える場合もあります。

あんしん 歩くかどうかは体格の違いや個人差

歩きだす子もいますが、言葉の発達と同様に、**自立歩行ができるようになる時期は個人差が大きいので、まだでも心配することはありません。**慎重な性格の赤ちゃんなら一歩が踏み出せないことがありますし、歩くよりもはいはいが好きな子もいます。この時期はまだ歩ける子のほうが少なく、みんなが歩くようになるにはあと数カ月から半年ほどかかります。

手 お絵描きができるようになります

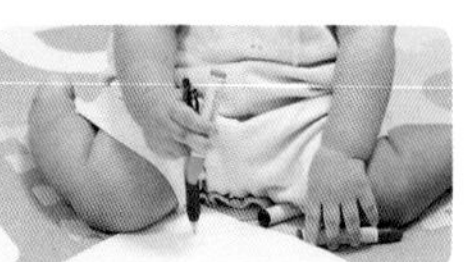

クレヨンやペンを持たせると、紙をトントンして点のようなものを描くことができます。

らくらく 離乳食の準備がずいぶんらくに

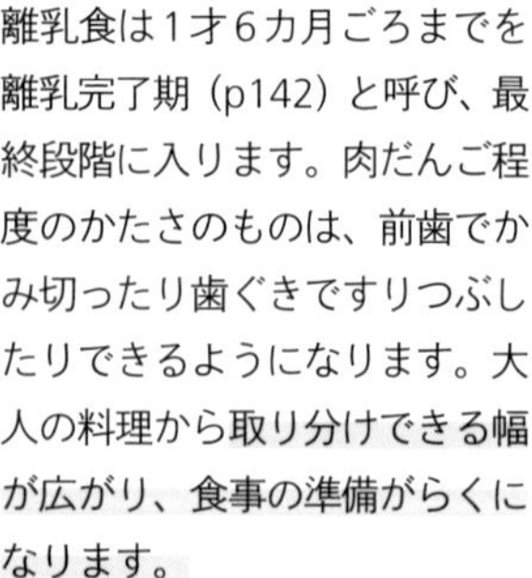

離乳食は1才6カ月ごろまでを離乳完了期（p142）と呼び、最終段階に入ります。肉だんご程度のかたさのものは、前歯でかみ切ったり歯ぐきですりつぶしたりできるようになります。**大人の料理から取り分けできる幅が広がり、食事の準備がらくになります。**

足腰 歩き始める子が多くなります

歩き始めると、ぐんぐん歩く子、すぐに座る子など、個人差が出ます。

赤ちゃんから幼児へ 最初の一歩を踏み出す

出産から1年。はじめてのお誕生日を迎え、わが子が無事に成長していることにあらためて喜びを感じるとき。**体重は生まれたときの約3倍に増え、身長も約1・5倍に。**伝い歩きやあんよなどで運動量がますます増えるため、体重の増え方は少し落ち着きます。

体つきは引き締まり、**赤ちゃん体型から、幼児体型へ。**筋力がつき、バランスをとる能力が発達して、最初の一歩を踏み出す赤ちゃんも出てきます。転ばないように両手を大きく広げてバランスを取り、ゆっくりと足を交互に一歩一歩踏み出して進みます。

視覚が発達し、赤・青・黄の三原色以外の色も識別できるようになり、クレヨンを使ってなぐり描きをするようになります。

感情面の発達はめざましく、ママやパパの愛を確認したいという嫉妬心や独占欲など、**複雑で人間らしい感情も発達します。**自立心も旺盛で自分でやりたがったり、できなくて泣いたり、大人を困らせますが、理解してあげましょう。

1才の子どもの1日

◎うんちは0～2回／1日

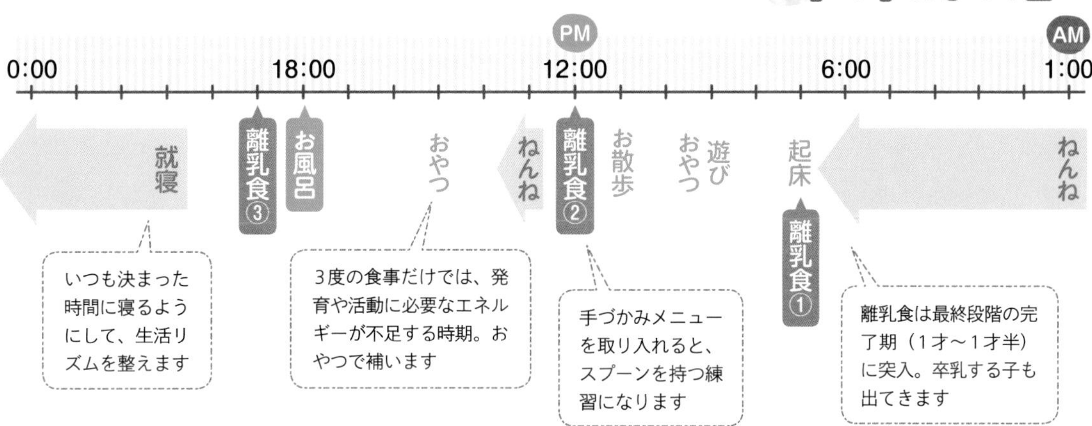
AM
1:00
6:00
PM
12:00
18:00
0:00
ねんね
起床
離乳食①
遊び おやつ
お散歩
離乳食②
ねんね
おやつ
お風呂
離乳食③
就寝
離乳食は最終段階の完了期（1才～1才半）に突入。卒乳する子も出てきます
手づかみメニューを取り入れると、スプーンを持つ練習になります
3度の食事だけでは、発育や活動に必要なエネルギーが不足する時期。おやつで補います
いつも決まった時間に寝るようにして、生活リズムを整えます

この時期のパパががんばりたいこと

離乳食などを進んで担当しよう

赤ちゃんといっしょだと、自分の食事すらゆっくりできません。パパが家にいるときは、率先して子どもに離乳食を食べさせる担当を。お散歩なども積極的に引き受け、ママがゆっくりできる時間を作ってあげてください。いっしょに過ごすことで、子どもの成長をより感じられます。

この時期のママの様子、赤ちゃんとの接し方

食への興味を伸ばしましょう

自立心が強くなり、手づかみ食べが大好きに。大人のまねをしてスプーンで食べたがることも。手首をひねることが上手にできないので、うまく口に運べずこぼしてしまいますが、今は食への興味を大切にしたいとき。だんだん上手になるので、おおらかな気持ちで見守って。

生後1才の生活

補食であるおやつがスタート

消化器官の機能がまだ十分ではなく、一度にたくさん食べられないため、1日3回の離乳食からだけでは発育や活動に必要なエネルギーが不足します。足りない分を補うため、おにぎりなどのおやつを。

おやつのバナナを「パクッ」。

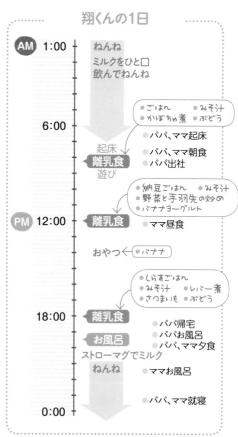

手づかみも上手に。

手押し車でカタカタ進みます。

歩くのも好きだけど、やっぱりママの抱っこが一番。

翔くんの1日

時刻	翔くん	メモ
AM 1:00	ねんね ミルクをひと口飲んでねんね	
		●ごはん ●みそ汁 ●かぼちゃ煮 ●ぶどう
6:00		●パパ、ママ起床
	起床 離乳食 遊び	●パパ、ママ朝食 ●パパ出社
		●納豆ごはん ●みそ汁 ●野菜と手羽先の炒め ●バナナヨーグルト
PM 12:00	離乳食	●ママ昼食
	おやつ	●バナナ
		●しらすごはん ●みそ汁 ●レバー煮 ●さつまいも ●ぶどう
18:00	離乳食	●パパ帰宅
	お風呂	●パパお風呂 ●パパ、ママ夕食
	ストローマグでミルク ねんね	●ママお風呂
		●パパ、ママ就寝
0:00		

小児科Dr.アドバイス

はいはいは、歩くために重要な運動

はいはいは、首・体幹・目・手足が連動して働く運動協調動作なので、腕や足、背筋・腹筋、バランス感覚、反射神経などが鍛えられます。今後歩き出したときに、転びそうになっても、パッと手が出て体を支えてけがを回避できます。また、手足からの運動刺激が脳の発達を促すので、言語能力や集中力も高めます。

あんしん

「はいはいばかりでなかなかたっちをしない」と心配する人もいますが、はいはいは立つための準備になる運動です。時期がくれば必ずたっちするので、見守りましょう。

生後1才の気がかりQ&A

Q 外出先でぐずったときどうしたら？

A 抱っこひもで視界を変えましょう。

外出時の持ち物でおすすめは抱っこひもです。ベビーカーでのおでかけでも、ぐずりだしたら抱っこに切り替えてみてください。視界が高くなって気分転換になり、落ち着くことがあります。他にも音の出ないおもちゃや鏡もおすすめです。自分の顔を鏡で見ると不思議と泣きやむ子が多いようです。

おもちゃを忘れたときは、ママの持ち物を渡してみましょう。ポケットティッシュ、大きめのキーホルダー、ポリ袋などがおもちゃの代わりになります。

Q 歯ぎしりが心配です

A 成長に必要なことなので、やめさせないでOK。

歯が生え始めの子どもにはよくあることです。**「かみ合わせの調整」「かむ力を鍛える」「歯を使う練習」など、この時期の歯ぎしりには理由があります。成長のために必要な生理的なものなので**やめさせる必要はありません。

Q 突発性発疹にかからず1才をむかえました

A かからなくても大丈夫です。

生後6カ月〜1才でかかりやすい突発性発疹（p177）ですが、かからない子もいますし、かからないからと今後困ることはありません。2才ころまでにかかることもあります。

Q 歯並びが心配です

A 乳歯の歯並びは永久歯に影響はほとんどありません。

歯並びは遺伝的な要因と後天的な要因のどちらもあるといわれ、はっきりとはわかっていません。しかし、乳歯が将来の歯並びに影響することはほとんどありません。心配なら1才6カ月健診（p159）の歯科相談で相談してみましょう。

歯にすき間があると気になりますが、他の歯が生えてくると自然にすき間は埋まります。

Q お誕生日ケーキは大人と同じものでもいい？

A あまりおすすめできません。

1才はまだ胃腸の働きが十分ではありません。市販の生クリームが使われたケーキは、糖分と脂肪分がたっぷり。胃腸に負担がかかるのでおすすめできません。

らくらく

食パンやパンケーキに水切りしたヨーグルトを塗って重ねると、子どもでも食べられるケーキが作れます。

離乳食（離乳完了期）の進め方

大人の食事からの取り分けも

3回食にも慣れ、**ほとんどの食品を食べられるようになります。**大人の食事からの取り分けもしやすくなりますが、味は薄味に。また、1回の食事でとりきれない栄養を補うために、おにぎりやバナナなど補食になるおやつを、午前と午後の2回食べさせましょう。

やわらかめの肉だんごのかたさ

かたさは、**やわらかめの肉だんごが目安。**前歯でかじりとることもできるようになりますが、まだかむ力は不十分です。ふわふわ、もちもち、かりかりなどいろいろな食感のもので、食べ物の形状やかたさに合わせて、かみ方を調整する練習をします。

スプーンの練習も

手づかみ食べをすることが、**自分でスプーンを持って食べるための練習になります。**ママやパパはタイミングを見ながら、少し手助けする程度にしましょう。

離乳完了期（1才〜1才6ヵ月）

この時期の離乳食

自分で食べる意欲が高まる時期。手づかみとスプーンで食べる練習をしましょう。食材の大きさも変化をつけましょう。

移行のタイミングは？

歯ぐきでかむことができるようになったら

丸飲みをしないで、歯ぐきでかんでいる様子が見えたら離乳完了期です。食べているときに片方のほおがふくらんでいたら、かもうとしているサインです。

1日の回数は？

1日3回食とおやつ

1日3回を大人の食事の時間に合わせます。午前7時、午後0時、午後6時ごろにあげましょう。合間の午前10時、午後3時に補食のおやつをあげます。

食材の種類は？

大人からの取り分けが可能に

炭水化物は軟飯、パン、うどん。ビタミン、ミネラル、たんぱく質は、大人とほぼ同じ食材が食べられるようなります。いろいろな食材を試してみましょう。

かたさ、1回の分量は？

かじりとれるかたさが目安

前歯でかじりとれる肉だんごのかたさが目安。炭水化物は、軟飯80〜90g。野菜、果物は、40〜50g。たんぱく質は、肉・魚（15〜20g）、豆腐（50〜55g）、全卵1/2〜2/3個。

ステップ4 ある日のメニュー

そぼろ丼

作り方

1. 小さじ2の溶き卵で、炒り卵を作る。
2. 鍋に豚ひき肉5gを入れ、しょうゆ1〜2滴を加え、水5〜10mℓを加えてゆるめ、混ぜながら火を通す。
3. 軟飯90gを盛りつけて、1、2をのせる。
4. 絹さや5gはゆでて細切りにする。にんじん少々は好みで型抜きし、ゆでて、3にそえる。

副菜

白菜のクリーム煮

作り方

1. 白菜30gは1.5cm四方に切る。桜えび少々は刻む。
2. フライパンを温めてサラダ油少々をなじませ、1を炒めて水50mℓを加える。ふたをして7〜8分、白菜がくったりするまで煮る。
3. 牛乳30mℓ、水溶き片栗粉少々を加え、ひと煮立ちさせ、とろみをつける。

食べるときの姿勢

体はまっすぐに

足が足置き台や、床などにしっかりつく姿勢で食べさせます。上体は、まっすぐになるようにします。斜めになったり、横を向かないようにママやパパが注意します。手づかみ食べしやすいよう、ひじがテーブルにつくようにいすの高さを調節しましょう。

○ 食べさせ方

手づかみしやすいスティック状の野菜や食パンなどのほかに、小判形のおにぎり、肉だんごなど、形状や大きさを変えてかじりとる練習をします。手づかみに慣れてきたら、スプーンの練習をします。最初は、ママやパパが、スプーンに手を添えて口に持っていってあげましょう。

! 気をつけたいポイント

- かむ力はまだ弱いので、かみにくい薄切り肉などは食べやすく繊維を断ち切るように短冊切りにします。
- ふちの立ち上がった器でスプーンですくう練習も徐々に始めます。

離乳食（離乳完了期）のQ&A

Q スプーンはいつから持たせる？

A スプーンを持つ手をサポートしましょう。

手づかみ食べに慣れてきて、子どもも自分でスプーンを持ちたがるようになります。まだ、うまく食材をすくえないので、サポートしましょう。赤ちゃん用の取り皿に食材をのせたスプーンを置くと、自分で持って口へ運びます。**スプーンに手を添えてあげると、スムーズに食べることができます。**

Q 離乳食を少ししか食べずにおっぱいをほしがります

A おっぱいは、徐々に卒業します。

この時期では、離乳食とおやつからちゃんと栄養はとれているので、おっぱいは安心するためにほしがっているのでしょう。食事の間は、活動的に過ごしておなかをすかせて、離乳食を食べさせてみましょう。

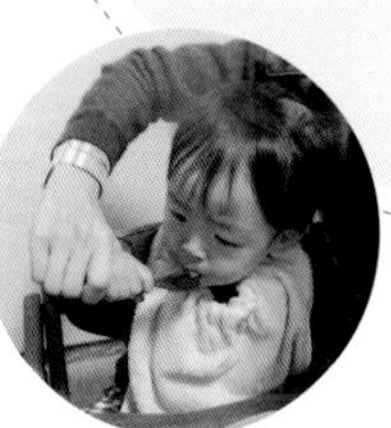

子どもの後ろからスプーンをいっしょに持ってサポートします。

Q ジュースはいつから？

A 子ども用のものならばOK。

この時期に甘いものをあげすぎると、むし歯になるおそれがあります。あげるとしたら、子ども用の野菜ジュースを。ただし、1日に何度もあげないように。

あんしん

大人用のジュースをあげるときは、100％果汁のもので余計な糖分が入っていないものが安心です。

Q おやつをほしがり、離乳食をあまり食べません

A 甘いおやつをあげすぎないように。

甘いおやつをあげていませんか。子どもは本能的に甘いものを好みます。おやつといっても、甘いものではなく、野菜入りのクラッカーやパンケーキ、蒸しパン、おにぎりなどをあげてみましょう。また、おやつを食べすぎて離乳食を食べないということがないように量を調整しましょう。

おやつは食事と食事の間にあげよう

　子どもはまだ、1回の食事で多くの量を食べることができません。ただこの時期は運動量が増えてきて、エネルギーが必要になります。不足している栄養は補う必要があるので、食事と食事の間におやつを食べさせます。**3回の離乳食の間の時間（午前10時、午後3時ごろ）を目安に食べさせましょう。**

　おやつといってもお菓子ではなく、おにぎり、パン、蒸かしいもなどの炭水化物をメインにし、野菜や果物、牛乳を添えるようにします。**おやつは第4の食事と考えて、栄養バランスを考慮するようにしましょう。**

　分量は、炭水化物はごはん40g、食パン8枚切りの3分の1枚、さつまいも5分の1本程度。野菜や果物は30gを目安に。これはバナナ4分の1本、りんご10分の1個程度です。牛乳は50～100㎖が目安です。量を多く食べさせすぎると食事に響くので適量を守りましょう。

おすすめのおやつ

メイン

エネルギーとなる炭水化物は、メインとしてあげましょう。

- おにぎり（40g）
- 食パン（1/3枚）
- マカロニ（15g）
- 蒸かしたさつまいも（1/5本）

野菜や果物

ビタミン、ミネラルである野菜や果物を組み合わせます。

- バナナ（1/4本）
- みかん（1/3個）

飲み物

飲み物として牛乳やお茶をあげましょう。

- 牛乳（50～80㎖）（またはヨーグルトでも）

市販のおやつ

手作りのものではなくても、市販のものでもOK。さまざまな種類があり、外出先でも便利です。

- 卵ボーロ
- せんべい
- クッキー、ビスケット など

あんしん
カルシウムや野菜が入っているものを選べば、より栄養をとることができます。

離乳食を卒業したら、幼児食を

3才くらいまでは幼児食を

　1才6カ月ごろを過ぎると離乳食を卒業しますが、すぐに大人と同じ食事を食べることはできません。徐々に大人の食事に近づけていきます。奥歯やあごの発達状態によって様子を見ながら、3才くらいまでは、食事の内容を大人用とは変えた幼児食で進めていきましょう。

いろいろな味や食材を試したいとき

　将来の健康的な食生活のために、規則正しく1日3食を食べる習慣を身につけ、いろいろな味や食材を取り入れるようにします。調味料の幅は広げてもいいのですが、味つけは薄味が基本。離乳食と同じです。また、生卵、刺し身などは免疫が十分についていない3才まではあげないようにしましょう。

　奥歯が生えてくるので、繊維の多い野菜や肉類も奥歯ですりつぶして食べることができます。いろいろな形状や食感のものを食べることで、味覚の幅が広がります。

食物アレルギーについて

摂取した食品を、体が「異物」と判断して過剰反応し、かゆみや下痢、ショック症状などが出るのが、食物アレルギーです。はじめての食品を食べさせるときは慎重に。

はじめての食品を食べさせるときのルール 3

1 必要以上にこわがらない
はじめての食品を食べさせるときは、慎重に。どの食品も成長に必要な栄養素です。必要以上に気にしすぎず、食べさせてみましょう。

2 午前中に1さじ
平日の午前中に1さじから試しましょう。もしアレルギー反応が出ても、平日の午前中であれば病院が開いているので診察を受けることができます。

3 いやがったら確認
口に入れたときに子どもがいやがるそぶりを見せたときは、様子を見ましょう。口の中がピリピリとして違和感があるなど、軽いアレルギー反応を起こしている可能性があります。

アレルギーのサイン

自己判断は禁物です

右にあげたアレルギーが起こりやすい食品以外でも、はじめて食べた食品で、下記のような症状が出たときには、受診して医師の判断をあおぎましょう。

- **全身** ➡ アナフィラキシー（呼吸困難や意識の低下など）を起こす
- **目** ➡ 充血、まぶたが腫れる、結膜浮腫（ふしゅ）（白目がゼリー状になる）
- **鼻** ➡ くしゃみ、鼻水、鼻づまり
- **口** ➡ 唇が腫れる、かゆくなる、口の中に違和感がある、口の中が腫れる
- **のど** ➡ かゆくなる、腫れる、喘息（ぜんそく）、せき、呼吸が苦しくなる
- **胃腸** ➡ 腹痛、嘔吐（おうと）、下痢、血便
- **皮膚** ➡ じんましん、湿疹、腫れる、かゆくなる、熱をもつ

アレルギーの起こりやすい食品7

乳幼児期は消化機能が未発達なため、たんぱく質をうまく分解することができず、体から追い出そうとさまざまな症状で反応してアレルギーとして出てしまいます。

卵 半熟や生はNG
卵白がアレルギーの原因になることが多い。半熟だとアレルギーが出やすくなるので、離乳食では必ずかたゆでのものをあげること。はじめてあげるときは、かたゆでの卵黄を。卵黄で反応が出なければ、かたゆでの全卵を7～8カ月ごろから。

牛乳・乳製品 加熱したものを
はじめて調理に使うときは、加熱したものを。飲むときに冷たいままだと、下痢を起こすことも。温めて飲むようにしましょう。

小麦 加熱してもアレルゲンは残る
加熱をしてもアレルゲンの程度を低くすることができません。

そば ごく少量でも出やすい
反応が強く出るので、1才までは与えないこと。1才になってあげる場合も、少量ずつ様子を見ながらにします。そばをゆでた鍋で調理してもアレルギーが出ることがある食品なので慎重に。

落花生 激しいアレルギーが出る
アレルギーが強く出ることがあるので、注意が必要です。発症例が多い食品のため慎重に進めましょう。

えび **かに** 激しいアレルギーが出る
呼吸器に症状が出たり、直接ふれただけでじんましんが出たりするなど激しいアレルギーを引き起こすことが。1才以降、はじめてあげるときは、少量ずつ様子を見ながら慎重にします。

2人目を考えていますか？

子どもが1才を過ぎると「2人目がいたら、どんな感じかな」「この子に弟や妹をつくってあげたいな」と2人目について考え始めるかもしれません。望み通りに授かるものではないと知りつつも、**年の差はどのくらいが育てやすいのか、上の子の気持ちはどんな感じなのかと気になるものです。**

ママの体と心の準備はOK？

2人目は、出産してからどのくらいあければ、妊活してもいいという決まりはありません。体と心の両方の準備ができてから、妊活を考えましょう。

体の準備　産後1カ月は回復期間

産後すぐはホルモンバランスが乱れやすく、体の調子も整わないことが多いもの。すぐに2人目がほしいと思っていても、**産後1カ月は静かに過ごし、月経の再開を待って体が落ち着いてから妊活を考えたほうがいいでしょう。**

心の準備　心に余裕はありますか？

体の準備ができていても、はじめての育児に精いっぱいで、ママの心に余裕がないこともあります。育児に慣れてきて、心に多少の余裕が出てくるころがいいでしょう。また、子ども優先の生活になり、パパとのコミュニケーションを後回しにしていませんか？ **パパと、2人目について、また今後について、話し合ってから妊活を考えましょう。**

気になる

2人目のタイミングとお金のこと

2人目はほしいけれど、お金のことが気になる人もいるでしょう。子ども1人が成人するまでにかかる金額は、どういう学校に行かせるかなどにもよりますが、3000万～6000万円とも言われています。金額を聞くと、2人目をどうするか考えてしまいますが、これは、一度に多くのお金がかかるわけではなく、長期的に見ての金額。計画的に備えれば、日々のやりくりでまかなえるものです。

また、2人目がいると子どもにかかる費用などでメリットもたくさんあります。家族でよく相談し、考えてみましょう。

	1才・2才差	3才・4才差
メリット	●保育園、幼稚園の通園期間が重なるのできょうだい割引がある ●学校の卒入学がずれるので、年間を通してまとまった出費が少ない ●育児グッズや洋服がすぐにお下がりとして使える	●同時通園の割引は、保育園に通園させると利用可能 ●私立幼稚園の就園補助金は3才差でも加算されるケースがある ●4才差は、中学以降学校や行事が重ならないため、大きな出費にならない ●4才差は、上の子がおむつを卒業しているので、おむつ代が重ならない
デメリット	●1～2年ですぐに下の子も進学資金が必要になる ●おむつを使う期間が重なるので、おむつ代がかかる	●3才差は、学校の入学が重なるので一時的な出費が増える ●教育費が最もかかる大学時代が1年重なるので、出費が増える ●育児グッズや洋服が古くなってきているので、買い替える出費がある

年齢差別 上の子の心のケア

1人目の子にとって2人目の子が生まれることは、人生ではじめての生活環境の変化です。自分以外の存在である弟や妹を、ママやパパがかわいがってお世話しているのを見ると、不安やうらやましさを感じ、心が不安定になることも。それぞれの年齢差で上の子の心のフォローの方法が違ってきます。

1才差

赤ちゃん返りすることも

目の前の状況を理解することで精いっぱい。急に弟や妹があらわれて、ママをとられてしまったように感じ、パニックに。おっぱいをほしがったり、赤ちゃんのまねをする「赤ちゃん返り」をしてしまうこともあります。

上の子のフォロー

上の子の要求を先に満たしてあげましょう。

2才差

言葉で伝えてあげる

2才になっても状況把握はしっかりとはできません。「お兄（姉）ちゃんなんだからちょっと待っててね」ばかりだと、だだをこねたり、いじけたりします。「○○ちゃんのこと大好きよ」と愛していることを言葉で伝えて、気持ちを安定させてあげましょう。

上の子のフォロー

自己主張が激しいころ。「赤ちゃんが泣いているから待っててくれる？ それともいっしょに抱っこしに行こうか？」など、選ばせてあげて主張を尊重しましょう。

3才差

理解してあげる

食事、着替えなど自分でできることが増え、お兄ちゃん、お姉ちゃんになるということもわかるようになりますが、納得しているわけではありません。ただ、がんばっていること、不安に思っていることを理解してあげましょう。

上の子のフォロー

下の子のお世話をしているときに待ったり、お手伝いしてくれたりすることも。そのときは、「お手伝いしてくれてありがとう」とそのがんばりをほめて、抱っこなどでたくさんスキンシップし、不安も解消しましょう。

4才差

声かけしてほめる

相手の気持ちをしっかりと理解できるようになるので、ママやパパも自分の気持ちを言葉で伝えるようにしましょう。「待っていてくれてありがとう」「とても助かったよ、すごいね」など声かけをしてあげて。

上の子のフォロー

手伝ってくれたときに、ちゃんと声かけをして「ありがとう。すごいねお兄（姉）ちゃん」などとほめましょう。待つことやお手伝いできた自分に自信を持てるようになり、お兄（姉）ちゃんという自覚が芽生えてきます。

一人っ子ならば、こうしよう

なんでもやらせてあげましょう

一人っ子は、マイペース、甘えん坊、わがままとイメージしがちです。しかしきょうだいがいないので、大人の中で過ごすことが多くなり、大人に対して自分の意見をきちんと言える習慣がつきます。そして自分に自信を持ち、心が安定しやすいというメリットもあります。

一人っ子だと、つい親がやってあげたくなりますが、そこはグッとガマン。過保護にせず、なんでも自分でやらせることが、成長につながります。また、同世代の子どもとかかわる機会を積極的に作りましょう。

言葉や心の発達を確認する健診

1才健診を実施している自治体は少ないですが、この年齢は成長の度合いに個人差が出やすく、生後1カ月に次いで育児不安が2度目のピークを迎える時期といわれています。誕生日記念に成長を確認するつもりで、かかりつけ医で受けると安心です。この健診では、**発育の状態や、大泉門（頭の骨が何枚かに分かれているためにできるすき間）の閉じ具合**などを診ます。

1才健診でチェックすることリスト

- □基本的な計測と診察（p46）
- □一人立ちや伝い歩きをするか
- □歯の生え具合
- □大人のまねをするか
- □「バイバイ」など、簡単な言葉がわかるか
- □離乳食は完了期に入っているか
- □おもちゃや人に対してどんな反応を示すか
- □予防接種が進んでいるか
- □大泉門の閉じ具合

あんしん

「バイバイ」「どうぞ」など大人がやることを、まねするかの確認です。健診のときにやらなくても、普段の様子を伝えればOKです。

あんしん

「どうぞ」とさし出されたものを受け取るか、コミュニケーションがとれるかを診ます。

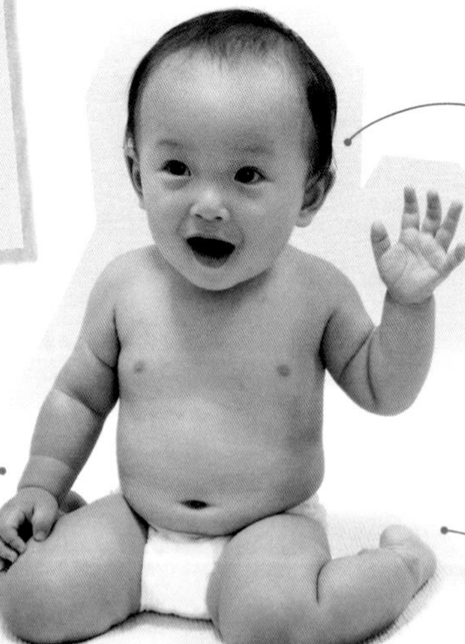

大泉門の閉じ具合のチェック
生後10カ月前後から縮小し始め、2才でほぼ完全に閉じます。1才で閉じていなくても大丈夫。1才半健診でまだ閉じていない場合は、検査の必要も出てきます。

歯の生え具合のチェック
乳歯は全部で20本。生後6～9カ月で下の前歯が生え、生後11カ月～1才ごろには上下の歯が4本ずつ生えます。歯の生え具合には個人差があるので、この通りでなくても心配ありません。

予防接種の確認
1才までに終わらせておくと良い予防接種は、Hib（ヒブ）や肺炎球菌、BCGなど。1才になったらすぐMR（麻しん、風しん）を接種。

伝い歩きの様子
ひざの屈伸を使い、足の指先で踏んばって伝い歩きができるか、足や腕の筋力の発達と体のバランスの発達を診ます。

この時期とくに気になる
成長についての
Q&A

成長が遅い？ 他の子と比べて成長が早すぎる？

Q 1才を過ぎ、つかまり立ちはよくしますが、一人でたっちはしません

A **1才半ごろまで様子見でOK。**

つかまり立ちからたっち、あんよまでの流れには、個人差があります。ゆっくりペースの子なのかもしれません。1才半ごろになるとだいたいの子が歩きだすので、今は様子を見ましょう。

Q 1才になりますが、身長と体重が発育曲線の下限ギリギリです。

A **小さすぎることはありません。**

成長曲線のグラフの範囲内なら、小さすぎるということはありません。機嫌も体調もよく、他の発達が問題なく、元気に過ごしているならば大丈夫。身長はパパやママの遺伝的要因からくることもあります。身長や体重が発育曲線から極端に外れてきたときは、何か病気の可能性もあるので、医師に相談しましょう。

Q もう少しで一歩を踏み出しそうですが、なかなか進みません。

A **足を踏み出す感覚を教えます。**

あともうちょっとのときは、ママやパパが手をつないで歩いたり、ママやパパの足の上に子どもの足をのせて、足を踏み出す感覚を教えてあげたりするといいでしょう。または伝い歩きをしているときに、ちょっと離れたところから「がんばれー、こっちおいで」などと呼んであげるのもいいでしょう。

Q 1才になる前から、上の子を追いかけて、トコトコと歩き出しました。早すぎですか？

A **早いのは問題ありません。**

寝返りやつかまり立ち、伝い歩きなどが早かったときには、その後歩きだすのも早いことがあります。また上の子がいると、追いかけたい、自分も歩きたいという気持ちから、下の子は、早く歩き始めることもあります。早くから歩くようになったからといって、問題はありません。ただし行動範囲が急に広がるので、家の中のけがや事故などに注意しましょう。

Q まだ意味のある言葉を話しません。遅いですか？

A **目を見てゆっくり話しかけてあげましょう。**

言葉の発達には個人差があります。「ママ」「パパ」など意味のある言葉を話さなくても、身近な人の名前や「ちょうだい」「おいで」「抱っこしよう」などと言ったとき、その言葉の意味を理解していれば大丈夫です。目を見てゆっくりと話しかけることで、言葉は発達していきます。

この時期の子どもの発育・発達

⇨運動能力が伸び、社会ルールも学び始める

前歯が生えそろい、卒乳する子も。歩くのがどんどん上手になって、運動能力の土台ができあがります。あいさつやお片づけなど、社会のルールを学び始めます。

言葉の理解がどんどん進みます

あんしん

「ワンワン」「ニャンニャン」など、指さしをしながらものを言葉で表現するようになります。大人の言葉の意味も理解するようになります。「マンマにしようね」と話しかけると、ちゃんと自分でテーブルに向かったり、「ダメ」といえば手を引っ込めたりもします。言葉の発達には個人差があるので、言葉がなかなか出てこなくても心配ありません。言葉をしっかり理解していればOKです。

表情

感情表現はより豊かに、複雑に

まねっこもより上手になります。同世代の子どもに興味を持ち始めます。

	身長
男の子	73.0～84.8cm
女の子	71.1～83.2cm

	体重
男の子	8190g～12.23kg
女の子	7610g～11.55kg

※1才3カ月～1才6カ月未満の身長と体重の目安です。

スプーンを上手に握って持ちます

らくらく

食への関心がますます高まる時期。これまで以上に自分でスプーンを使って食べたがるようになります。「おいしい」とわかる感性が身につき、食べることの楽しさを学んでいきます。子どもが握りやすいサイズのスプーンと、縁に立ち上がりのある皿にすると、すくいやすく食べることができます。

ニコッ

口

前歯が生えそろいます

前歯が生えそろい、奥歯が見えてくる子もいます。

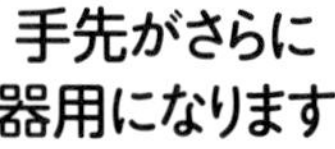

手

手先がさらに器用になります

積み木を積んだり、シールを貼ったりはがしたりもできるようになります。

足腰

安定して上手に歩けます

手にボールを持って、バランスよく歩けるようになります。小走りや後ずさりなどができる子も。

感情が豊かになって かんしゃくを起こすことも

「マンマ（ごはん）」「ブーブー（車）」など意味のある言葉を話すようになります。でも、まだまだ言葉は未発達なので、わかってもらえないとイラ立ったり、かんしゃくを起こします。これらは自我や感情が豊かに育っているしるしでもあります。しかし**いけないことは「ダメ」とはっきり伝えることが大切です。親としての「ダメ」の基準を決め、必要なときは伝えましょう。**また、一度かんしゃくを起こすとなかなか言うことを聞いてくれないことも。治まるまで見守り、お散歩などで気分を切り替えてあげましょう。普段からたくさん「すごいね」とほめてあげれば、ダメも受け入れられるようになります。

一人歩きが上手にできる子も増えてきます。後ずさりしたり、高いところによじのぼったり、走ったりジャンプしたり、手にボールを持ってバランスよく歩いたり、**いろいろな動きを通じて、生きるうえで必要な運動の基礎動作を習得していきます。**全身を動かし、できることが増えていくと、それが自信につながります。

ペットボトルをつぶすお手伝い。

コップを持って飲めるけど、失敗もしちゃいます。

歯みがきも自分でやりたがります。

ニコニコしながら走り回ります。

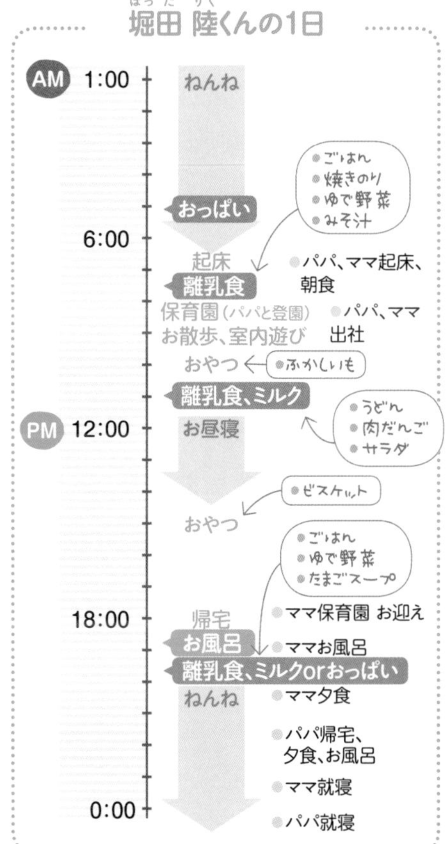

Q 大人用のボディソープなどを使ってもいいですか？

A 低刺激のものなら大丈夫です。

この時期なら、大人用のものを使っても心配ありません。ただし、メントール系や香りの強いものなどは避けましょう。子どもの肌には刺激が強すぎて、湿疹などの肌トラブルになります。低刺激性のものを選びましょう。

Q 指しゃぶりはやめさせるべき？

A 2〜3才を目安にやめさせましょう。

指しゃぶりは、発達過程でどの子もやるものです。しかし大きくなっても続けると、歯並びなどに影響が出ることも。2〜3才を目安にやめさせましょう。手遊びや外遊びで十分に遊び、心が安定してくると、自然に卒業することができます。

寝るときの指しゃぶりが気になる場合は、ママやパパと手をつないで添い寝をしましょう。ママやパパがいることで安心し、指しゃぶりをしなくても眠る習慣がつきます。

Q なかなか歩き出さず心配です

あんしん

1才6カ月ごろまでに数歩だけでも歩ければ、問題ありません。

A 歩く感覚を教えてあげましょう。

ママやパパが子どもの両手を持ち、ゆっくり歩く練習をしてみましょう。歩く感覚がわかってくると、最初の一歩を踏み出すかもしれません。「イッチ、ニッ」とかけ声をかけて、リズムをつけてあげるのもいいでしょう。

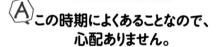

Q 動き回っておとなしくしてくれません

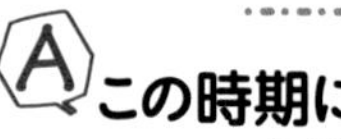

A この時期によくあることなので、心配ありません。

身の回りのものすべてが興味の対象になり、気になるものに近づいて、触って確認をしたくなる時期です。なかなかおとなしくしてくれないからと、大声でしかるとさらに興奮して、一層動き回ることも。抱っこをしたり、「静かにしようね」などお話をしたり落ち着かせるようにしましょう。

じっとしてくれず心配になりますが、それは元気のある証拠と考えましょう。元気よく動き回ることで、夜はぐっすり寝てくれるなどメリットもあります。

Q よちよち歩きなのに手をつなぐのをいやがります

A 安全に関することはきちんと言い聞かせましょう。

すでに「ママ、パパに制約されるのはいや」「自由に動きたい」という自立心が少しずつ育っています。「公園では自由に遊んでいいよ。でも、道路ではおててをつなごうね」とルールを子どもに伝えます。安全に関することは、何度も粘り強く言い聞かせましょう。

この時期とくに気になる
言葉についての
Q&A

言葉の発達が遅い？ 言葉の数が増えないけど大丈夫？

Q 動物はどれも「わんわん」。区別がついていないのでしょうか。

A **今は言葉の数が少ないからです。**

大人からすると区別がついていないのかと心配になりますが、言葉の発達過程ではよくあることです。まだ言葉の数が少ないため、動物を総称して「わんわん」と言っているのです。

あんしん
犬以外の猫や鳥などを動物として認識している証拠。だんだんと言葉の数が増えてくると、それぞれの名前を言えるようになります。

Q どんなことを話しかけてあげればいいのかわかりません。

A **なんでも話しかけてみましょう。**

子どもに何を話しかけてあげればいいのか悩んだときは、子どもがしていること、そのときの赤ちゃんの気持ちをママやパパが口に出しましょう。むずかしく考えずに、「抱っこしてほしかったんだね」「あれは、ブーブだよ」などなんでも話しかけてみましょう。

あんしん
最初はママやパパが独り言のように話していますが、だんだんと赤ちゃんが「あー」「んっ！」など指をさして返してくれるようになります。

Q 言葉の数を増やすためには、どうしたらいいですか？

A **子どもの話したい意欲を高めましょう。**

一方的に教えても言葉の数は増えません。たくさん話しかけて、「はい、どうぞ」「上手だね」などママやパパが言葉のやりとりをすることで、子どもが話したいと思う意欲を高めましょう。「子どもの気持ちをママやパパが補う」「子どもの声や動きをまねしてみる」などを意識してみましょう。

Q 言葉は、男の子だと遅く、女の子だと早いものですか？

A **男女差はほとんどありません。**

たしかに女の子のほうが早いといわれることがありますが、言葉の発達については男女差はほとんどありません。男女差よりも個人差のほうが大きいものです。また、知的な発達と言葉の出始めの早い・遅いも関係ありません。その子なりのペースを大事にしてあげましょう。

Q 大人は赤ちゃん言葉で話さないほうがいいですか？

A **わかりやすいので使って大丈夫です。**

幼児語の「マンマ」「ブーブ」などのほうが子どもにとってわかりやすく言いやすいので、早く使えるようになります。気になるようであれば「マンマだよ。ごはん、おいしいね」「あれは、ブーブ、車だね」など、ママやパパが正しい言葉で補ってあげるといいでしょう。自然に「マンマはごはん」と言葉の理解が早まります。やがて自分でごはんと言えるようになると、幼児語は使わなくなります。

卒乳のタイミングを考える時期

卒乳はママと赤ちゃんが納得して、タイミングを合わせることが大切です。何才までに卒乳をさせなければならない、という決まりはありません。ママと赤ちゃんがまだ飲ませたい、まだ飲みたいと思ううちは授乳を続けてかまいません。

赤ちゃんがおっぱいを欲しがらなくなり、自然と卒乳する場合もありますが、ママの職場復帰や服薬などが授乳をやめるきっかけになることもあります。**ママ側のタイミングで卒乳を決めるときは、段階を踏んで進めることが大切です。**ミルク育児の赤ちゃんは、哺乳びんの乳首を卒業することが卒乳です。

1才を過ぎたこの時期は、離乳食から栄養がとれるようになる頃。赤ちゃんにとって母乳は、栄養補給の役割以上に安心感を得られる大好きなものです。卒乳は赤ちゃんだけでなく、ママにとってもさびしくなるものですが、**親子の新たなステップととらえて、進めましょう。**

卒乳する時期のチェックリスト

- □離乳食をよくかんで、3回しっかり食べている
- □母乳以外の水分を、ストローマグやコップで飲むことができる
- □生活リズムが整ってきている
- □授乳回数と量が減った
- □一人歩きや、一人遊びができる

あんしん
一人歩き、一人遊びは、遊びや興味の対象が増えて、自分から動くことができる自立の一歩。

- □そろそろ授乳をやめてもいいと思っている
- □乳腺炎など授乳にトラブルがある
- □薬を飲む必要が出てきた
- □次の妊娠を考え始めた
- □ママとパパの気持ちに余裕がある

らくらく
卒乳すると夜泣きがひどくなることも。1時間おきに抱っこになることもあるので、気持ちに余裕のあるときに始めましょう。

こうして卒乳できました！

卒乳する日をパパのお休みの日にしました。夜中の授乳で泣いたときは、パパに抱っこをお願いして乗り切ってもらいました。3日目で朝までぐっすり寝てくれるようになりました。パパは寝不足になりつつもがんばってくれました。（ななちゃんママ）

らくらく
おっぱいに顔を描くことで、いつものおっぱいと違うと感じ飲まなくなることも。「おっぱいいなくなっちゃったね。バイバイだね」など伝えてみましょう。

おっぱいに顔を描いて、「おっぱいバイバイしようね」と見せたところ、驚いて固まってしまい、あっさり卒乳。夜の添い乳もほしがらなくなりました。（みさちゃんママ）

こうして失敗してしまいました…

周りのママたちが卒乳したと聞いて、焦って卒乳を進めてしまい、大泣きされて断念しました。タイミングを見直して、再チャレンジします。（しゅんたくんママ）

子どもは離乳食をしっかり食べていて卒乳のタイミングだったのですが、私がおっぱいをやめるのがさみしくて、授乳をやめられませんでした。（あおとくんママ）

授乳の時間はママと赤ちゃんの密なスキンシップタイム。卒乳したら、お話ししたり、ぎゅっとしたり、違う方法でスキンシップをとりましょう。

卒乳の進め方

卒乳をするためには、計画的に進めることが成功へのカギ。周りの人の協力も不可欠です。

スタート

焦らず減らす

授乳回数を減らしていく

卒乳を考えている日の1カ月～1カ月半前から、生活リズムを整えて、日中の授乳回数を少しずつ減らしていきましょう。

週末がおすすめ

スケジュールを立てる

いつ卒乳を始めるかを家族と相談して決めましょう。夜泣きがひどく寝不足になることもあるので、卒乳を始めるのは連休前や週末などがおすすめ。

ギューッと抱っこ

スキンシップを増やす

授乳は赤ちゃんとママの大切なスキンシップ。授乳のスキンシップを補うために、抱っこや言葉かけなどを意識的に増やすようにしましょう。

バイバイを伝える

赤ちゃんに予告をする

「もうすぐ、おっぱいとバイバイするよ」と卒乳を始める2週間前あたりから予告をします。

栄養は食事から

離乳食をしっかりと食べさせる

1日3回の離乳食に加えて、午前と午後の2回のおやつも与えます。食事から栄養をしっかりとれるようにしましょう。

ママもがんばる

おっぱいは絶対にあげない

卒乳の日は、赤ちゃんは泣いて訴えますが、そこはぐっと耐えて、おっぱいをあげないようにしましょう。

卒乳

● 卒乳したらこう変わった ●

夜に何回も授乳していましたが、卒乳したら朝までぐっすりと寝てくれるようになりました。寝不足も解消されました。(ゆずちゃんママ)

「おっぱいにバイバイしよう」と話したら理解してくれて、卒乳はあっさり成功。夜の授乳がなくなったからか、朝からおなかが空いているらしく、朝ごはんをもりもり食べてくれます。(みなちゃんママ)

夜の寝かしつけのときに、背中トントンや、添い寝ですんなり寝てくれるように。寝かしつけがすごくらくになりました。(はなちゃんママ)

卒乳後のおっぱいのケア

卒乳を始めてから、1週間たったあたりで、手でしぼって乳管のつまりをとりましょう。つまりをとることで、次の出産のときに母乳が出やすくなります。病院や産院の母乳外来できちんとケアをしてもらうのもおすすめです。

この時期の子どもの発育・発達

⇨赤ちゃんを卒業して幼児期へ

身長が大きく伸び、スラリとした体型に。臼歯が生え始め、離乳食からそろそろ幼児食へ。歩行は個人差が大きく、よちよち歩きの子から階段を上れる子までさまざまです。

生後 1才6カ月

2つの単語をつなげる二語文でお話し あんしん

言葉は「マンマ」などの単語から、「パパ、きた」などの二語文も出るようになり、語彙が急増します。マンマなどのもの以外に「おおきいね」「あかいね」といった大きさや色などの意味も理解するようになります。「イヤ」などの意思表示を言葉ではっきり表現できるようになります。自分の気がすまないとかんしゃくを起こすイヤイヤが始まります（p166）。

口 歯の本数は12本くらい生えます

臼歯が生え始めます。二語文を話せる子も。

	身長
男の子	75.6～90.7cm
女の子	73.9～89.4cm

	体重
男の子	8700g～13.69kg
女の子	8050g～12.90kg

※1才6カ月～2才未満の身長と体重の目安です。

にっこり♪

表情 まねっこが上手に

大人が教えなくても、上手にまねっこをします。今後のままごとなどのごっこ遊びにつながります。

手 ボールを投げたり、クレヨンでお絵描きしたり

手先がよりいっそう器用に。クレヨンで線を引いたり、積み木などを重ねたり積んだりが上達します。

大人と同じかたさの白いごはんが食べられるように らくらく

生えてきた臼歯で、形のある食べ物をかみつぶして食べることができるようになります。大人と同じかたさの白いごはんが食べられるように。取り分けができることが増え、食事の準備がグンとらくに。味つけは、引き続き薄めを心がけます。

ほとんどの子が歩けるように 足腰

小走りしたり、ジャンプしたり、片足で立ったりと、運動能力が発達します。

臼歯(きゅうし)も生えて いよいよ幼児食へ

歩行がしっかりして、幼児の体型になります。手をつなぐと階段を上ったり、小さな段差の上からジャンプしたりするなど、運動機能が着実に発達しています。**この時期は自転車やベビーカーよりも、なるべく歩く機会を増やしましょう。**いろいろなものを持ったり、重ねたり、上手に動かしたりすることができるようになります。スプーンでは、すくう動きもできます。

大人の行動をよく観察して記憶し、ママが料理をしたり、お片づけしたりしている様子などをまねすることも大好きです。これは3才以降に始まるおままごと遊びへと発展していきます。

歯は20本の乳歯のうち、12本くらいまでが生えそろいます。食事もいよいよ離乳食を卒業して幼児食に変わります。歯は、食べるためだけのものではありません。表情筋を鍛えて表情を作る、発音を助ける、体の姿勢やバランスを保つ、かむことで脳に刺激を与えるなど、成長するうえで大切な役割を担っています。ケアはきちんとしていきましょう。

わんわんのぬいぐるみを、ぎゅーっと抱っこ。

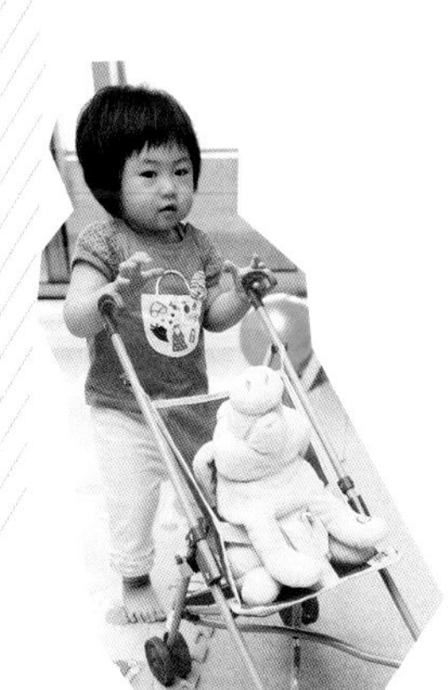

ぬいぐるみをベビーカーに乗せてとことこ。

おままごとで切ったトマトをパクッ。

にっこりのポーズ。

丹羽(にわ) さくらちゃんの1日

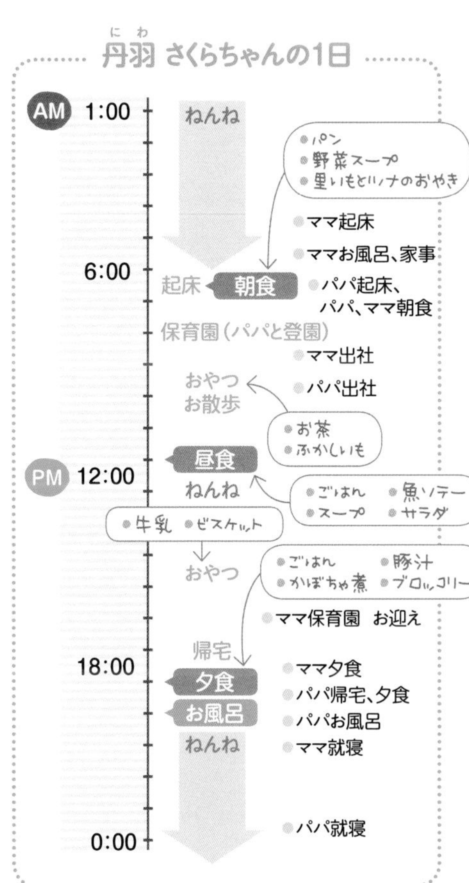

生後1才6カ月の気がかりQ&A

Q 言葉がまだ出ないのですが

理解していれば、心配ありません。

言葉の発達は発語と理解の2面から評価します。発語がない場合も、大人の言うことを理解できていれば知能や聴力に問題ありません。ママやパパが言ったものを指さすことができるのであれば大丈夫です。ゆっくり見守っていきましょう。

あんしん
赤ちゃんにたくさん話しかけてあげましょう。今は、言葉を聞いてその意味や内容を考えているのかもしれません。そのうちあふれるように話しだすようになります。

Q 歩けるのに甘えて抱っこをせがみます

存分に抱っこをしてあげましょう。

子どもは抱っこが大好きです。できる限り抱っこをしてあげましょう。ひと昔前は、抱きグセがつくのでよくないなどと考えられていましたが、最近では、抱っこをすることで子どもの心が安定すると言われています。自分で歩けるのに抱っこをすると、周囲から甘やかしていると思われるのではと心配をする人もいますが、抱っこができるのは今のうちだけ。存分に抱っこをして、親子のスキンシップをはかりましょう。

らくらく
歩くことは体にいいことなので、どんどん歩いてもらいたいものです。そこで、歩くことを「楽しいこと」と思わせるような工夫をするといいでしょう。ママやパパと競走したり、「あれなにかな？ 行ってみよう」など、子どもが自分から歩くように声をかけ、誘ってみましょう。

Q 靴をはくのをいやがります

子どもの足に合っているか確認を。

まだ、慣れない靴の感覚にとまどっているのかもしれません。あるいは靴のサイズが合っていなくて、歩きにくく感じている可能性もあります。靴選びのポイント（p135）を参考にサイズチェックしてみましょう。

らくらく
「靴をはくと、お外で遊べて、楽しい」という経験をくり返しましょう。この流れを理解するようになれば、靴をはくのをいやがらないようになります。

Q お友だちと遊びません

それぞれの遊びに夢中になる時期です。

自我の確立のために行われていた一人遊びから、新たに並行遊びが始まります。並行遊びとは、同じ場所にいながら子どもたち同士ではいっしょに遊ばず、それぞれ自分の遊びに夢中になること。これが3才くらいまで続きます。 今はお友だちと遊ばない時期と考えて、心配する必要はありません。

あんしん
子どもそれぞれが遊びに夢中になっているので、けがをすることがないように、大人が注意深く見守りましょう。

1才6カ月健診

心と言葉の発達を診る健診

1才6カ月健診は、**心についても体についても発育の重要なポイントとなる時期**なので、公的な健診が行われます。

ほとんどの子どもはもう歩けるようになっているため、この健診では、精神的な成長や言葉の発達を重点的に診ていきます。**手指を自由に使ってものをつまめるか、言葉を理解して周りとのコミュニケーションがとれるか、**などを確認します。

心の発達をチェック
楽しい、泣く、すねるなどの感情表現を診て、心の発達を確認します。

言葉の理解をチェック
絵や写真を子どもに見せて「わんわんはどれ?」といった質問をし、指さしができるかを診ます。言葉の理解度を診ます。

あんよの様子をチェック
しっかり足を前に出しているか、自分でバランスをとろうとしているか、大人の手を借りずに一人で歩けるかを診ます。

指と手の器用さをチェック
小さな積み木をつかんで積みあげる、丸や四角のパズル遊び、絵本のページめくりなどの動きができるかをチェック。

1才6カ月健診でチェックすることリスト

- □基本的な計測と診察(p46)
- □3つ以上の積み木が積めるか
- □指さしするか
- □意味のある言葉をいくつ話せるか
- □話しかけへの応答
- □歯の生え方や本数、むし歯チェック
- □一人で歩けるか

あんしん

発達が遅くても様子見がほとんど

この時期は発達の個人差が大きく、生活環境や子どもの性格などによっても発達スピードは異なります。発達が遅いと判断されてもしばらくは様子を見るケースがほとんどです。発達が心配とされる子には、専門家に相談したほうがよいかなど、状況に応じて医師から説明があります。

トイレトレーニングをしてみよう

おむつが外れる時期には個人差がありますが、1才6カ月くらいからトイレトレーニングを始めることができます。この月齢に入ると、言葉を理解し、一人で歩けるようになり、**膀胱(ぼうこう)におしっこが溜まる感覚や、おしっこが出たことが自分でもわかるようになってきます。**

始めるタイミングは、**子ども自身がトイレに興味を持ち始めたり、おしっこしたことを教えてくれたりするようになったとき**が一番。ただしなかなかうまくいかない場合は、無理強いは禁物です。そんなときは、「おしっこ、でた」と言葉で伝えられるようになる2才を過ぎたころに始めるのでも遅くありません。

トイレトレーニング開始時期 チェックリスト

次の項目がすべて当てはまれば、トイレトレーニングを始められる合図です。

- □おしっこの間隔が2時間以上あくようになった
- □おしっこが出た感覚がわかる
- □一人で歩ける
- □おしっこが出たことを言葉(チー出たなど)やしぐさ(股を押さえるなど)で伝えられる

おむつ外しの流れ

最初は、トイレの使い方を見せてあげることから始めます。「おしっこは、トイレでするもの」というイメージを伝えましょう。

＼始める前にすること／

1

ママやパパがトイレの使い方を実際に見せる

ママやパパがモデルとなり、どうやっておしっこをするのか、トイレの使い方を教えます。

トイレがテーマの絵本や歌を使って教えるのもおすすめです。

2

おしっこの間隔が2時間以上かチェックする

おむつをチェックして、2時間以上たってもおしっこをしていなければ、おむつ外しスタートの合図です。改めて、間隔を確認しましょう。

あんしん

おしっこをしているとき、したそうなときの表情やしぐさもチェックしましょう。もじもじしたり、ボーッとしたり、体をぶるぶるっとふるわせたりなど、子どもによって違います。

＼いざスタート！／

朝起きたとき、食事の前後、外出前などのタイミングでトイレに誘ってみましょう。偶然におしっこが出ることもあります。

3

便座やおまるに座らせて、感覚を覚えさせる

おしっこが出なくても、座らせてみます。子どもに「ちっちしてみよう」と話しかけながら、安心させましょう。

4

上手にできたら、ほめる

前におしっこをしてから2時間以上たったころ、トイレに子どもを誘います。便座に座らせて、上手にできたらたくさんほめてあげましょう。たとえ失敗しても怒らないで。また次はできるといいなというぐらいのおおらかな気持ちでいましょう。

成功!!

トイレトレーニングの
気がかりQ&A

あんしん

おむつ外し〈夜の場合〉

夜のおむつは、なかなか外れないものです。膀胱（ぼうこう）の容量の大きさ、おしっこの量を減らす抗利尿ホルモンの分泌が整わなければ、夜のおねしょはなくなりません。夜中にわざわざ起こしてトイレに行かせるのは、子どもにはストレスになります。体の機能が整うまでは、夜はおむつにしましょう。

あんしん

おむつ外し〈うんちの場合〉

うんちのペースは、個人差があります。まずは、子どものペースを確認しましょう。次にうんちをいきんでいるしぐさをチェックします。ペースがわかったら、トイレに誘ってみます。うんちはおしっこよりも、デリケートな行為なので安心できる状況でなければ出にくくなることもあります。無理強いすると便秘になることもあります。

Q トイレに誘ってもいやがって、来てくれません

A 楽しい空間にする工夫をしましょう。

トイレは「暗い、狭い、こわい」という印象が子どもにあるのかもしれません。好きなキャラクターのおもちゃを置いたり、トイレに行ったらごほうびにシールをあげるなど、**楽しい空間になるような工夫をしましょう。**

Q もれたことがわかる布パンツはいつからですか？

A すぐに布パンツにしなくてOK。

布パンツは、おしっこが出る前にトイレに行きたいことを伝えられるようになり、おむつにもらさなくなってから使うようにしましょう。**まずは、おむつにもらさずに上手にトイレでおしっこができるという経験を重ねることが大切。**

Q おまると、補助便座はどちらがいいですか？

A 子どもの好むほうを選びましょう

おまるは、足が床につくので安心感があり、自分で出したおしっこを確認することができるので、達成感を味わうことができます。補助便座は、トイレにセットするので後始末がらくですが、足が床に届かず、子どもが不安になることもあります。子どもの好むほうを選びましょう。

Q スムーズに進められる季節はありますか？

A 夏がおすすめです。

汗をかくので、その分おしっこの間隔が長くなる夏がおすすめ。薄着の季節なので、服の脱ぎ着がらくなうえ、失敗しても洗濯物が乾きやすいというメリットもあります。春夏生まれの子は、翌年の夏を待ってからスタートするのもいいでしょう。

Q おしっこが出ることを、教えてくれません

A まだはっきりと自覚できない時期。

おしっこをしたい感覚がわかるのは、2～3才になってから。1才6カ月のころは、まだはっきりと自覚できていなくて、うまく言葉で伝えることができません。**ママやパパが子どもの様子や表情で察知して「トイレいこうか？」「おしっこしたい？」と声をかけてあげましょう。**

この時期の子どもの発育・発達

「魔の2才児」が本格的にスタート

2才は「じぶんで！」となんでも自分の力でやりたがる時期。その一方で、「これやって」と言ってきたり、とにかく気まぐれ。3才になると、イヤイヤが減って落ち着きます。

わたしは2才

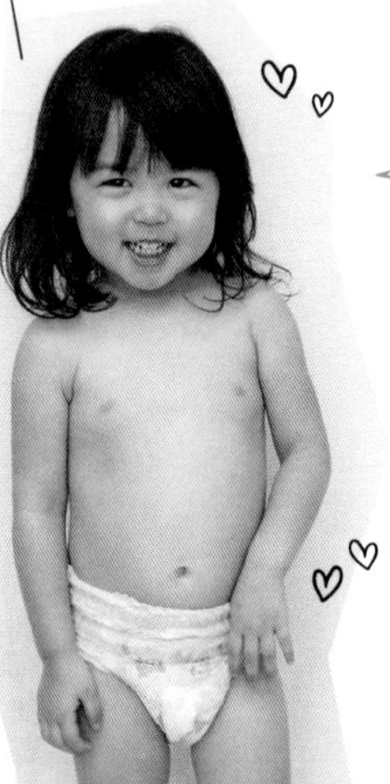

手 指先はますます器用に

はさみを使ったり、折り紙をしたり、手先が器用になってきます。ごっこ遊びも上手になります。

表情 甘えたい、けど自分でやりたい

魔の2才児といわれ、自分でなんでもやってみたいとき。でもまだまだ甘えたい年齢でもあります。やる気をほめてあげるなど、気持ちをしっかり受けとめてあげて。

身長	
男の子	81.1～97.4cm
女の子	79.8～96.3cm
体重	
男の子	10.06～16.01kg
女の子	9300g～15.23kg

※2～3才未満の身長と体重の目安です。

ぼくは3才

表情 自分でやりたい

自分でやれることが増えてきて、イヤイヤはおさまってきます。

あんしん まねっこからごっこ遊びへ発展

まねっこ遊びや並行遊びから、ごっこ遊びへと発展していきます。ブロックをおにぎりに見立ててパクパク食べるまねをしたり、ママにどうぞとお皿にのせた積み木をくれたり、知的に高い能力を必要とする遊びが増えます。3才になれば、先を見通したり考えたりする力がさらに伸びます。

足腰 足の機能が高度になります

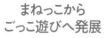

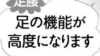

ダイナミックな動きができるようになります。

らくらく 排泄機能は完成へ。「おしっこでたよ」

膀胱が大きくなり溜められる尿の量が増え、2時間くらいはおむつが濡れなくなります。「おしっこでたよ」も教えてくれます。次は、トイレに誘ってみましょう。できたらほめるをくり返してトイレトレーニング（p160）を進めます。

基本的な生活習慣を身につける

2才はイヤイヤ期と言われます。自我が芽生え「テリブル・ツー（魔の2才児）」として世界中のママたちを困らせています。

また手先が器用になり、洋服を脱いだり着たり、ボタンをとめたり外したりができるようになる子も。手伝おうとすると「じぶんで！」と怒り出すので、大人は待つしかありません。**時間がかかってイライラすることもあるかもしれませんが、大人も子どものペースに合わせることを学ぶとき。**気がすむまでやらせてあげましょう。自分でやることが子どもの自立を促します。保育園や幼稚園を考えているのなら、自立ができていると集団生活をスムーズに始められます。手洗いやおもちゃの片づけなどの基本的な生活習慣を身につけるのもこの時期です。

四角・丸・三角形などの形の識別ができるようになって、クレヨンでぐるぐると力強い線を描くようになります。直線と曲線が組み合わさった複雑な絵も描けるように。まだクレヨンを握って持つ形で心配ありません。

2〜3才の気がかりQ&A

Q 赤ちゃん返りをします

A 子どものがんばりをほめましょう。

原因はいろいろではっきりとわかりませんが、ママが下の子を妊娠・出産した、幼稚園へ入園したなど、環境の変化が考えられます。子どもはなんとか適応しようとがんばっています。親子の愛着関係を確認できるよう、ぎゅっと抱きしめてあげましょう。

あんしん

環境の変化に子どもは敏感です。一番安心できる存在のママやパパが抱きしめ、気持ちを理解してあげることが大切です。

Q「バカ」と言うようになりました。やめさせたいのですが…

A 大人は反応しないようにしましょう。

意味がわかって使っているわけではなく、どこかで耳にして、試しに言っているのかもしれません。「バカ」と言ったことで、ママやパパがあわてて、びっくりした反応をするのがおもしろくて使っているのでしょう。聞いていないようなふりをして反応しないようにすると、つまらなくなって言わなくなるかもしれません。

Q 買ってほしいものがあると泣くので困ります

A 親として毅然とした態度を。

だだをこねて、大人がどんな反応をするかをよく観察しています。一度根負けするとそれが当たり前になります。「買ってあげたいけど……」といったあいまいな顔は見せず、親としての毅然とした態度を示しましょう。

らくらく

だだをこねたら、サッとその場を離れると、親がいなくなったことが不安になり、追いかけてきます。

運動機能や精神面の発達を診る健診

子どもに名前と年齢をたずねたり、積み木遊びなどをしながら医師から「どっちが大きい？」といった質問をします。目的は、**二語文を話せるか、他者とのコミュニケーション能力や自我の確立が順調に進んでいるかの確認**です。親には、自分で手洗いをできるかどうかなどの生活面の成長や、自立して生活する意欲が育っているかといった精神面での成長について確認します。

3才健診でチェックすることリスト

- □基本的な計測と診察（p46）
- □自分の名前と年齢が言えるか
- □聴覚検査（中耳炎やおたふくかぜによる難聴がないかの確認）
- □視力検査
- □歯の検査
- □友だちと遊んでいるか（社会性の発達）
- □片足立ちや、ジャンプはできるか（運動能力の発達）
- □心音は雑音やリズムの異常などがないか
- □呼吸器系に異常がないか
- □頭の変形、斜頚（しゃけい）の有無
- □姿勢や脊柱（せきちゅう）の状態、O脚やX脚はないか
- □胃腸や肝臓や脾臓（ひぞう）などの内臓チェック
- □臍（さい）ヘルニア（出べそ）はないか
- □発達障害（自閉症、アスペルガー症候群などの広汎性発達障害など）の有無

聴力・視力・尿検査は事前に家庭で行って

自治体から前もって視力検査キット、聴力検査キット、尿検査キット、アンケートなどが送付された場合は、親が家庭で行って当日提出します。健診時に医師がそれらをもとに問診と診察を行います。

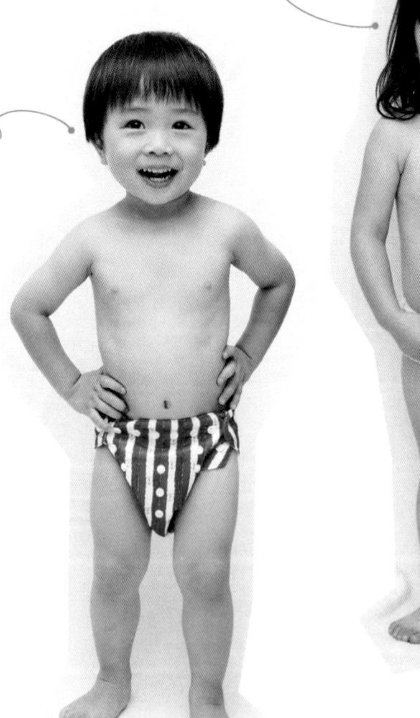

言葉の理解をチェック
満3才では一般的に「二語文」を話します。普段の様子をママやパパから聞きながら確認します。

視力チェック
遠視、近視、乱視などの屈折異常や斜視といった視覚機能の疾患がないかどうか。また、視力以外にも立体視検査も行います。

歯の生え具合をチェック
乳歯が生えそろっているか。むし歯や不正咬合（こうごう）がないかなど。歯みがき指導やむし歯予防のフッ素の塗布を行う自治体もあります。

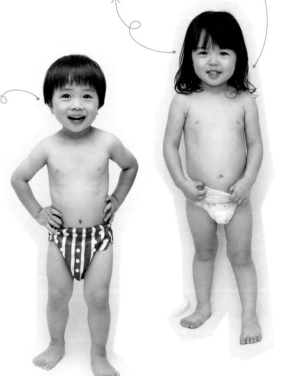

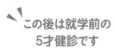

この後は就学前の5才健診です

次の集団健診は、5才児就学前健診です。多くの自治体で行います。運動・精神の発達、言葉の発達、視覚・聴覚などを診ます。

この時期とくに気になる
友だちとの付き合い方についてのQ&A

友だちとのやりとりが苦手？ みんなと仲良く遊べません

Q 友だちを突き飛ばしてしまうのは、乱暴だから？

A 気持ちをうまく伝えられずにイライラしているのかも。

2才になって話せるようになっても、言いたいことを正確に伝えられず、イライラして乱暴な行動に出てしまっているのかもしれません。突き飛ばして友だちにけがをさせないように、そのつど、注意しましょう。

Q 引っ込み思案なのか、みんなと仲良く遊べません。

A 複数で遊ぶのはまだ先です。

2才では、まだ1対1で遊ぶ時期。複数の子どもと遊べるようになるのは、もうちょっと先です。また、社交性にすぐれた子、友だちに慣れるのに時間のかかる子など、子どもは十人十色。友だちがいる環境は大切ですが、無理にみんなで遊ばせようとしなくてもいいでしょう。

Q 友だちのおもちゃを勝手にとって遊びます。どうしたら？

A 気持ちを受けとめてから、説明を。

「勝手にとっちゃダメ！」と責めたてると、「責められた」という気持ちだけが残り、言葉が届きません。「このおもちゃで遊びたかったんだね。でもお友だちが先に遊んでたから、終わるまで待とうね」と気持ちを受けとめてから、行動を説明してあげましょう。

らくらく

「貸してね」「どうぞ」というやりとりを教えるようにしましょう。やりとりができるようになると、徐々に、独占せずに相手に譲ることができるようになります。

Q 外に行ってもママにべったりで離れようとしません。

A 他の子が遊んでいる空間に慣れさせましょう。

2才では、まだママに甘えたい年齢。無理に友だちと遊ばせなくても大丈夫です。ただし、他の子がいる空間に慣れさせることも大事。公園や児童館に連れて行きましょう。最初は、ママにへばりついているかもしれませんが、慣れてくると、徐々にママから離れて、子どもたちの輪に入れるようになります。

Q おもちゃを独占。他の子と取り合いのケンカをします。

A 大人が別のおもちゃで遊び、興味をそらしましょう。

まだ、貸し借りがうまくできないころです。おもちゃを独占するのは、他の子が遊んでいるおもちゃが楽しそうに見えてそれがほしくなっているから。取り合いのケンカになったときには、大人が仲裁に入ったり、別のおもちゃで楽しそうに遊んでいると、そちらに気持ちが向き、ケンカをおさめることもできます。

気になるイヤイヤ期ってどんなもの？

1才後半くらいから「イヤ！」「じぶんでやる！」を連発するようになり、パパやママにとってやっかいなイヤイヤ期が始まります。自己中心的な自己主張に思えますが、**物事へのこだわりや自分の気持ちの表現でもあり、心の成長のあらわれ**なのです。

今までは、ママやパパからの発信を受け取るだけだったのですが、1〜3才は、**自己主張をしながら感情を調節し、他者との関係を学んで、自分を表現する方法を習得していきます。**まずは子どもの気持ちを受けとめて、そのうえでダメなことはダメと伝えていきましょう。

イヤイヤ期は永遠に続くわけではありません。1才後半くらいから自分の気がすまないとかんしゃくを起こすなどイヤイヤが始まり、2才ごろにピークを迎えます。その後、3〜4才で落ち着きます。ただし個人差があるので、イヤイヤ期がなかったという子や、6才ごろまで続いたという子もいます。個性ととらえて見守りましょう。

どうしてイヤイヤするの？子どもの気持ちは？

成長過程のひとつとして必要なこととわかっていても、毎日続くと、ママもパパもうんざりしてしまいがち。なぜイヤイヤするのかを理解しましょう。

かまってほしい
ママやパパが下の子のお世話につきっきりだったり家事で忙しくしたりしていると、かまってほしくてわざとイヤイヤするときが。

思うようにならない
自分がイメージしていることと、現実でうまくできないこととのギャップからかんしゃくを起こすことも。

言葉がうまく使えない
まだまだ表現力は未熟。自分の気持ちをうまく伝えることができず、もどかしい気持ちから、なんでもかんでも「イヤ」と表現してしまいます。

ママやパパの反応が楽しい
大人がいちいち反応してくれるのがうれしくて、ママやパパがいやがることをわざとします。

したくないことが待っているから
まだ遊びたいのに片づけてと言われる、寝たくないのに寝るように言われるなどこの後したくないことが待っていることがわかると、イヤイヤを始めます。

年齢別で見る イヤイヤ期の流れ

激しい自己主張のイヤイヤ期は、年齢によって子どもの気持ちが変わっていきます。親もその気持ちに寄り添いながら乗り切りましょう。

1才代

子ども

自分の思い通りにしたい

「イヤ」「自分で」の気持ちがいっぱいになり、思い通りにしたいと要求します。しかし、うまくいかずにぐずることも。

親の対応

気持ちを認めてあげる

子どもの気持ちを親が言葉にして子どもに伝えて気持ちを認めてあげましょう。

2才代

イヤイヤ期のピーク!!

子ども

自己主張のピーク

何をやるにも泣いて、怒ってイヤイヤと抵抗します。1才と比べてできることも増えていきますが、できないと感情が爆発します。

親の対応

振り回されない

気持ちが落ち着くまで待ったり、できなかった部分だけを手伝ってあげたりしましょう。

3才代

子ども

できるできないをわきまえる

思い通りにいかず、かんしゃくは起こしますが、先の見通しがつくようになり、できることできないことをわきまえるようになります。

親の対応

言葉でやさしく伝える

「明日、またやろうね」「時間がないから帰りにしよう」など、わかりやすい言葉で話しかけて。

上手に付き合う!! イヤイヤ期を乗り切るコツ5

イヤイヤ期は永遠に続くわけではありません。言葉の理解やコミュニケーションがうまくとれるようになる3～4才で落ち着きます。それまで上手に付き合っていきましょう。

コツ1 共感する

気持ちに寄り添う言葉をかけます

イヤイヤをしているときは、子どもの気持ちはぐちゃぐちゃになっています。まずは「イヤだったね」と共感してあげるのが鉄則です。共感してあげて、もつれた気持ちをほぐしましょう。

コツ2 気持ちを切り替えさせる

共感したあと切り替えます

共感をした後に「でも、それは危ないよ、こっちの○○して遊ぼうよ」など、気持ちの切り替えをさせてあげます。記憶力と意思が以前より強くなってきているので簡単にはいかないかもしれませんが、試してみてください。

コツ3 ダメの線引きをしてあげる

ダメなことをしたらしかります

子どもは親の顔色をよく見ています。「どこまでがOK」「ここからはダメ」と親の顔色から判断をしていることも。危険なこと、人に迷惑がかかることはダメなど、線引きをしましょう。そのダメなことをしたら、しかります。

コツ4 選択肢から選ばせる

自分で選べば納得します

「自分でやりたい」という気持ちが強いとき。「自分でお着替えする？ ママが手伝う？ パパに見ててもらう?」など選択肢を複数示すと、子どもは自分で選んで行動できたと思い、気持ちが満たされます。

コツ5 感情的に怒らない

落ち着いて対応します

大人が感情的になって、一貫性なくしかると、子どもは何がダメで、どれがいいのかわからなくなり混乱します。大人も落ち着いてしかるようにしましょう。

あんしん

もし強く怒りすぎてしまったら「○○ちゃんのこと嫌いなんじゃないよ。大好きだよ」と伝えましょう。親に愛されているという土台ができ、ダメと言われることも受けとめられます。

サービスを利用してリフレッシュしましょう

心や体を休めて

子育ては365日24時間のことです。休みはありません。毎日ずっと気を張っていると、心と体が疲れてしまいます。子育ては、長く続きます。休めるときには休み、頼めるところには頼み、自分のためだけの時間を作ってリフレッシュしましょう。

わずかな時間でも育児の合間に気分転換して、心と体の疲れをとりましょう。

みんなのリフレッシュ方法

先輩ママたちに育児中のフレッシュ方法を聞いてみました。

読書をする

「子どもがまだねんねの時間が長かったころは、リビングにお気に入りの本を置いて、すぐに読めるようにしていました」(りたろうくんママ)

ちょっと豪華なお菓子やスイーツを食べる

「子どもがお昼寝のときに、ちょっとリッチなケーキを食べて、リフレッシュしています」(けいくんママ)

趣味の時間を作る

「編み物を、子どもを寝かしつけたあとにやっています。リフレッシュできるうえに、子どものものも小物も作れて一石二鳥」(はなちゃんママ)

子どもの世話をパパにまかせて自分だけの時間を作る

「休日、パパに子どもをまかせて、一人で映画を観に行ったりしています。なんだかんだ心配で、すぐに帰宅してしまいますが（笑）」(そうくんママ)

一人でゆっくりお風呂に入る

「パパが家にいるときには、寝かしつけをお願いして、ゆっくりお風呂に入っています。香りのいい入浴剤でリフレッシュしています」(ゆなちゃんママ)

子育て中におすすめ施設、サービス

一時預かりや、代行サービスなどいろいろな施設やサービスがあります。上手に利用して負担を減らしましょう。

一時預かり、ベビーシッター

プロに預ける

時間単位で預かってくれる託児所や、自宅で子どものお世話をしてくれるベビーシッターもあります。利用できる月齢、年齢は施設によって違うので、確認しましょう。

ネットスーパー

重い荷物もらくらく

インターネットやアプリで商品を頼むと、その日のうちにスタッフが商品を選んで、自宅まで届けてくれるサービス。米や調味料などの重いものを買うときに便利です。

子連れでサロン

子どもといっしょにスッキリ

美容院などのサロンのなかには、子連れOKのところがあります。子どもが遊べるキッズスペースがあるところも。施術中に遊んでいられます。

子育てタクシー

外出が楽になる

子連れでのおでかけ、病院への通院などに便利なサービス。子どもに慣れた運転手が来るので、安心です。チャイルドシートを完備しているタクシー会社もあります。

家事代行サービス

事前面談で安心

掃除や料理などを代行してくれるサービス。なかなか手が行きとどかないところも、掃除をしてくれます。事前に面談できるところもあるので、自宅に来てもらうのも安心です。

便利家電

高性能家電におまかせ

食洗機やお掃除ロボット、調理家電など、家事の負担が軽くなる機能を備えた家電が増えています。住宅環境に合わせて、こうした家電を上手にとり入れて活用してみましょう。

知っておきたい

予防接種・病気・事故&けがについて

赤ちゃんを病気から守る予防接種をよく知り、きちんと受けるようにしましょう。また、赤ちゃんが病気でつらそうなとき、事故でけがをしてしまったとき、そのケアや対処法を知っておくと、あわてずに対応できます。

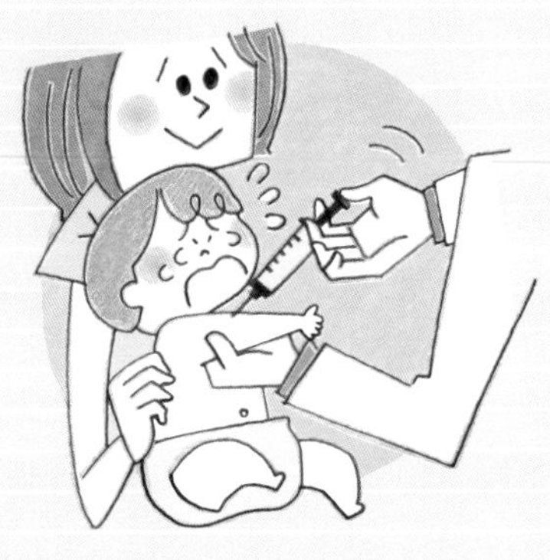

予防接種の基礎知識

国や自治体がすすめる定期接種9種と、希望者が自費で受ける任意接種2種があり、合わせて11種。回数や接種時期などに関する基本情報をまとめました。

予防接種の3つの目的

赤ちゃんや幼児がかかりやすい病気の原因となるウイルスや細菌の毒性を弱めたりなくしたりして、抵抗力だけをつけられるように無力化したものがワクチンです。ワクチンを用いた予防接種は、**病気を予防し、重症化を防ぐために必要な抵抗力(免疫)を、実際の病気にかかることなく、赤ちゃんや幼児につけることができます。**

予防接種は、決められた期間内であれば無料かわずかの自己負担で受けられる定期接種と、希望者が自費で受ける任意接種があります。そして予防接種には**「自分がかからないため」「かかっても症状が軽くてすむため」「周りの人にうつさないため」**の3つの目的があります。予防接種を受けていれば予防できたはずの病気に感染して、毎年多くの子どもたちが重い後遺症で苦しんだり、命を落としたりしています。また、接種していない人が増えると病気が流行することもあります。積極的に接種して、病気の感染拡大を抑えましょう。

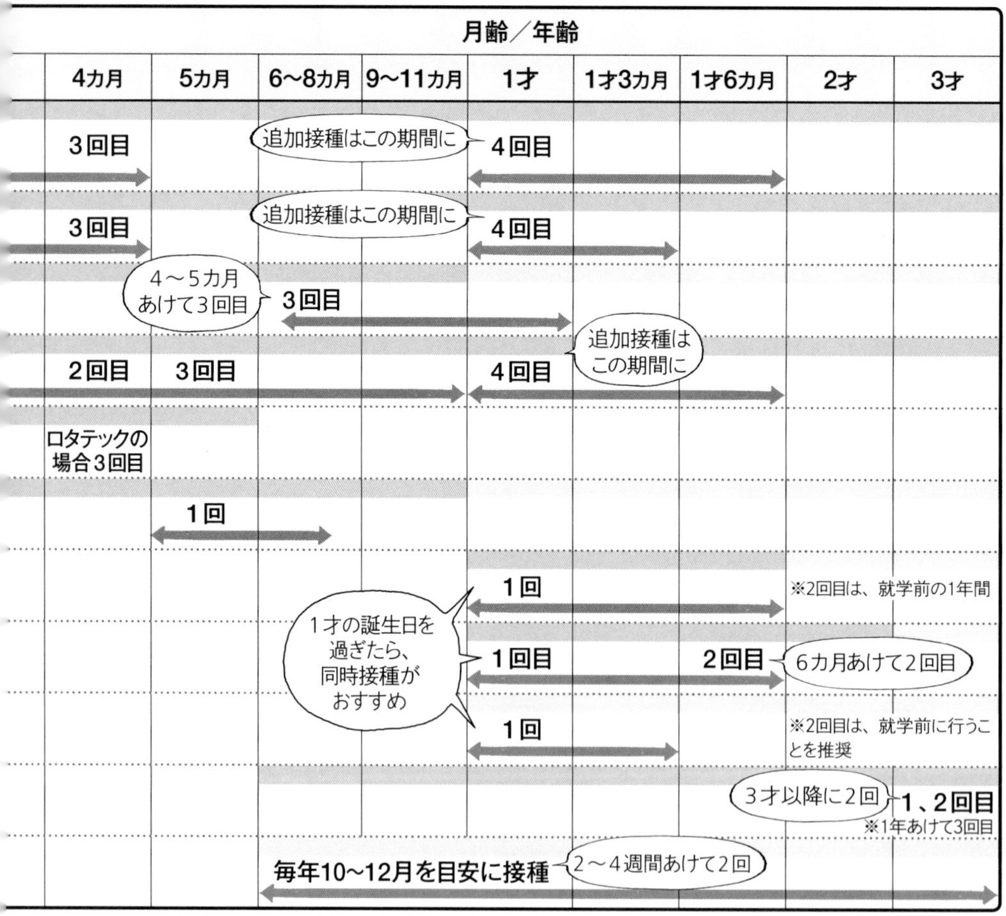

月齢／年齢								
4カ月	5カ月	6〜8カ月	9〜11カ月	1才	1才3カ月	1才6カ月	2才	3才
3回目		追加接種はこの期間に		4回目				
3回目		追加接種はこの期間に		4回目				
4〜5カ月あけて3回目		3回目						
2回目	3回目			4回目	追加接種はこの期間に			
ロタテックの場合3回目								
	1回							
		1才の誕生日を過ぎたら、同時接種がおすすめ		1回			※2回目は、就学前の1年間	
				1回目		2回目	6カ月あけて2回目	
				1回			※2回目は、就学前に行うことを推奨	
						3才以降に2回		1、2回目 ※1年あけて3回目
		毎年10〜12月を目安に接種			2〜4週間あけて2回			

※定期接種は自治体によって異なる場合があります。お住まいの担当窓口にご確認ください。

※この情報は、2021年7月現在「日本小児科学会が推奨する予防接種スケジュール（2021年3月改訂版）」に基づいて編集部が作成した一例です。

受けるスケジュールはかかりつけの医師と相談

生後1カ月を過ぎると健診などで予防接種の説明があり、その数の多さに驚くかもしれません。2016年からB型肝炎ワクチンが、2020年からロタウイルスワクチンが任意接種から定期接種に変わりました。**現在受けておきたい予防接種は全部で11種類です。**

複数回受けるものもあるので、延べ回数は20回以上になりますが、**同じ日に複数のワクチンを接種する同時接種にすると通院回数を減らすことができ、赤ちゃんの体への負担も軽減でき**

定期接種と任意接種

「保護者は、接種に努めなければならない」とされているのが定期接種。期間内であれば公費負担で受けられ、国や自治体が乳幼児に接種を強くすすめています。もしもの事故には国の救済制度を利用することができます。

接種するかを保護者の判断に任せているのが任意接種。希望者が自己負担で受けるものです。任意だからといって、重要度が低い接種ということではありません。たとえば、おたふくかぜなどは、重症化すると命にかかわります。

	ワクチン名	定期／任意	3才までの接種回数	ワクチンの種類	月齢 0カ月	1カ月	2カ月	3カ月
1	Hib（ヒブ）（インフルエンザ菌b型） 細菌性髄膜炎などHib感染症	定期	3回＋追加1回	不活化			1回目	2回目
2	小児用肺炎球菌 細菌性髄膜炎など肺炎球菌感染症	定期	3回＋追加1回	不活化			1回目	2回目
3	B型肝炎 （母子感染予防ではない場合）	定期	3回	不活化			1回目	2回目
4	4種混合（ジフテリア・百日ぜき・破傷風・ポリオ）	定期	3回＋追加1回	不活化				1回目
5	ロタウイルス ロタウイルス感染症	定期	ロタリックス2回／ロタテック3回	生			1回目	2回目
6	BCG 結核	定期	1回	生				
7	MR（麻しん風しん混合） はしか（麻しん）、風しん	定期	1回	生				
8	水ぼうそう	定期	2回	生				
9	おたふくかぜ	任意	1回	生				
10	日本脳炎（第1期）	定期	2回	不活化				
11	インフルエンザ	任意	毎年2回	不活化				

定期接種で受けられる期間　任意接種で受けられる期間　接種推奨期間

※同じ種類のワクチンの接種を複数回受ける場合は、ワクチンごとに決められた間隔を守る必要があります。

※6〜9の異なる種類の生ワクチン接種は同時接種でない場合、生ワクチン同士の接種間隔を最短で4週間あける必要があります。

ます。

予防接種を受け始める時期は生後2カ月から。まずは定期（Hｉb感染症・小児用肺炎球菌・B型肝炎・ロタウイルス）の4種の同時接種から始まります。

スケジュールの組み方や日程変更などは、かかりつけの小児科で相談し、2カ月になったら早めに予防接種スケジュールをたてましょう。赤ちゃんの体質や健康状態を診て、スケジュールを組んでくれます。発熱や嘔吐(おうと)、ひどいせきなどがある場合は接種を控え、赤ちゃんの体調がよい日を選び、スケジュールを組み直しましょう。期間内に受けられれば問題ありません。

知っておきたい副反応

副反応とは、**予防接種後に接種部位が腫れたり、軽い発疹が出たり、熱が出たりすることです。**もし副反応があっても、**ほとんどの場合は2〜3日で治まり、**赤ちゃんが強いアレルギー体質である場合をのぞけば、重篤な症状を引き起こすケースはまれです。

副反応がこわいからと予防接種をためらう保護者もいますが、むしろ副反応よりも自然感染によって重症化してしまうリスクのほうが深刻です。気になる場合は、接種前にかかりつけ医師に相談してみましょう。

ワクチンの種類は3つ

不活化ワクチン

細菌やウイルスを殺して毒性をなくしたもの。発熱などの副反応が少ないワクチンです。接種後1週間たてば、他の予防接種を受けることができます。

生ワクチン

毒性を弱めた生きた細菌やウイルスを接種し、自然感染に近い状態で免疫をつけることができます。体内で病原体が増えるため、接種後4週間は、他の予防接種を受けることはできません。

トキソイド

細菌やウイルスから毒素だけを取り出して無毒化したもの。細菌感染したときに、毒素による発病を防ぎます。接種方法は、注射と経口接種の2種類。

＼副反応ってどんなもの？／

赤く腫れる
接種したところが赤くなり、腫れたり熱をもつ。とくに4種混合（DTP）などでよくみられる反応。かゆみがある場合、患部を冷やす。

37.5度以上の発熱
生ワクチンを使った場合、軽く感染した状態で無症状の状態が続くが、まれに発症してしまう子も。ほとんどの場合、1〜2日で熱が下がる。

発疹
麻しん(はしか)・風しん(MR)の接種後などに、まれに発疹(ほっしん)がみられる。アレルギーなどの可能性を考えて、受診を。

予防接種 Q&A

Q 接種期間を過ぎてしまった！

A 過ぎても受けられます

指定された期間を過ぎても受けられます。BCGのような集団接種は、次回の日程で接種を。個別接種の場合は、重症化しやすい病気を優先してスケジュールを組み直しましょう。

Q 熱性けいれんを起こした子の接種は？

A 発作から3カ月以上たっていれば問題ありません

3カ月以上たっていればOK。以前は1年以上あける必要がありましたが、「発熱を引き起こす病気を予防するために予防接種を行う」という方針に切り替わりました。

Q 任意のものは受けなくてもいい？

A 受けることをおすすめ

費用がかさみますが、病気の予防とかかったときの重症化を避けるためにも、受けることをおすすめします。料金は病院によって異なるので確認しましょう。

2.小児用肺炎球菌

予防する病気	細菌性髄膜炎などの肺炎球菌感染症
回数	2カ月過ぎ～1才で3回＋追加1回
接種時期	2～6カ月まで1回接種。4週以上の間隔をあけて1才までに2、3回目接種。1才～1才3カ月で3回目から2カ月以上の間隔をあけて、追加を1回接種
ワクチンの種類	不活化ワクチン

肺炎球菌が脳や脊髄（せきずい）を包む髄膜の奥にまで入って炎症を起こすのが細菌性髄膜炎です。**かぜと似た症状のため、診断がむずかしく進行が早いのが特徴。**発症すると、知的障害や難聴、発達の遅れなどの重い後遺症を残したり、命にかかわったりすることもあります。他にも菌血症、肺炎、気管支炎などの原因菌として知られています。**かかる頻度はHibより低いものの、死亡率や後遺症が残る確率はHibより高く、低月齢の赤ちゃんほど重症になりやすいので、早めの接種を。**Hibや4種混合などとの同時接種が効率的。発熱の副反応がみられることがありますが、通常1～2日で治まります。

3.B型肝炎

予防する病気	B型肝炎
回数	2カ月～1才で3回（母子感染予防ではない場合）
接種時期	母子感染予防の場合は、生後すぐと1カ月、6カ月の3回接種
ワクチンの種類	不活化ワクチン

B型肝炎は、ウイルスにより肝炎を発症し、肝硬変や肝臓がんになるおそれのある病気です。**母親がキャリアの場合は生後すぐから健康保険適用で接種できます。**キャリアとは血液中にウイルスを無症状で持っている人。キャリアではない場合も、生まれてすぐの赤ちゃんへのB型肝炎ワクチンの接種がすすめられています。有効性も安全性も高く、世界中で使用されており、**小さいうちに接種するほど効果が高いといわれています。**接種後の副反応として、ワクチンを接種した部位の痛みや腫れ、かゆみ、発熱、倦怠感などがみられることがありますが、数日のうちに治まります。

予防接種を受けるまで

詳しくは p.55

前日まで
- 予防接種に関する手引きを読む
- 日程を決めて、予約をする
- 予診票に記入する

当日

家で
- 体調を確認
- 診察を受けやすい服装にする

会場・病院で
- 受付をして、検温する
- 問診、診察を受ける
- 抱っこして接種

接種後
- 様子を見る
- お風呂は発熱などがなければ当日からOK

1.Hib（ヒブ）（インフルエンザ菌b型）

予防する病気	細菌性髄膜炎などのHib感染症
回数	2カ月過ぎ～1才で3回＋追加1回
接種時期	2～6カ月で1回接種。4～8週の間隔をあけて1才までに2、3回目接種。1才～1才6カ月で追加を1回接種
ワクチンの種類	不活化ワクチン

冬に流行するインフルエンザとは、名前が似ていますがまったく別の細菌です。**0～1才の赤ちゃんがかかりやすいので、2カ月になったらすぐに受けられるよう準備を整えましょう。**Hibはせきやくしゃみとともに鼻やのどから入り込むことで感染します。Hibが原因で起こる病気のおもなものに髄膜炎、喉頭蓋炎（こうとうがいえん）、肺炎などがあります。なかでも発症の割合が高いのが髄膜炎です。死亡率は約5％で後遺症が残る確率は25％。これらの感染症を予防するには、Hibワクチンの接種が最も有効です。**1回目の接種が「7カ月以上1才未満」と「1才以降」では接種回数が異なります**(*)。

＊7カ月以上1才未満で始める場合は
通常の時期に受けたときと同様の間隔で2回、その1年後に1回。
1才以降で始める場合は、1回のみ。

4. 4種混合（ジフテリア・百日ぜき・破傷風・ポリオ）

予防する病気 ジフテリア、百日ぜき、破傷風、ポリオ

回数 3カ月から1才までに3回＋追加1回

接種時期 3カ月過ぎ～1才で3回接種。
1才過ぎ～1才6カ月の間に追加1回接種
（3回目終了後、6カ月以上経過すれば追加接種可能）

ワクチンの種類 不活化ワクチン

生後すぐかかることもある「百日ぜき」。けいれんを起こし命を落とす危険もある「破傷風」。呼吸困難などを起こす「ジフテリア」。手足にまひが残ったり、死亡したりする可能性もある「ポリオ」。以上4種の病気を予防します。ポリオはかつて患者数5000人を超える大流行となった時期がありましたが、生ポリオワクチンの導入によって治まり、1980年を最後に野生株ポリオウイルスによる新たな患者は出ていません。2012年から不活化ポリオワクチンの定期接種が導入され、ワクチン関連まひの心配はなくなりました。これを機に**4種混合ワクチンが作られ、接種回数が減りました。**

5. ロタウイルス

予防する病気 ロタウイルス感染症

回数 ロタリックス（1価）は2回、
ロタテック（5価）は3回

接種時期 ロタリックスは生後6カ月になるまでに2回、
ロタテックは生後8カ月になるまでに3回

ワクチンの種類 生ワクチン

衛生状態に気をつけていても、感染力が強く予防がむずかしいのがロタウイルス。赤ちゃんが感染すると激しい下痢や嘔吐（おうと）を起こし、脱水症状になるなど重症化しやすいので早めの予防が大切です。予防接種ワクチンを受けずに感染する子が世界中に多いことから、WHO（世界保健機関）でもワクチン接種を奨励しています。**接種すると、感染しても発症しないか、発症しても点滴や入院が必要になるほどの重症化を避けられます。**接種後に腸重積症のリスクが少し増加する可能性があることが指摘されています。腸重積症にかかっているときは接種できない場合もあるので、かかりつけ医に相談を。**接種期間が短いので、他の定期接種との同時接種がおすすめです。**

6. BCG

予防する病気 結核

回数 1回

接種時期 1才になるまで

ワクチンの種類 生ワクチン

抵抗力の弱い赤ちゃんがかかると悪化が早く、重症化しやすいです。針のついたスタンプを腕の皮下に押しつけて生ワクチンを注入します。**集団接種の場合は、Hib、小児用肺炎球菌、4種混合の3回目を接種した後、生後5～8カ月ごろの接種をすすめられます。**結核患者と接触した可能性がある場合は、感染していないことが確認された場合にのみ接種を受けることができます。**接種10日以内に針のあとが赤くなったり、腫れたりするなどの反応が出ますが、1～3カ月程度で治ります。脇のリンパ節が腫れたときは、予防接種を受けた医療機関に報告し、受診しましょう。**

7. MR（麻しん風しん混合）

予防する病気 はしか（麻しん）、風しん

回数 1才過ぎに1回＋就学前に追加1回

接種時期 1才過ぎ～2才で1回。
追加接種は小学校就学前の1年間

ワクチンの種類 生ワクチン

風しんは感染力が強く、発熱とほぼ同時に発疹が出ます。まれに脳炎などの合併症を起こすことも。麻しんウイルスも同様に感染力が強く、高熱などの症状が3～4日続いた後、全身に赤い発疹が広がります。脳炎や肺炎を起こすこともあります。**予防接種で95%の人に抗体ができます。**20～30代で麻しんが大流行しているときは、予防接種を受けなかったか、免疫が十分についていなかった人に感染が起こっているため。3000人に1人の割合で熱性けいれんが起きることもあるので、副反応は気になりますが、感染症にかかったときのリスクを考えれば、**1才を過ぎたら早めに受けることをおすすめします。**

8. 水ぼうそう

定期接種

予防する病気 水ぼうそう

回数 2回

接種時期 1才過ぎ～1才3カ月で1回接種、接種後3カ月あけて2回目接種

ワクチンの種類 生ワクチン

水痘（すいとう）・帯状疱疹（たいじょうほうしん）ウイルスが原因の水ぼうそうは、感染力が強い感染症です。37～38度の熱が出て、赤い小さな発疹が現れ、2日ほどで全身に広がります。強いかゆみをともなう水ぶくれになり、2～3日で黒いかさぶたになってはがれ落ちます。脳炎や肺炎などの合併症で命を落とすこともあります。水ぼうそうが治った後もウイルスは長く神経節に残り、ストレスや疲労など何かのきっかけで免疫力が低下すると、激しい痛みをともなう発疹ができ、帯状疱疹となって現れます。**以前は任意接種でしたが、2014年から定期接種になりました。確実に免疫をつけるために2回接種します。感染力が強いので、感染を避けるため、時期になったら早めに2回目を受けましょう。**

9. おたふくかぜ

予防する病気 おたふくかぜ

回数 1回

接種時期 1才を過ぎたら早めに

ワクチンの種類 生ワクチン

任意接種ですが、**1才を過ぎたら早めに受けたい予防接種です。**日本小児科学会では効果をさらに確実にするため、**就学前の1年間に追加接種することを推奨**しています。おたふくかぜワクチンは2019年の時点で122カ国で定期接種化されています。一方、日本では任意接種で、ワクチン接種率は約30%です。**平均すると毎年約60万人がかかって、多くの子どもが重い合併症で苦しんでいます。**今でも4年に一度の周期で全国的な流行をくり返しています。症状は比較的軽症ですが、強い頭痛や嘔吐もある無菌性髄膜炎の合併症が約50人に1人の割合で発生しています。重度の難聴になることもあります。難聴は発症すると治りません。

10. 日本脳炎（第1期）

予防する病気 日本脳炎

回数 1期で3回

接種時期 3才以降2回（1～4週の間隔をあける）、1年の間隔をあけて1回

ワクチンの種類 不活化ワクチン

蚊を介して感染する日本脳炎は、日本脳炎ウイルスによる感染症です。突然の高熱や頭痛、嘔吐などの症状が表れ、意識障害やまひなどの神経系の障害を引き起こします。**日本脳炎は、100～1000人に1人が発症し、そのうちの20～40%が亡くなるといわれています。**2005年に日本脳炎の予防接種による副反応で、ADEM（急性散在性脳脊髄炎）になった事例があり、2005年から09年まで予防接種の積極的推奨を差し控えた時期がありましたが、その後新しいワクチンが開発されています。**現在使用されているワクチンの安全性は十分に確認されています。**

11. インフルエンザ

予防する病気 インフルエンザ

回数 毎年2回

接種時期 毎年。1回目の接種後2～4週の間隔をあけて、2回目を接種。流行する前の10～12月の接種が望ましい

ワクチンの種類 不活化ワクチン

くしゃみなどによるウイルスの飛散で感染します。インフルエンザウイルスは、毎年ウイルスの型が少しずつ変異するため、ワクチンは次シーズンの流行ウイルスを予測して製造されます。**インフルエンザの発症者の3～4割は、0～9才の子どもが占めているといわれます。**2才未満の子どもは、肺炎や気管支炎、インフルエンザ脳症といった合併症も起こりやすくなります。とくに赤ちゃんは重症化しやすく、熱性けいれんを起こすこともあります。家族が外から持ち帰ったウイルスで感染するケースがほとんどなので、毎年10月から12月までに家族全員で予防接種をすませておきましょう。**赤ちゃんは生後6カ月から接種可能です。**

知っておきたい 赤ちゃんの病気

赤ちゃんがかかりやすい病気を、症状別に紹介します。その病気の特徴、治療法、ホームケアの方法を知っておきましょう。

※保育園の登園可否は目安です。各園で規定は異なるので、確認してください。

かぜ症候群

病気のサイン

□鼻水、鼻づまり、のどの痛み、せき
□発熱、頭痛
□嘔吐、下痢、腹痛など消化器症状
□食欲がない、機嫌が悪い

約230種あるウイルスが原因

かぜ症状の原因はほとんどがウイルスによるものです。症状を引き起こすウイルスの数は230種類以上といわれており、種類によって発疹が出たり、嘔吐や下痢を引き起こすものなどさまざまです。

2才までは抵抗力が弱いため、こじらせると肺炎や気管支炎、急性中耳炎といった合併症を起こしやすいので注意が必要です。免疫機能のでき上がっていない低月齢の赤ちゃんの場合は、高熱が出ていなくても早めの受診が安心です。

保育園などで集団生活に入るとウイルスに感染する機会が増え、よくかぜをひくようになります。しかし、一度かかるとそのウイルスの抗体（免疫）が体の中で作られ、かぜをひくたびに抵抗力が高まります。

治療とホームケア

細菌を殺す薬（抗生物質）はありますが、かぜウイルスを殺す薬はありません。症状がひどい場合は薬も処方されますが、そのときの症状をやわらげる対症療法にしかすぎません。症状が軽ければ自然治癒力によって治るのを待ち、経過を見守ります。

熱がなく、食欲もあって機嫌がよければ、まめに水分補給を行いながら家で様子を見ます。熱がなくても、下痢や嘔吐があって元気がなければすぐに受診しましょう。

熱が高いときは解熱剤が処方されることもあります。薬を飲んでも熱が下がらない、水分を受けつけない、ぐったりしているなどのときは再受診しましょう。

インフルエンザ

病気のサイン

□急な発熱、頭痛
□鼻水、鼻づまり、のどの痛み、せき
□筋肉痛、関節痛
□機嫌が悪い、ぐったりしている

感染力が非常に強い

感染力が強いインフルエンザウイルスが原因で、熱は39度以上になることもあり、**乳幼児の場合は嘔吐、下痢などの消化器症状をともなうことも。気管支炎や肺炎を併発しやすいので注意が必要です。**症状が出てから7日目までは登園は控え、熱が下がってから登園しましょう。

治療とホームケア

脱水症状防止に水分補給を。また粘膜保護のため室内の湿度を50～60％にします。

突発性発疹

病気のサイン

- □急な高熱が3～4日続く
- □熱が下がると赤い発疹が出る

1才までにみんながかかる

生後6～12カ月くらいにかかります。赤ちゃんがはじめてかかることが多い病気です。急に38～39度、ときには40度近い高熱を出します。そのわりには機嫌もよく元気です。**3～4日熱が続き、下がったとたん、おなかや背中に大小不規則な赤い発疹が出て、半日くらいで全身に広がります。**平熱になってからぐずり出す赤ちゃんもいます。発疹は4～5日でおさまります。

治療とホームケア

確定診断ができるのは、熱が下がって発疹が出てから。安静と水分補給に気をつければ、心配のいらない病気です。合併症もほとんどありません。とくに処方される薬はなく、発疹がおさまるまで待ちましょう。

おたふくかぜ（流行性耳下腺炎）

病気のサイン

- □発熱
- □耳のつけ根からあご周辺が腫れて痛む

かかりやすいのは3～9才

ムンプスウイルスが原因で、耳の下からあごにかけて腫れます。**飛沫感染で春から夏にかけて流行します。**かかりやすいのは3～9才。6カ月未満の赤ちゃんがかかることはまれです。ピーク時には38～39度くらいの熱が出ることも。熱は2～3日で下がります。腫れや痛みは5～7日、長いときは10日ほど続いて治まります。耳のつけ根の腫れが治まれば、登園できます。

治療とホームケア

特別な治療薬はありません。順調に経過すれば軽い病気ですが、髄膜炎や難聴などの合併症をおこすことも。唾液腺が炎症を起こし、消化能力も落ちているので、消化のよいやわらかい食事を用意しましょう。

ヘルパンギーナ

病気のサイン

- □高熱
- □のどの水疱と痛み

乳幼児に多い夏かぜの一種

夏から秋にかけて流行する夏かぜの一種です。扁桃腺の上のほうに1㎜くらいの水疱が数個～十数個できるのと高熱が特徴で、1才からかかりやすくなる病気です。コクサッキーウイルスなど数種類のウイルスが原因で、何度もかかる可能性があります。水疱がつぶれると白っぽい潰瘍になり痛みが強いため、唾液が飲み込めなくなります。

治療とホームケア

食事が食べられないほどのどが痛むのは最初の数日だけです。発症は夏に多いので、脱水症状を防ぐためにも、水分補給をしっかりします。痛みから飲み物をまったく口にしないようなら、早めに病院を受診しましょう。

はしか（麻しん）

病気のサイン
□高熱が2〜3日続く
□せき、くしゃみ、鼻水
□口内疹（こうないしん）、赤い発疹（ほっしん）

かかりやすいのは2〜6才

原因は麻しんウイルス。かぜに似た症状で始まり、高熱が2〜3日ほど続いて口内疹ができ、1日遅れて赤い発疹が顔やのどから全身に広がります。**ママからの抗体がなくなった生後6カ月以降に、感染の可能性が高くなります。**発病後5日〜1週間以降は中耳炎や肺炎を合併する危険も。乳幼児がかかると重症化しがちなので注意が必要です。解熱後3日間たてば、登園は可能。

治療とホームケア

高熱が続いたり、けいれんを起こしたら夜間でも病院へ行きましょう。回復後も1カ月は静かに過ごします。また、予防接種で防げる病気でもあります。

風しん

病気のサイン
□淡い発疹
□微熱（出ないこともある）
□首や耳の下のリンパ腺の腫れ

熱・発疹がないまま終わることも

4〜10才くらいの子に多く、集団生活をしない赤ちゃんがかかることはほぼありません。**熱は1〜2日、発疹も3〜4日で消えることから三日ばしかとも呼ばれます。**熱や発疹がほとんどないまま終わってしまうことも（不顕性感染（ふけんせいかんせん））。小学校高学年以上の子や大人がかかると重くなる傾向があります。発疹がなくなったら登園可能です。

治療とホームケア

子どもの場合、合併症はほとんどなく、軽い症状ですみます。周囲への感染を防ぐため、熱がなくても発疹が消えるまでは外出を控え、家で静かに過ごします。1才になると予防接種を受けることができます。

手足口病

病気のサイン
□手のひら、足の甲や裏、口の中、肛門周り、ひざに赤い米粒大の水疱（すいほう）
□微熱（出ないこともある）

1週間で自然に治癒

ウイルスが原因の夏かぜの一種で、手、足、口の中に水疱ができるのが特徴です。生後6カ月くらいから4〜5才ごろの幼児に多い病気です。潜伏期間は3〜5日くらい。痛みやかゆみはありませんが、足の水疱が少し痛がゆいこともあります。熱は高くは上がらず、1〜2日で下がることがほとんどです。子どもによっては下痢や嘔（おう）吐（と）をともなうこともあります。

治療とホームケア

1週間ほどで自然に治るのが一般的です。口内にできた水疱は潰瘍（かいよう）になってかなり痛むので、食事をいやがることもあります。その場合、水分はしっかりとらせましょう。

水ぼうそう

病気のサイン

- □発熱と同時に赤い発疹
- □水疱になって体中にどんどん広がる
- □強いかゆみ
- □発熱

赤い発疹が全身に広がる

水痘帯状疱疹（すいとうたいじょうほうしん）ウイルスという感染力の強いウイルスが原因です。**接触や空気感染するため、集団生活で1人がかかるとあっという間に広がります。** 10才以下の子どもに多く、最も多いのが1～5才の乳幼児です。発熱と同時に胸や背中に赤い小さな発疹が現れ、数時間で水疱になり、水ぶくれは1週間ほどでかさぶたになります。すべての水疱がかさぶたになったら登園可能。

治療とホームケア

治療の基本は、抗ウイルス薬とかゆみ止めの塗り薬です。 発疹が出始めてから2日以内に服用すると発疹の広がりを抑えられます。口の中に発疹が出ると痛がって食事をいやがります。また、発熱時は入浴を控えましょう。

溶連菌（ようれんきん）

病気のサイン

- □高熱、のどが真っ赤になって痛む
- □赤いこまかな発疹が全身に広がる
- □初期症状はかぜに似ている

4～7才児に最も多い

幼児や学童に多く見られる感染症です。赤ちゃんが感染することは比較的少ないですが、兄姉がかかると接触感染することがあります。最初は39度前後の急な発熱とのどの痛みで始まります。**痛みが強く、吐き気や嘔吐、頭痛、腹痛、ときには筋肉痛が出ることも。** 舌がいちごのように赤くプツプツになる「いちご状舌」になることもあります。

抗生物質を飲んで、1～2日後に症状が治まれば登園可能。

治療とホームケア

抗生物質で治療します。 服用後1～2日で熱が治まります。再発をくり返すと急性腎炎やリウマチ熱などを合併するおそれがあるため、薬は最後まで飲みきってしっかり治しましょう。

伝染性紅斑（こうはん）（りんご病）

病気のサイン

- □ほっぺたに赤い発疹
- □腕・太ももにレース状の赤い発疹

両ほおがりんごのように

両ほおの赤い発疹が特徴ですが、感染力は弱く、熱も微熱程度です。発疹は10日ほどで消えます。2才以下でかかることは、あまりありません。幼児期から小学校の子どもに流行します。

治療とホームケア

赤みが増すので体を温めすぎないようにし、家で安静にしていれば大丈夫です。

気管支炎

病気のサイン
□たんがからんだゴホゴホというせき
□発熱

ゴホゴホしたらすぐ受診を

ウイルスまたは細菌による炎症が気管支にまで及んだ症状。かぜをこじらすことがおもな原因です。**ゴホゴホという湿った重い音のせきに変わります。**ゼコゼコなら「喘息様気管支炎（ぜんそくよう）」の疑いも。2才未満の乳幼児は、気管支のさらに末端部分に炎症が起こる細気管支炎や肺炎を起こしやすいので、せきや高熱が長引いたり、ぐったりしているときは病院へ。

治療とホームケア

治療にはせきをやわらげ、たんを溶かす薬、解熱剤、細菌性の場合は抗生物質を使います。せきやたんを出しやすくするために、**水分補給をまめに。室温を一定に保ちましょう。**

肺炎

病気のサイン
□38～40度の高熱
□たんがからんだひどいせき
□呼吸困難

赤ちゃんは入院治療が基本

かぜなどをこじらせたことがおもな原因で、のど→気管支→細気管支→肺というようにウイルスが入り炎症が進みます。**赤ちゃんの場合は呼吸困難や脱水症状を起こしやすいので入院治療が基本です。**かぜや気管支炎の段階できちんと治し、肺炎まで悪化させないことが大切です。細菌性とウイルス性とがあります。肺炎の1～2割を占めるマイコプラズマ肺炎は、病原性微生物が原因の、感染する肺炎です。

治療とホームケア

基本は抗生物質を使います。かぜのときとケアは同じで水分補給をまめにして、安静に過ごします。

百日ぜき

病気のサイン
□乾いたコンコンというせき
□微熱（出ないこともある）
□せきがなかなか治まらない

赤ちゃんは重症化しやすい

百日ぜき菌の感染による病気です。**感染力が強く、新生児でもかかる可能性があります。**せきや鼻水、くしゃみなどのかぜ症状で始まり、コンコンと激しいせきが約100日間続きます。1才未満の赤ちゃんがかかると、呼吸困難や無呼吸発作、けいれんなど重症化しやすいので危険です。生後3カ月から受けられる四種混合の予防接種を受けておくと安心です。

治療とホームケア

月齢が低いと命にかかわることもあるので入院することも。**せき込んで吐きやすいので、食事は少量ずつ与えます。**せきは体力を消耗するので家では安静に過ごします。

急性胃腸炎（ウイルス性）

病気のサイン
□嘔吐、1日十数回の下痢
□発熱（出ないこともある）

ピークは最初の半日

いわゆる「おなかにくるかぜ」といわれるウイルス感染が原因の胃腸炎です。秋から冬にかけて感染することが多く、その代表格がノロウイルス感染症です。

ノロに感染すると突然嘔吐をくり返し、また水様性の下痢便をします。激しい症状は最初の半日がピーク。3〜4日ぐらいで治るのが一般的です。人から人へうつり、感染力が非常に強いので、汚れた衣類は別に洗い、赤ちゃんのお世話をした後はよく手を洗いましょう。

治療とホームケア

下痢と嘔吐で水分が失われて、急速に脱水症状が進む危険があります。水分をまったく受けつけなくなったらすぐに受診を。

急性胃腸炎（細菌性）

病気のサイン
□嘔吐、下痢、腹痛、血便や粘液便も
□発熱（出ないこともある）

ウイルス性よりも重症度が高い

細菌に感染して起こる、いわゆる食中毒で、O-157もこのひとつ。カンピロバクター菌、サルモネラ菌、腸炎ビブリオ菌、ブドウ球菌など、原因菌によって症状は少しずつ異なります。

ウイルス性の胃腸炎よりも重症度が高く、入院になることもあります。食品の加熱、調理前の手洗いなど、予防対策である程度は防ぐことが可能です。嘔吐、下痢が治まれば登園可能です。

治療とホームケア

薬は整腸薬と吐き止めが処方されます。

下痢は病原体を排出するので、下痢止めは使用しません。腸重積症と症状が似ているので、受診の際は便の様子を伝えます。

腸重積症

病気のサイン
□周期的に火がついたように泣く
□おなかにしこりがある
□嘔吐、いちごジャム状の粘血便

発症から24時間以上たつと手術も

腸が腸の中にもぐり込んで、どんどん奥に入ってしまう症状です。自然に戻ることはありません。男の子は女の子の2倍発生しやすく、生後4カ月から2才くらいまでに多く見られます。

腸が蠕動運動するたびに痛みが強くなります。腸同士で圧迫された部分に壊死があると切除手術が必要になります。くり返し激しく泣いて顔が青白かったり、様子が変であれば、すぐに病院に行きましょう。

治療とホームケア

発症から24時間以内であれば、重なった腸を押し戻す高圧浣腸でほとんど治ります。再発の可能性を考え入院することも。

乳児湿疹

病気のサイン

□白や赤みのある湿疹

□皮脂が皮膚にこびりついて固まった、白～黄色のかさぶた

生後3カ月ごろまでがピーク

赤ちゃんの皮膚は、バリア機能も発汗機能も未発達で、肌トラブルを起こしやすいもの。乳児湿疹とは、生後すぐから1才ごろまでの赤ちゃんにできる湿疹の総称です。**生後数週間から1カ月前後は皮脂分泌が盛んで、乳児脂漏性湿疹がよく見られます。**また皮脂が毛穴に溜まって炎症を起こすと新生児にきびに。しかし、3カ月をピークに皮脂の分泌量がぐんと減少。逆に乾燥肌によるトラブルが増えます。

治療とホームケア

1日1回、石けんをよく泡立て、こすらずに手でなでるように患部を洗います。すすぎもしっかりしましょう。

あせも

病気のサイン

□かゆみをともなう赤い発疹

□汗が溜まりやすい場所にできる赤いブツブツ。お尻や腰に最も多く出る

汗はこまめにふきとって

汗腺に細菌が繁殖し、炎症を起こしてできるのがあせもです。赤ちゃんは新陳代謝が盛んで汗腺の数は大人とほぼ同じなのに、**体表面積が小さいぶん汗腺の密度が高いため、あせもが発症しやすくなります。**汗をかいたままにすると、雑菌が繁殖してあせもができやすくなります。かゆくてかきすぎると、とびひになることもあります。汗を放置せずこまめにふくことが肝心です。

治療とホームケア

通気性や吸水性、放湿性のよい衣服にし、**汗をかいたらこまめに取り替えて肌の清潔をキープします。**お風呂上がりに体をよくふいて体が乾いてから着替えさせましょう。

とびひ

病気のサイン

□最初はうみをもった水疱（すいほう）

□つぶれてジュクジュクとした汁が出る

□かゆみが強く、菌が広がっていく

あっという間に菌が拡散する

正式名称は「伝染性膿痂疹（でんせんせいのうかしん）」。**虫さされや小さなケガでできた傷、アトピー性皮膚炎、湿疹をかきこわしたところなどに化膿菌がついて起きる炎症です。**黄色（おうしょく）ブドウ球菌などの細菌が肌の傷に感染して、あっという間に炎症が広がります。

生後間もない赤ちゃんは、敗血症や肺炎などを併発する場合があるので注意が必要です。感染力が強いので、家族でのタオルの共用は避けましょう。

治療とホームケア

入浴は最低1日1回。**石けんでよく洗います。**患部をよく乾かし、処方された抗生物質の軟膏（なんこう）を塗ります。

急性中耳炎（ちゅうじえん）

病気のサイン

□頭を振ったり、耳をしきりに触る
□黄色い耳だれが出る
□夜泣きをする、ミルクの飲みが悪い、熱が出る

クセになりやすい

赤ちゃんに多いのが耳のトラブルです。**急性中耳炎は、生後6カ月～5才くらいまでに多く、かぜからくることがほとんど。**鼓膜（こまく）の内側にある鼻と耳をつなぐ耳管が赤ちゃんは太くて短く、鼻やのどのウイルスや細菌がせきなどによって中耳まで入り込みやすいのが原因です。

治療とホームケア

抗生物質で炎症が治まります。自己判断で薬をやめると、滲出（しんしゅつ）性中耳炎に移行したり、**慢性化する原因になるので、薬は最後まで飲み、しっかり治しましょう。**うみがたまっている場合は、切開することも。

滲出性中耳炎（しんしゅつせいちゅうじえん）

病気のサイン

□聞こえが悪くなる
□痛みやつらさはなく、なんとなく不快
□テレビの音を大きくしたがる

急性中耳炎から移行することも

鼻やのどに炎症を起こしやすい乳幼児から学童期にかけてかかりやすい病気です。**のどや耳の炎症が原因の病気の後になりやすく、一度かかるとクセになって再発しやすいのが特徴です。**急性中耳炎の慢性化や鼻のかみすぎも原因になります。発見が遅れると難聴が進み、治りにくくなることがあります。いつもと様子に変わりはないか、よく注意しましょう。

治療とホームケア

基本は抗生物質や抗炎症剤を使った治療です。あまりにくり返すときは、鼻やのどの治療をし、鼓膜に小さな穴をあけ、耳管の通りをよくする通気療法もあります。

結膜炎

病気のサイン

□アレルギー性は目のかゆみと涙
□ウイルス性は多量の涙と目の充血、まぶたが腫れ上がるなど。発熱することも
□流行性は、起床時に大量の目やに
□細菌性は、大量の黄色っぽい目やに

早めに小児科または眼科を受診

目とまぶたの裏側をおおっている結膜部分の炎症です。乳児に多いのは細菌性ですが、他にもウイルスやアレルギーなども原因となります。それぞれ処方する薬が違うので、**放置せずに早めに眼科や小児科を受診しましょう。**アデノウイルスによる流行性結膜炎は重症化しやすいので注意。

治療とホームケア

細菌性には抗生物質の点眼薬を、ウイルス性の場合は炎症を抑える点眼薬を使います。こびりついた目やには、お湯でぬらしたガーゼでふきます。

赤ちゃんの安全を守る
事故&けが 予防の基本

事故やけがは、いつ起こるかわかりません。赤ちゃんの安全を守るためには、ママとパパが予測して予防することが基本です。

「ちょっと」「うっかり」で起こる事故

赤ちゃんのお世話にまだ不慣れな新米ママ、パパだけでなく、上の子の子育てに慣れたママ、パパでも、「ちょっと目を離したすきに」「動けないはずなのに」「静かでおとなしいのでおかしいと思ったら」といった、「ちょっと」「うっかり」という状況で事故は起こっています。

乳児の事故の大半は、外での交通事故などよりも親の目が届くはずの室内で起こっています。たとえば、浴槽に転落したことによる溺死(できし)・溺水(できすい)や、転倒・転落、誤飲、やけどなど。消費者庁によると、14才以下の子どもの事故死では、0才児が最も多く、その9割が窒息死と発表されています(*)。

事故を避けるためには、**うっかり目を離しても問題ない室内環境を整えることが大切です。**

0～6カ月のねんね、寝返り期でよくあるケースは、就寝時の窒息事故です。顔がマットレスなどに埋まる、寝具が顔をおおう・首に巻きつく、ベッドと壁のすき間にはさまれるなど、寝室には危険がいっぱいです。

はいはいができて動き始める**生後8カ月を過ぎたころからは、誤飲による事故の発生件数が急増します。**1才を過ぎると、一人歩きができるようになり、危険箇所は階段やキッチン、お風呂や洗面所、ベランダなど広範囲に広がります。**子どもの水の事故では、1才児の浴槽での事故が突出して多くなっています。3～4才になるとさらに活発に動き始め、ベランダや窓などからの転落死が急増します。**

※2016年に起きた14才以下の子どもの死亡事故を消費者庁が分析した結果

小児科Dr.アドバイス
事故は予防が肝心

赤ちゃんの発達段階をよく理解し、おすわり・はいはい・たっちの時期を知り、今するべきことと、**次の発達を見越した安全対策を同時に行います。**赤ちゃんの周りにあるものはすべて危険と思って、もれのない安全対策を考えましょう。事故が起こってからでは遅いのです。

発達別　気をつけたいこと

ねんね、寝返り期　0～6カ月
窒息事故と転落事故に注意

赤ちゃんは呼吸器官が未発達。顔にタオルがかかっただけで窒息する可能性も。やわらかい寝具とうつぶせ寝は禁止。また、ソファやベッドからの転落事故に注意します。

おすわり、はいはい期　7～11カ月
転落や誤飲などの危険

まだ上手に座れないうちは、倒れて頭をぶつける事故が多発。この時期は、誤飲 (p.186) や、階段やベランダの段差での転落、引き出しを開けて手をはさむ事故などが増えます。

赤ちゃんのいるおうちの

室内危険ポイント をチェック！

家の中の危険ポイントをチェックして安全対策を考えましょう。

危険ポイント1

洗面所・脱衣所

洗面台下の強酸・アルカリ性の洗剤類や消毒剤、芳香剤などの誤飲に注意。カミソリやヘアピンなどは手の届かないところへ。

危険ポイント2

お風呂

ママが洗髪中の溺水や、水栓金具に頭をぶつけたり、浴槽の中で足をすべらせるなど、入浴中の事故に注意します。残り湯は危険なのでやめます。

危険ポイント3

寝室

ベビーベッドは、少し離れるときでも柵を必ず上げる習慣を。ねんね期でも手足をバタバタしているうちに、移動して転落する可能性があります。

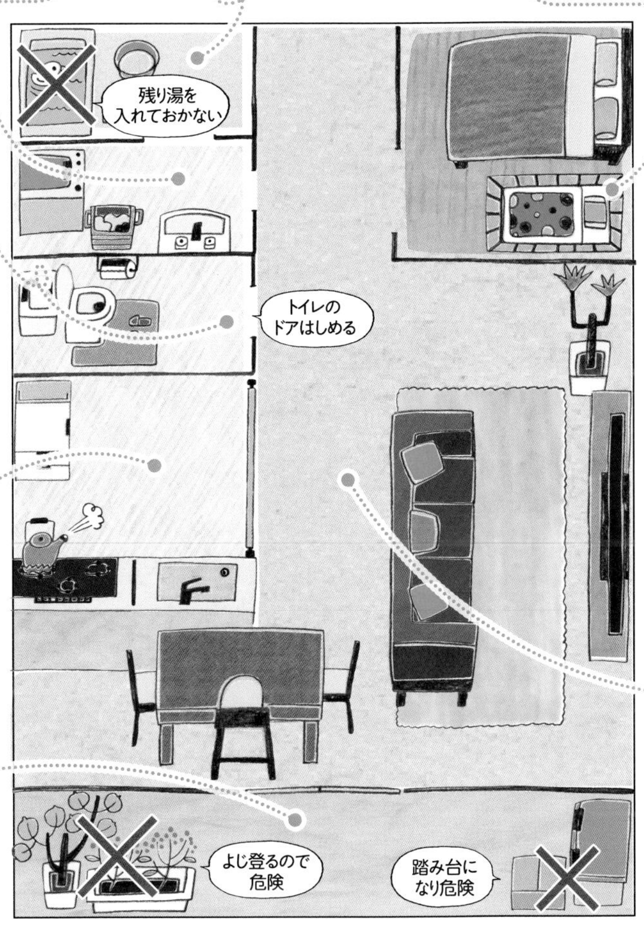
残り湯を
入れておかない
トイレの
ドアはしめる
よじ登るので
危険
踏み台に
なり危険

危険ポイント4

トイレ

水深が10㎝あれば溺死する危険が十分にあります。便器に頭を突っ込んでしまい抜けないという事故も。ドアには外カギをつけましょう。

危険ポイント5

台所

包丁、火、水、油など危険がいっぱい。ガスコンロのスイッチが回せるようになると、火事やガスもれの危険も。

危険ポイント6

ベランダ

踏み台になるものは絶対に置かないこと。2才になると自分でいすを持ち出して台にする危険も。

危険ポイント7

リビング

ソファから飛びおりた拍子に転んで頭をぶつけるなど、事故多発エリア。また誤飲の危険がある直径4㎝以下のもの、はさみなど触ると危険なものは手の届かない場所へ。

つかまり立ち期 1才以前

不安定なものにつかまって転倒

興味のあるところに一直線。コード類やテーブルクロスなど不安定なものにつかまって転倒（p.187）したり、転倒してテーブルの角に頭をぶつけたり、誤飲（p.186）にも注意が必要です。

よちよち歩き期 1才以降

やけどや、けがの危険

公園の遊具からの転落や道路への飛び出しなど、外遊びでの事故が急増。室内では鍋や炊飯器、電気ポットなどによるやけど（p.187）に注意して。浴槽でおぼれる（p.186）事故も増える時期です。

いざというときに知っておくべき応急手当

ママやパパが注意をしていても、一瞬のすきをついて起こるのが事故。いざというときのために、応急手当てのやり方を確認しておきましょう。

事故が起きたときのために応急手当てを知っておこう

厚生労働省の人口動態統計によると、乳児死亡の原因は、家庭内での不慮の事故が上位で、残念ながらこの傾向は、長年にわたって変わりません。**不慮の事故で亡くなる乳児は多いのです。**

家庭内の事故の多くは、事前に防げます。家庭内の危険な箇所を知り、対策をすることが第一です。さらに、応急手当てのやり方を知っておきましょう。とくに多い誤飲、おぼれる、転倒して頭を打つ、やけどについては、応急手当てを確認しておくと、あわてずに対応できます。

目の前の子どもを救うことができるのは、その場にいるママとパパです。**事故が起きたとき、すぐに応急手当てができるようにしておきましょう。**

おぼれた

溺死事故の8割は浴槽

水深10㎝でもおぼれる

赤ちゃんは水深10㎝でおぼれる危険があるので、お風呂場だけでなく、トイレや洗濯機にも注意。２才未満の溺死事故の約８割は浴槽で起きていますが、意識があり、すぐ大泣きすれば心配ありません。着替えさせ、体を温めながらしばらく様子を見ます。**機嫌が悪い、顔色が悪い、水をたくさん飲んだときはすぐに病院へ。意識がない、呼吸をしていないときはすぐに救急車を呼び、心肺蘇生(しんぱいそせい)を行います。**機会を見つけて救命法の講習を受けておくとよいでしょう。

救急車を呼ぶ目安

- □名前を呼んでも反応しない
- □意識がない
- □呼吸がない。苦しそう
- □ぐったりしている
- □嘔吐をくり返す

⇨ 心肺蘇生（胸骨圧迫）のやり方は p.191

誤飲

0〜5才に多い不慮の事故

4㎝以下の大きさは危険

東京都の調査によると、０～５才児の場合、転落・転倒に次ぐ救急搬送理由が異物誤飲。直径4㎝以下のものは誤飲の可能性があり危険です。手先が器用になると、キャップや箱のふたが開けられるようになります。洗剤類やアルコールは、誤飲すると大変危険です。とくに危険なのはタバコ。約１本が致死量です。たとえ少量でもすぐ病院へ。**誤飲のケアは、うつぶせにして肩甲骨の間を強く４～５回すばやくたたいて吐かせること。**ただし、**揮発性のものや強酸性のものは、吐かせるとかえって危険なので大至急病院へ。**

救急車を呼ぶ目安

- □吐かせても出てこない
- □顔色が悪い
- □声が出せない
- □呼吸がない。苦しそう
- □意識がない

吐かせると危険なもの 大至急病院へ

- 揮発性のあるもの（マニキュア、灯油、ガソリンなど）
- 強酸性のもの（漂白剤、トイレ・お風呂用洗剤など）
- 電流の流れるもの（ボタン電池）、画びょう、針など

やけどした

1才以上に多い事故

皮膚はデリケートで重症化しやすい

まずは流水で冷やすのが基本。顔など水をかけられない部分は、冷やしたタオルを当てます。赤ちゃんは皮膚が薄く、重症化しやすいので注意が必要です。やけどの大きさが10円玉大までの範囲で、少し赤くなった程度なら冷やしたあと翌日に受診を。水ぶくれになったり、**赤ちゃんの手のひら大の範囲や皮膚が白や黒に変色していたら、冷やした後すぐに受診します。** それ以上の広い範囲の場合は緊急事態。衣服は脱がせず、濡れたバスタオルなどで体を包んで救急車で病院へ。

すぐに病院へ

- □広い範囲をやけどした
- □水ぶくれができた
- □低温やけどした
- □顔・頭・性器をやけどした
- □皮膚が変色している

やっておきたい対策

- 赤ちゃんの手の届く低い場所に湯気の出るものや熱いものを置かない
- 温風ヒーターを床に置かない。置く場合は囲いをして、赤ちゃんが触れないようにする
- ママやパパが抱っこしたまま熱いものを飲まない

転んで頭を打った

事故発生まで0.5秒

意識障害がないか確認

頭を打ったあと、**意識がない、ウトウトしている、何度も吐く、けいれんを起こした、耳や鼻から血が出ているなどのときは緊急事態です。すぐ救急車を呼びます。** 意識があり、すぐに大声で泣き、その後機嫌もよく食欲があれば心配はありません。しかし、あとから意識障害を起こす可能性も考え、なるべく静かに過ごし、入浴も控えましょう。1～2日は様子を見て、反応がおかしいなど、心配な様子があれば脳外科を受診します。**頭をけがして血が出た場合**は、止血が第一。清潔なガーゼなどを当て、**手のひらで5～10分間しっかり圧迫して止血をしながら、すぐに病院へ行きましょう。**

救急車を呼ぶ目安

- □名前を呼んでも反応しない
- □けいれんしている
- □出血が多い、止まらない
- □顔色がまっ青
- □傷口が深い
- □嘔吐する

他にもある

日常に起こりやすいけが

「日常によくあるけがだから……」と甘く見ないこと。傷の程度によっては、すぐに病院へ行かなくてはならないケースもあります。

顔から転ぶと出やすい

鼻血

上を向くと血がのどに入って気分が悪くなるので、頭は少し下に向けて座らせ、小鼻を指で強めに押さえて10分ほど様子を見ます。20分以上出血が止まらなければ病院へ。

転んだときにつくりやすい

切り傷・すり傷

傷口を流水でよく洗い、水気をふき取ったら、保湿タイプのばんそうこうで保護。傷口から出る体液には、傷を治す成分が含まれているので、消毒液は使わなくても大丈夫です。

どこから出血しているのかをまず確認

出血

ガラスなどによる傷は、水道水で傷の中までよく洗ってから、乾燥しないように清潔なガーゼなどでおおいます。傷が深いときは5～10分間圧迫して止血しながら病院へ。

常に目を配るのは大変なこと。安全な家にするため、改めて家の中を点検しましょう。

扉や窓など危険が多い

指をはさむ

はさんだところを、すぐに冷やし、その指を心臓より高く上げます。1～2日して腫れてくるようなら受診します。はさんだ後痛がって指を動かせないときは、すぐに患部を冷やし、固定して病院へ。

いつ受診する？ 病気症状別の緊急度チェック表

深夜の急な発熱など、どのタイミングで受診すべきか判断に迷うもの。赤ちゃんの症状から見た緊急度を、わかりやすくまとめました。

少しでも「いつもと違う」と感じたらこの表で確認しましょう

このチェック表の見方

すぐに救急車!!
時間帯にかかわらず、すぐに救急車を呼び受診しましょう

すぐに病院へ電話
病院に電話をし、症状を伝えて受診すべきか確認します

受診しましょう（夜間でも）
時間外でも念のため受診しましょう

様子を見ましょう（夜中なら翌日）
時間内であれば、念のため受診を。時間外であれば、翌日受診しましょう

下痢

感染症による下痢は嘔吐（おうと）をともない、水分補給がうまくできないと、あっという間に脱水になる危険も。赤ちゃんの様子を観察し、元気がなくぐったりしていたらすぐに受診します。

医師に伝えるポイント
- 下痢の症状はいつからか
- 下痢の回数と便の状態、色
- 機嫌や食欲はどうか
- 発熱、嘔吐の症状があるか

※実際の便を持参するか、写真に撮り見せるとよい

すぐに病院へ電話 危険度★★★
- □12時間以上水分がとれない
- □ぐったりしている
- □血便がある
- □激しい嘔吐をともなう

受診しましょう（夜間でも） 危険度★★
- □1回の下痢の量は多いが回数は少ない
- □機嫌が悪い
- □便の回数が増え、水っぽくなってきた
- □38度以上の熱がある

様子を見ましょう（夜中なら翌日受診） 危険度★
- □発熱がなく元気もある
- □食欲があり水分もとれる
- □おしっこの回数はいつも通り

下痢のときのホームケアは p91

熱

熱が出たら、「発疹がないか」「水分はとれているか」「機嫌は悪くないか」などを確認。熱の高さより全身症状をよく観察します。生後3カ月未満の38度以上の熱は夜中でも病院へ。

すぐに救急車!! 危険度★★★★
- □顔がまっ青、唇が紫
- □首の硬直
- □5分以上のけいれん

すぐに病院へ電話 危険度★★★
- □生後3カ月未満の38度以上の熱
- □吐いてボーッとしている
- □水分がとれない
- □ぐったりして元気がない

受診しましょう（夜間でも） 危険度★★
- □おっぱいや離乳食をいやがる
- □発疹がある
- □高熱とせきがある

様子を見ましょう（夜中なら翌日受診） 危険度★
- □食欲はないが水分がとれている
- □機嫌がいい

医師に伝えるポイント
- 熱は何度あるか
- 熱が出たのはいつからか
- 熱以外の症状はあるか
- 水分、食事はとれているか
- おしっこは出ているか

熱のときのホームケアは p90

嘔吐（おうと）

赤ちゃんの場合、ゲップのときもおっぱいを吐くなどの嘔吐はしょっちゅう。でも、いつもと様子が違って嘔吐をくり返したり水分がとれないときは、脱水を起こす危険も。すぐに病院へ。

医師に伝えるポイント
- 嘔吐の症状はいつから
- 嘔吐の回数
- 吐いたものの内容
- 発熱、下痢などの症状があるか

すぐに病院へ電話
危険度 ★★★

- □嘔吐が治まらない
- □水分がとれない
- □意識がぼんやりしている
- □機嫌が悪くぐったりしている

受診しましょう（夜間でも）
危険度 ★★

- □発熱や鼻水などかぜ症状がある
- □おしっことうんちの回数が少ない
- □体重が減ってぐったりしている
- □授乳のたびに噴水のように吐く

様子を見ましょう（夜中なら翌日受診）
危険度 ★

- □元気があって機嫌も良い
- □おしっこの量はいつも通り
- □おっぱいやミルクをいつも通り飲める

嘔吐のときのホームケアは p93

鼻水・鼻づまり

赤ちゃんは粘膜が敏感なので、ちょっとした気温差などでも鼻水が出ます。鼻水が黄色の場合は細菌感染の疑いも。鼻水を放置すると中耳炎などの原因になるので早めに受診しましょう。

医師に伝えるポイント
- 鼻水、鼻づまりの症状はいつから
- 発熱、下痢、嘔吐などの症状があるか
- アレルギー体質かどうか

予防するためには

鼻をうまくかめない乳幼児は、加湿して蒸気を吸わせてあげましょう。早期回復を促し、副鼻腔炎や中耳炎を予防します。また、部屋の加湿も大切です。

受診しましょう（夜間でも）
危険度 ★★

- □せきと発熱がある
- □呼吸が苦しそう
- □たんがからんで吐く
- □鼻がつまって授乳をいやがる
- □鼻水が黄色または緑色
- □１週間以上の鼻水・鼻づまり

様子を見ましょう（夜中なら翌日）
危険度 ★

- □発熱はない
- □機嫌がいい
- □よく眠れている
- □哺乳もよくできている

鼻水のときのホームケアは p92

せき

せきは、空気の乾燥が原因のひとつ。室内の湿度を高め、水分補給を行い様子を観察します。せきは体力を消耗します。眠りが妨げられたり、水分がとれない場合は早めに受診しましょう。

すぐに救急車!!
危険度 ★★★★

- □オウッオウッといった音や犬の遠吠えのようなせきで、急によだれが出て痛そうにしている
- □顔が青白く、ぐったりしている

すぐに病院へ電話
危険度 ★★★

- □熱が高い
- □コンコンやヒューヒューというせき
- □呼吸が速く、荒い

受診しましょう（夜間でも）
危険度 ★★

- □発熱・鼻水・下痢・嘔吐をともなう
- □ゴホゴホとたんがからんでいる

様子を見ましょう（夜中なら翌日）
危険度 ★

- □食欲はある
- □水分がちゃんととれている
- □機嫌は悪くない
- □ちゃんと眠れている

医師に伝えるポイント
- せきの音に特徴があるか
- 発熱、鼻づまりの症状があるか
- 機嫌や食欲はどうか
- 睡眠はとれているか
- アレルギー体質かどうか

せきのときのホームケアは p92

けいれん

脳が未発達なため、発熱などで脳細胞が興奮するとけいれんが起きると考えられています。大泣きやかんしゃくなどでもけいれんは起こります。落ち着いて、様子を見ましょう。

すぐに救急車!!
危険度 ★★★★

□けいれんが5分以上続く

すぐに病院へ電話
危険度 ★★★

□様子がおかしい
□意識がない
□けいれんの後、体にまひがある
□手足の硬直が左右対称ではない
□治まったけいれんが再び起こる
□嘔吐をともなっている
□高熱が出て48時間以降にけいれんを起こした
□5～6分以内にけいれんが治まり、意識が戻った

医師に伝えるポイント
- 発熱しているか
- けいれんの様子
- けいれんの持続時間
- けいれんが左右対称に起こっていたか

けいれんを起こした
① 体ごと横向きに寝かせる
② けいれんの持続時間を計る
③ 左右対称の動きかどうか診る

やってはいけないこと
- 揺さぶる
- 手足を押さえる
- 大声で呼ぶ
- 口の中に指を入れる

けいれんした後は?
① 目が合うか確認する
② 熱を測る
③ 手足の動きを観察する

性器トラブル

女の子の外陰部には細菌から守る菌がまだいないため、細菌感染しやすくなっています。男の子のほとんどは亀頭と包皮がくっつき、白いカスが溜まります。細菌が繁殖するとトラブルの原因に。

すぐに病院へ電話
危険度 ★★★

男の子・女の子
□足のつけ根に丸いしこりがあり、腫れて痛がる

男の子
□陰嚢（いんのう）が腫れて、痛がって泣く

受診しましょう（夜間でも）
危険度 ★★

男の子・女の子
□機嫌が悪く、性器をいじる
□性器が赤く腫れて痛がる、かゆがる
□熱がある
□おしっこのときに痛がって泣く

男の子
□おちんちんの先が炎症を起こして赤く腫れている
□おちんちんからうみが出る

女の子
□おむつに黄色や茶褐色のおりものがつく
□においのきついおりものが出ている

医師に伝えるポイント
- 性器に症状が出たのはいつから
- 状態はどうか
- 機嫌はどうか

便秘

何日出ていないから便秘だという定義はありません。赤ちゃんの様子がいつもと違っていて機嫌が悪い、などが受診するかどうかのポイントとなります。

予防するためには?
- 水分補給をする
  うんちをやわらかくするために、こまめな水分補給をしましょう。
- 腸を刺激する
  おむつ替えのときなど、あおむけに寝かせた赤ちゃんの足を持って、左右に揺らして腸を刺激しましょう。
- 食物繊維をとる
  さつまいも、りんご、ヨーグルト、きのこ類などが食物繊維が豊富な食材。離乳食のメニューに取り入れてみましょう。

受診しましょう（夜間でも）
危険度 ★★

□おなかを押すと激しく泣く
□おなかにガスが溜まっている
□うんちが出なくて何度も吐く
□食欲がない
□水分がとれない
□うんちのときにかなり痛がる

様子を見ましょう（夜中なら翌日）
危険度 ★

□機嫌がいい
□食欲があり水分がとれる

医師に伝えるポイント
- 便秘の症状はいつから
- 普段の便の回数、かたさ、便の状態
- 機嫌や食欲はどうか

便秘のときのホームケアは p91

意識がないときに行う

胸骨圧迫のやり方

万が一、心臓が停止しても、すぐに適切な応急処置を施せば、救命率は上がります。胸骨圧迫（心肺蘇生）の方法を、万が一に備え、知っておきましょう。年齢別に方法が違います。

意識がない、呼吸をしていない、心臓が止まっているという状態を発見したら、まず、以下を確認します。

1. 反応を調べる
声をかけ、肩や足の裏をたたいて反応を調べます。

2. 反応がなければ119番
泣くなどの反応がなければ、「反応なし」として、119番に連絡。

3. 呼吸の確認をする
口や鼻に耳やほおを当てて呼吸を確認します。

4. 気道確保する
呼吸がなければ、あご先を前にあげます。

5. 人工呼吸をする
乳児の口と鼻を大人の口で覆い、ゆっくりと息を吹き込みます。

6. 胸骨圧迫をする
下図のように、1秒間に2回くらいのリズムで圧迫します。5回圧迫したら1回人工呼吸をします。

1 圧迫する場所は、片手の人さし指を赤ちゃんの一方の乳首に当て、中指と薬指を曲げる。そこが圧迫のポイントになる。

2 中指と薬指をまっすぐに立てて、1秒間に2回くらいのリズムで胸が1/3まで沈むくらい強く圧迫する。これをくり返す。

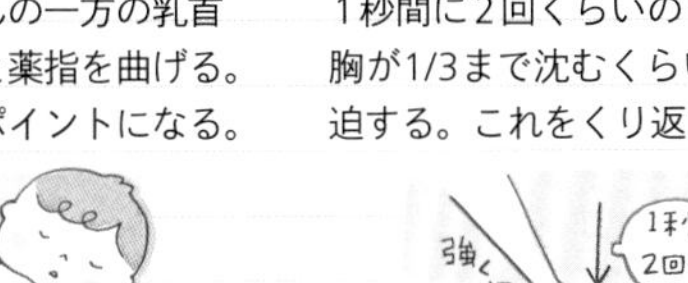

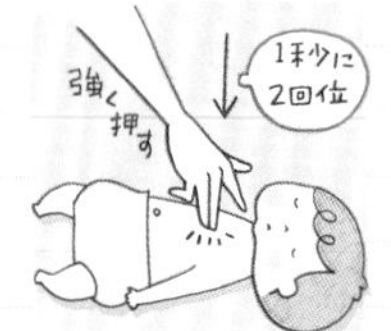

1才以上

胸骨の下半分に手のつけ根を押し当てて、1秒間に2回くらいのリズムで、胸が1/3まで沈むくらい強く圧迫する。これをくり返す。

悩んだら電話を #8000

小児救急でんわ相談室

子どもの急な発熱・頭をぶつけた・嘔吐（おうと）・けいれんなど、救急車を呼ぶか病院に連れていくか、判断に迷ったら電話で相談できるところがあります（相談は無料、通話料のみ）。全国どこからでも短縮番号「#8000」をプッシュするだけ。対応してくれるのは、専門家である小児科医師・看護師。症状に応じた適切な対処法や受診する病院などのアドバイスをしてくれます。

※IP電話やダイヤル回線の場合は、各都道府県で番号が異なるので、詳しくは厚生労働省のホームページでご確認ください。

伝えるべき事項をメモしておく

小児救急でんわ相談室に電話をかけると、いくつか伝えるべきことがあります。あらかじめ下記のことをメモをしておくと、あわてずに対応することができます。

- 子どもの年齢（月齢）
- 出生時に異常があったか
- 既往歴
- いつから症状が出たか
- 現在の状況は

さくいん

※50音順に並んでいます。 ※ページ数のあとの⓪、①などは、月齢をさしています。
※0〜11カ月まではオレンジ、1才〜1才6カ月までは緑、2〜3才は青で区別しています。

健診さくいん

健診に関するさくいんです。

離乳食さくいん

離乳食に関するさくいんです。

監修

土屋恵司（つちや・けいじ）

日本赤十字社医療センター周産母子・小児センター顧問。日本小児科学会小児科専門医、日本小児循環器学会小児循環器専門医。1980年、千葉大学医学部卒業。日赤医療センター小児科研修の後、伊達赤十字病院、国立循環器病センターをへて、1989年日赤医療センター小児科、新生児科に勤務。専門は、小児循環器、小児科一般。

畠中雅子（はたなか・まさこ）<p.36>

ファイナンシャルプランナー。セミナー講師のほか、新聞、雑誌、ウェブにて連載を持つ。妊娠・出産ほか、子育てのお金情報にくわしい。『ラクに楽しくお金を貯めている私の「貯金簿」』（ぱる出版）ほか、著書は70冊を超える。

STAFF

撮影 ⋯➔ 対馬綾乃、
寺岡みゆき（p.78～80、p.100、p.116、p.142、p.144～145）

カバー・本文デザイン ⋯➔ ごぼうデザイン事務所

カバーイラスト ⋯➔ ヨシヤス

本文イラスト ⋯➔ 中小路ムツヨ、こしたかのりこ

執筆協力 ⋯➔ 広瀬美佳子、竹川有子

校閲・校正協力 ⋯➔ 草樹社、聚珍社

DTP協力 ⋯➔ オノ・エーワン

撮影協力 ⋯➔ セントラル、麗タレントプロモーション、小松原陽子、小松原華

写真協力 ⋯➔ ピクスタ

編集協力 ⋯➔ オメガ社

※本書の情報は2021年7月時点のものです。厚生労働省による授乳・離乳の支援ガイド2019年改定版に準拠しています。

最新改訂版 らくらくあんしん育児

2021年９月７日　第１刷発行

発行人　中村公則
編集人　滝口勝弘
発行所　株式会社　学研プラス
〒141-8415　東京都品川区西五反田2-11-8
印刷所　大日本印刷株式会社
DTP製作　株式会社グレン

●この本に関する各種お問い合わせ先
本の内容については、下記サイトのお問い合わせフォームよりお願いします。
https://gakken-plus.co.jp/contact/
在庫については　Tel 03-6431-1250（販売部）
不良品（落丁、乱丁）については　Tel 0570-000577
学研業務センター　〒354-0045　埼玉県入間郡三芳町上富279-1
上記以外のお問い合わせは　Tel 0570-056-710（学研グループ総合案内）

学研の書籍・雑誌についての新刊情報・詳細情報は、下記をご覧ください。
学研出版サイト　https://hon.gakken.jp/